老人學

Gerontology

洪櫻純、秦秀蘭、梁慧雯、陳美蘭／著

作者簡介

洪櫻純

現任

經國管理暨健康學院老人服務事業管理系助理教授

學歷

國立臺灣師範大學社會教育學系博士

經歷

經國管理暨健康學院樂齡大學教師、國立臺灣師範大學社會教育學系博士教師、國立臺灣師範大學成人教育研究中心主任秘書、教育部北區樂齡學習輔導團計畫訪視委員、基隆市第六屆終身學習推展委員會委員

學術專長

老人學、生死學、老人教育與學習、靈性健康、老人社會工作

專業證照

社會工作師、健康促進管理師

著作

《老人教育學》（合著）、《老人服務事業概論》（合著）、《老人身心靈健康體驗活動設計》（合著）

特殊榮譽

榮獲103年教育部第2屆樂齡教育奉獻獎「卓越領導獎」、經國管理暨健康學院「100學年度教學優良教師」

秦秀蘭

現任

稻江科技暨管理學院老人福祉與社會工作學系專任副教授

學歷

國立臺灣師範大學社會教育學系博士

經歷

新北市國中輔導教師、主任、校長共28年

學術專長

高齡團體課程規劃、老人心理諮商與輔導、認知與學習、NLP專業執行師

學術服務

台灣新高齡社區健康發展學會秘書長（2011～2013）

台灣新高齡社區健康發展學會第二屆理事長（2013～ ）

著作

《牽絆一生的愛》、《美國有效能學校的新鐘擺：社區參與》、《以班親會共築台灣的希望工程》（主編）、《家校合作的學校創新經營模式之推廣》（主編）、《認知老化的理論與實務》

梁慧雯

現職

中國文化大學社會福利學系助理教授

學歷

國立臺灣師範大學社會教育學系博士

東海大學社會工作學研究所碩士

東吳大學社會工作學系學士

經歷

經國管理暨健康學院老人服務事業管理系助理教授

東吳大學社會工作學系兼任助理教授、講師

實踐大學社會工作學系兼任講師

內政部社會司老人福利科、社會福利科約聘研究員

台北縣心理衛生中心助理輔導員

證照

社會工作師證照

近期研究主題

退休老人社會網絡與家庭關係議題、老人心理社會復原力議題、代間關係與傳遞、社會服務機構創新管理與發展等

陳美蘭

現任

全球品牌整合行銷有限公司總經理

學歷

經國管理暨健康學院健康產業管理研究所碩士

經歷

全球照顧服務事業體系執行長

伊甸基金會執行長室顧問

伊甸基金會附設迦勒居家照顧服務中心專案督導

經國管理暨健康學院樂齡大學講師

新北市松年大學課程規劃師／講師

新北市婦女大學課程規劃師／講師

拼藝拼創意拼貼彩繪師資班講師

職訓美容美髮美甲講師班講師

兒童環境教育志工講師

學術專長

照顧服務技能訓練、長照產業人才建置、課程規劃、團體活動方案設計、企劃書撰寫等

著作

老人服務事業概論（合著）、老人身心靈健康體驗活動設計（合著）

序

老人全照顧　建構老有所終的社會

　　筆者多年在經國管理暨健康學院老人服務事業管理系開設「老人學概論」及曾在臺灣師範大學社會教育學系開設「高齡學導論」，深感編寫一本兼具理論及實務，淺顯易懂的《老人學》實為必要。《老人學》一書的出版構想於2011年年底開始進行，但礙於作者群忙於教學、研究、行政等工作而延至2015年付梓出版，十分感謝秦秀蘭老師、梁慧雯老師及陳美蘭督導的投入，以及揚智文化公司閻富萍總編輯與全體工作同仁的用心。

　　台灣自1993年起邁入高齡化社會，預估2025年將超過20％，成為超高齡（super-aged）社會。國人之平均壽命約為80歲，活得又老又健康是共同的心願。因此，如何重新定義「老人」及認識老人的生活世界和需求就顯得特別重要。在老人學課程中，我們會設計「老化體驗」活動，讓年輕人透過多重設計的體驗，瞭解老化過程中生理、心理、社會的不便，進一步同理高齡者，並且思考可以為高齡者提供哪些服務。

　　老人的樣貌多元，從年齡上界定：初老、中老、老老；從身體狀態界定：健康、亞健康到失能、失智、臥床臨終的長者，高齡者的個別差異大，其需求及退休規劃也大不同。因此，老人學是一門跨學科、跨領域整合的科學，探討個體老化的過程，並針對影響老人生命中生理、心理、社會以及政策等因素進行研究及改善之道。跨領域研究者及實務工作者包括生物、醫藥、護理、物理及職能治療、心理學、社會學、經濟學、社會工作、老人教育、休閒體育、居住交通等領域的投入，現代老人學在老年醫學、長期照顧、老人社會福利、老年社區照顧、老人健康促進、老人心理健康、代間關

係、死亡與臨終等議題上多有著墨，提供更多整合方式和服務。

　　台灣老人約有83.5%（約232萬人）是健康、亞健康的族群，主要需求為食、衣、住、行、育、樂的滿足，著重預防性的健康促進、終身學習及友善高齡環境建構為主。約16.5%（約46萬人）是失能、失智的族群，主要重點為長期照顧。台灣於2015年5月15日通過「長期照顧服務法」，2017年正式上路實施。未來亦搭配「長照保險法」，提供更完善的長照體系和服務方案，形成「老人全照顧」的網絡。在政府、企業、非營利組織、學校等單位的協助下，投入「高齡社會全照顧」的願景，建立健康、幸福、活力、友善的高齡社會。

洪櫻純　謹識

2015年7月

目　錄

老人學

老人學

Chapter 1

老人學議題與實務發展

洪櫻純

學習重點

1.瞭解老人學的定義、內涵及範疇

2.瞭解老人之不同界定及分類方式

3.瞭解老人的歧視與迷思,以及如何改變迷思之策略

4.認識高齡者生命典範,讓生命更高

第一節　老人學的興起與內涵

　　隨著人口出生率的下降以及老人人口的增加,已開發國家與開發中國家均面臨高齡化社會的問題與挑戰。我國自1993年起邁入高齡化社會以來,65歲以上老人所占比例持續攀升,截至2013年底,65歲以上者269萬4,406人,占總人口數11.53%。民國103年老化指數為85.7%,近10年間已增加36.7%,較加拿大、歐洲各國、南韓及日本等為低,但較美國、紐西蘭及其他亞洲國家為高(內政部,2015)。隨著醫療科技的進步、經濟的發展及民眾的生活水準日益提升,使得人類的平均壽命不斷地延長,許多先進國家均面臨「高齡社會」的問題。台灣「平均壽命延長」和「少子化」這兩股力量促使社會人口老化的現象急遽發展,人口結構、家庭型態及社會結構等受到強烈衝擊,如何迎接高齡社會時代的來臨,並重視高齡者的各種需求及相關配套規劃,是許多先進國家面臨的挑戰課題之一。

　　行政院經濟建設委員會(2010)的簡報指出,我國人口結構轉變的趨勢分析主要有五項重點:(1)國人平均壽命逐漸延長;(2)戰後嬰兒潮世代邁入高齡;(3)未來高齡者教育程度高;(4)高齡化倍增速度較其他先進國家快;(5)少子化現象使家庭功能將式微,如**圖1-1**所示。政府、企業、學校等單位均相當重視邁向高齡化社會之後的發展與因應對策,並投入更多的人力、經費研究,以因應未來的挑戰。

壹、高齡社會的來臨

　　人口老化是世界先進國家普遍面臨的社會現象,根據聯合國的定義,係指總人口數中65歲以上的人口,占總人口比例的7%以上的社會,即為「高齡化社會」(ageing society);超過14%,即

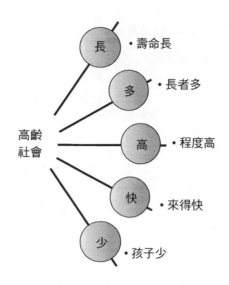

圖1-1　我國人口結構轉變的趨勢

為「高齡社會」（aged society）；而達到20%以上，則為「超高齡社會」（super-aged society）（林麗惠，2007；黃富順，1991）。台灣於1993年正式邁入聯合國定義的高齡化社會，老人人口比例已逾7%。截至2013年底，65歲以上者269萬4,406人，占總人口數11.53%，預計於2018年65歲以上人口占總人口數的比率將超過14%，成為高齡（aged）社會，2025年此比率將再超過20%，成為超高齡（super-aged）社會（方俊德，2014）。老人人口將達490萬人左右，占總人口數的20.69%，每五個人當中就有一位高齡者，台灣未來將進入超高齡社會（**表1-1**）。

　　高齡社會的來臨，對於社會整體的發展及個人生活品質有極大的影響，除了追求「長壽」外，但重要的是擁有「長健」的晚年，也就是「活得久又活得健康」才是我們共同追求的目標，一如北歐國家芬蘭的公共健康政策要讓高齡者「臨終前二週才躺在床上生活！」。減短老人失能、失智及臥床時間，才能享有高品質、樂活的晚年生活。根據內政部（2014）的統計指出，民國102年國人零歲平均餘命估測，兩性平均79.86歲，男性76.69歲，女性83.25歲，

表1-1　高齡化、高齡社會及超高齡社會之定義

序	高齡者比例	名稱
1	65歲以上的人口，占總人口比例的7%以上的社會	「高齡化社會」（ageing society）
2	65歲以上的人口，占總人口比例的14%以上的社會	「高齡社會」（aged society）
3	65歲以上的人口，占總人口比例的20%以上的社會	「超高齡社會」（super-aged society）
備註	台灣於1993年正式邁入聯合國定義的高齡化社會，預估到2025年，老人人口將達490萬人左右，占總人口數的20.69%，達到超高齡社會。	

表1-2　民國102年國人零歲平均餘命估測結果　　　　　　　　單位：歲

	102年（估測數）(1)	101年(2)	變動值(3)=(1)-(2)
兩性	79.86	79.51	+0.35
男性	76.69	76.43	+0.26
女性	83.25	82.82	+0.43

資料來源：內政部（2014）。

女性平均約多活四至六年（**表1-2**）。國人平均壽命增高，長壽者愈來愈多，隨著壽命的增加，高齡者使用醫療、長期照護、社會福利等明顯提升，追求健康、有尊嚴的老年生活是重要課題，高齡者的教育休閒、社會福利和長期照護值得國人及相關單位重視。

貳、老人學的意義與內涵

　　老人學（Gerontology）一詞乃源自希臘文Geras，意指老人。Logos意指學科，意為對老人進行綜合研究的一門學科。因此，老人學就是研究老化過程與老人問題的學科。老人學包括個體老化問題，以及群體老人的形成和發展，並且透過跨學科的知識解決老化所衍生的問題。整體而言，老人學是以科學實證的方法，研究老人生理、心理、社會的行為，並提出相關的建議與策略。

延伸閱讀：老化指數

　　老化指數是指衡量一地區人口老化程度之指標，亦即65歲以上人口數除以14歲以下人口數，其公式為：（老年人口數÷幼年人口數）×100。民國88年底老化指數僅39.4%，但十年後，98年底卻達65.05%，100年底老化指數攀升為72.20%，103年底為85.70%，雖高於美國，但仍較歐洲先進國家及日本來得低，與澳洲的73.68%相近。

　　依地域分別，雲嘉地區的老化最嚴重。嘉義縣老化指數近117%，是全台最「老」縣市，桃園縣則是最「幼齒」縣市，老化指數僅約47%。台北市老化指數高達87%，新北市僅57%。新北市和台北市兩市65歲以上人口雖都在33萬人左右，但14歲以下人口，新北市有57萬人，北市僅約38萬人，兩市老化指數相差近30個百分點。老五老基金會認為，北市房價居高不下，子女遷往新北市、桃園縣等地定居，是其主因。嘉義、雲林等南部大縣，以及澎湖等離島縣市老化指數偏高，和年輕人到都市打拚有關。

資料來源：《蘋果日報》（2011）。

　　老人學著重深入探討個體老化的過程。「老化」是個錯綜複雜的變化過程，必須由生物科學與醫學、社會科學、行為科學以及科技與自然科學等不同領域共同探討，並由文化的觀點探索個體在老化過程中生理、心理、社會及靈性方面的變化現象，作為相關領域發展老人相關專業學術探討之基礎。

　　綜上所述，老人學是跨科際整合的科學，主要研究包括老人生理、心理、社會的研究。然而，早期的老年學大多關注老人生理學的範疇，探討老人生理老化、病態的現象，較重視老人醫學、生物學、老人護理學等相關研究。但是，老人除了生理的變化外，也有

其他的面向值得關注，因此近年來，社會科學相關專家、學者及實務工作者也提出對於老化的觀察和瞭解，更加入老人心理、老人社會行為的研究，重視老化過程中老人的認知、情緒、學習、智力、社會互動、社會支持、志願服務、家庭照顧、靈性、宗教信仰等議題。

老人學的研究始於20世紀初期，直到1950年代左右，老人學方可算是正式邁入發展時期（沙依仁，1996；黃久秦，2010；Settersten, 2006）。有鑑於老年人口激增，社會邁向人口高齡化，美國於1974年成立老人學高等教育協會，積極推動大專校院老人學方面之教育、訓練與研究。1945年美國老年學學會（Gerontological Society of America, GSA）成立，吸引許多有興趣的研究人員和實務工作者參與。《老人學期刊》（*Journal of Gerontology*）為美國著名的老年學學術期刊，於1946年由GSA創刊，後來發展成兩份期刊《生物暨醫學期刊》及《心理學暨社會學期刊》。

參、老人學與其他學科的關係

老人學是以科學的方法研究人類老化問題，涵蓋面向十分多元，需以跨學科、跨領域的方式進行研究。研究領域涵蓋自然科學、社會科學、人文科學等，因此一般認為老人學的分支學科包括老年醫學、老年生物學、老人營養學、老人社會學、老人社會工作、老人心理學、老人人口學、老人經濟學、老人管理學、老人教育學、老人運動與休閒、生死學等學科（吳老德，2010；彭駕騂，2007）。以下分別敘述老人學與其他學科的關係，老人學如何整合自然學科以及社會學科的理論與實務，深化老人學的內涵：

一、老人學與自然學科之關係

1.生理學：以生理現象討論老化過程。

2.醫學：提供老人保健與醫療服務。

3.生物學：以動物原理與實驗研究老化。

4.心理學：研究老人心理、智力、情緒、人格與自我調適。

5.衛生與營養：老人保健與復健相關知識。

6.運動學：老人運動健身與活動議題。

7.建築學：老人居家安全設計與安養機構設施。

二、老人學與社會學科之關係

1.社會學：社會變遷、人口結構與社會組織。

2.社會工作：老人福利與相關服務。

3.經濟學：經濟體制與政策。

4.政治學：政治體制與影響。

5.教育學：老人終身學習與成人教育。

6.宗教學：老人宗教信仰與心理依歸。

三、老人學的內涵與範疇

綜上所述，老人學的內涵與範疇應包括：

1.個人為核心：生理、心理、社會與心靈。

2.家庭層面：家庭組織、家庭環境、家人關係與居家服務。

3.社區層面：社區組織、社區意識與社區服務。

4.社會層面：社會福利、社會工作、醫療保健、社會教育與社會救濟。

5.國家層面：老人福利法規與老人安養服務方案。

6.世界層面：世界衛生組織、世界各區域組織與聯合國。

四、老人學研究的重點

老人學是跨領域的科學，包括研究人員及實務工作者，遍布於生物、醫療、護理、物理及職能治療、心理學、精神病學、社會

學、經濟學、休閒運動、社會工作、教育、建築等領域。綜合而言，老人學研究的重點如下：

1. 基礎老人學：研究老年人的生理、心理、社會等方面的改變狀況及相關應用。
2. 生物老年學：探討老化及老化的過程，也就是生物老年學。研究老化的原因、機制與結果。探究人的壽命、長壽基因及如何延長壽命。
3. 老年醫學：分析老化所產生的疾病，例如老年失智症、帕金森氏症等。
4. 老年人口學：研究老年人口（aging population）對社會的影響。主要為人口學及未來學領域，掌握全世界人口變化趨勢及對高齡化社會的挑戰。

第二節　老人的界定與圖像

壹、如何界定老人

我們如何定義「老人」？是老態龍鍾、行動緩慢，還是白髮蒼蒼？唐朝文人韓愈的〈祭十二郎文〉：「吾年未四十，而視茫茫，而髮蒼蒼，而齒牙動搖。」顯而易見的，我們可以快速地從個人的生理現象及外觀判斷是否為老人，例如滿頭白髮、臉上有皺紋、黑斑暗點、老花眼、牙齒不好、重聽、小腹微凸、走路蹣跚等。然而，除了外觀上的改變，老人還有心理層面、社會層面以及靈性的面向值得深入探究。

「老」在不同的年代有不同的認定，過去在農業社會，因為科技、醫療尚未普及，人類的壽命較短，50歲可能就是老人了。但到了21世紀，先進國家人民平均餘命普通提升，老人的壽命約可達

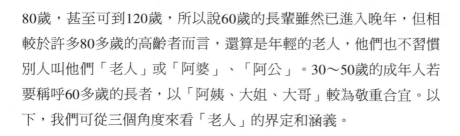

80歲，甚至可到120歲，所以說60歲的長輩雖然已進入晚年，但相較於許多80多歲的高齡者而言，還算是年輕的老人，他們也不習慣別人叫他們「老人」或「阿婆」、「阿公」。30～50歲的成年人若要稱呼60多歲的長者，以「阿姨、大姐、大哥」較為敬重合宜。以下，我們可從三個角度來看「老人」的界定和涵義。

一、從人類發展歷程看老人

老人是發展的最後一個階段，可以是圓滿智慧的象徵，但也可能變成衰弱多病的晚年。「高齡」（old age; later adulthood）係指年齡較大，不同國家及社會對於老人的認定有所差異。老人（old people; senior citizen; elderly）的同義詞相當多，包括：老年人、高齡者、銀髮族、樂齡族、資深公民、長者、耆老等。一般而言，我們習慣以老人或高齡者的稱呼較為普遍，像台語的「老伙仔」、「老芋仔」這些稱號不宜公開使用，否則會有毀謗他人或歧視之嫌。

二、從教育學習看老人

老人教育係指針對55歲以上的學習者提供有系統、有意義的學習活動，其目的在促進學習者的知識、態度、價值和技能上的改變，並達到生活適應及自我實現（翁招玉，2012）。「樂齡」與learning的發音接近，教育部鼓勵大專校院針對55歲以上高齡者開設「樂齡大學」課程。此詞語最早源自於新加坡，新加坡的第一個老人活動中心就採用「樂齡中心」為名稱。「樂齡」的意涵就是希望長輩「快樂學習、忘記年齡」。後來，教育部推動高齡教育、高齡學習，大多使用「樂齡」名稱，例如「樂齡大學」、「樂齡學習資源中心」及「樂齡學習網」。

三、從老人法規看老人

依照我國《老人福利法》的規定，65歲的長者就開始享有老人

相關的福利。老人享有生活津貼、特別照顧津貼、年金保險、醫療補助等各項福利。各國退休年齡不一，在瑞典、丹麥退休年齡為70歲，台灣、英國、加拿大、義大利、美國均為65歲，日本及法國60歲。隨著歐洲人口老化、失業率上升以及歐債問題，許多國家希望高齡者延後退休，延後退休金的發放時間（陳家齊編譯，2010）。

綜上所述，老人的定義是一種社會建構及社會概念（Schaie & Carstensen, 2006），會隨著年代、地區、國家不同而對老人有不同的認定。一般而言，老人的界定大多採用退休年齡為主，例如台灣依《老人福利法》規定，65歲即享有各項老人社會福利。但面對高齡人口大幅躍升、政府財政負擔沉重、雇主需提撥更多退休金等壓力下，世界先進國家希望研擬延後退休年齡及彈性工時的策略，鼓勵高齡者退而不休，繼續奉獻自己的專長和能力。

貳、不同組群的老人

一般而言，多數國家的老人大多從年齡上界定，若從60歲起計算至死亡，老人的年齡差異甚大。為了區分不同的老人，我們可以下列兩個面向來區分高齡者：第一，從年齡界定不同組群的老人，分為初老、中老、老老三個不同組群；第二，從健康程度界定老人，分為健康、亞健康、失能失智的老人。老人的個別差異大，在學術研究、產業開發、教學設計上均要先瞭解是哪一類組群的老人，再依其需求與目標設計。

一、初老、中老、老老

一般而言，對高齡期的劃分，最常見的做法就是以「年齡」作為分期的依據。大致可分為初老、中老、老老三個時期。「初老」，係指65～74歲；「中老」，係指75～84歲以上的老人。「老老」係指85歲以上的人（黃富順，2004；Atchley, 1991）。初老、

中老、老老的三種分類主要以年齡為分界點，但此分類的問題為年齡相近的老人，其個別身心狀況差異仍大，例如有長者60歲不到就罹患癌症，身體非常虛弱，也有老老85歲以上的長者，身體十分硬朗、心智能力高，仍熱衷參與各項社會活動。

二、健康、亞健康、失能失智的老人

老人的身心功能差異大，跟年齡沒有絕對的相關，與個人的遺傳基因及生活型態有關。舉例而言，有些人在未進入老人期就罹患癌症或多種慢性病，因此身體功能大幅下降，顯得未老先衰。有些人則是身體十分強健，到了80歲以上仍然臉色紅潤、中氣十足、心智功能良好。

依老化的程度可以分為三級：(1)一級老化（primary aging）：身體健康、行動自如、生活自在，是屬於健康老人；(2)二級老化（secondary aging）：有些障礙，需要他人幫忙，是屬於有障礙的老人；(3)三級老化（tertiary aging）：行動和生活不能自主的臥床老人。一級老化是屬於正常的老化現象，是普遍且不可避免的，老人會隨著年齡的增加，產生自然老化的情形，例如視力、聽力退化，免疫能力下降等。二級老化是因為罹患疾病或一些不良習慣，導致生理的功能、心智功能及社會功能逐漸衰退。三級老化因為行動不便、長期臥床，導致各項功能快速下降，直至生命的終點（彭駕騂、彭懷真，2012）。

從事老人服務事業的規劃人員及教師，在安排不同族群的老人教育上需考量不同的教學設計：(1)健康老人：以老人再教育、再學習為出發點；(2)輕度失能、失智老人：以寓教於樂、休閒養生、健康促進為目標；(3)中重度失能、失智老人：以懷舊、有明顯復健功能目標為主（洪櫻純，2012）。

健康有活力的老人不受年齡限制，逾80歲的邱樹嘉爺爺踩高蹺帶給許多人歡樂

第三節 老人迷思與年齡歧視

壹、對老人的迷思

將老人與老化視為「問題」的負面態度，忽視老人正面價值的偏見，係稱為「年齡歧視」（ageism）。一般而言，我們的社會普遍對於老人存在許多負面的刻板印象（stereotype），包括錯誤的認知、偏差的行為及不友善的態度。這種年齡歧視就像種族或性別歧視般，有著「我好你差」、「我行你不行」、「我優你劣」的比較想法，例如認為「黑人就有犯罪的嫌疑」，或直覺「女性體力不好、不耐操」等偏差的想法。在對待老人上，會用輕視、貶低的作法回應，例如用「老番顛」、「沒路用」、「老糊塗」、「老迷糊」、「老人囡仔性」、「老不修」等負面字眼形容高齡者（Harrigan & Farmer, 1992）。對老人的印象大致可以分為以下三大類的迷思（Greene, 2008; Macnicol, 2006）：

一、生理上的迷思

1.年紀漸長意味生活充滿身體不適和疾病。
2.老年人沒有吸引力，散發臭味、沒有牙齒、視不明、聽不清，且體重過輕。
3.老年人不應太過表現，以免心臟病發或跌倒、骨折。
4.老年人總是在睡覺。
5.到60歲就沒有性生活。老年人對性沒有興趣，同時性功能萎縮。

二、心理上的迷思

1.大多數人的命運已決定且無法改變。
2.年老代表相對和平與寧靜的時光，生活的壓力已過去，可以好好享受勞動後的果實。
3.老年人對治療的反應遲鈍。
4.衰老無可避免。
5.老年人無法學習新知，智力隨年齡增長而減少。
6.老年人無法解決日常生活問題。

三、社交的迷思

1.老年人依賴他人，需人照顧。他們無法獨立自主卻被社會孤立，且被家人忽視。
2.隨著年齡增長，老年人無可避免地從社會主流上消失。
3.年長者無法也不想工作，他們是窮困的族群。
4.年長者希望獨處，且花費大多數的時間在看電視。
5.大多數的老人被虐待且被遺棄。
6.代溝導致老人的格格不入。

延伸閱讀： 大學生對於老人刻板印象

一、生理上的迷思

在生理上的迷思中，對於老人的負面刻板印象包括：老人很髒、老人嘴巴很臭、老人身體有異味、老人走路很慢、老人駝背、老人常生病、老人不愛洗澡等。

二、心理上的迷思

認為老人很孤單、老人很固執、老人說了就忘，記憶不好、老人很愛碎碎唸、老人愛提年輕時的風光、老人脾氣暴躁、老人情緒不穩定經常憂鬱等。

三、社會文化上的迷思

認為老人很色、老人很愛錢、老人很小氣、老人很喜歡霸占公車位子、老人講話很大聲、老人喜歡待在家中、老人喜歡討價還價、老人好面子、老人很早睡覺、老人喜歡插隊、老人喜歡闖紅燈、老人喜歡依賴別人等。

以上是修習「老人學概論」課程的大學部學生，提出老人的主要刻板印象。對於老人的負面印象反應了年輕人對於高齡者的看法，部分反應了在我們的現實生活中的一些樣貌，但也可能誇大了對老人的印象。然而隨著課程的學習，包括介紹老化理論、典範高齡者生命故事、老人體驗、安養護機構參訪、老人電影欣賞等活動之後，學生對於老人的想法會有不同的轉變，例如他們可以感受到老人也需要別人的關心、老人喜歡學習、老人很有活力、老人很可愛、老人很大方、老人體力不輸年輕人、老人做人做事很圓融等，甚至還有很多值得年輕人學習的優點，一改他們對於老人的負面印象（**表1-3**）。

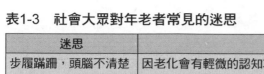

表1-3　社會大眾對年老者常見的迷思

迷思	說明
步履蹣跚，頭腦不清楚	因老化會有輕微的認知功能衰退，但多數人不會有嚴重認知問題。
不快樂，無法適應困難	老年人經歷的負向情緒比年輕人更少，談論引起激烈情緒的主題時，情緒上的生理反應也較年輕人少。
焦點放在身體不健康的問題	僅有患有嚴重疾病及多重疾病的老人會將重心放在疾病上，適時的將焦點轉移至其他興趣及服務人群，有助於身心靈的健康。
孤單落漠	老年人有「社交選擇性」，重視的是與親密朋友、家人的關係。到了晚年較珍惜家人及好友，可透過教育或志工團體，擴展生活圈。
老狗學不會新把戲	老人在認知性活動回應上較為謹慎，但仍有很強的學習能力，需要多一些時間反應並且重複練習。
性生活不滿足	老年人對性仍有興趣與能力，性生活在46～71歲之間平均並沒有減少。

貳、對老人的歧視

　　年齡歧視是一種對老年人明顯的偏見和歧視，是一種刻板印象形成的過程，原因只是他們年紀大，就像種族主義和性別歧視是建立在膚色和性別之上一樣。我們對於老年人的形象，例如虛弱、體弱多病、衰老、無助以及不具生產力（Greene, 2008; Macnicol, 2006）。在老人歧視中，老人最常遇到的問題包括：(1)獨居長輩租屋困難：房東怕獨居老人付不出房租，也怕他們若生病或死在租屋處所，會擔心房屋租不出去；(2)搭車或計程車拒載：司機覺得老人動作慢，有時還得收合輪椅費時費力，所以看到老人攔車卻不停；(3)就業歧視：認為老人的反應慢、科技使用不佳，所以會用年齡限制回絕中高齡者工作（陳宛茜，2012）。

　　光啟社曾拍攝一部《生命清泉》紀錄片，提出許多人對於老人的迷思，整理如下：

迷思1：人老了就會體弱、癡呆嗎？

老化是自然現象，而老化是能控制的，保持健康可以延遲老化的現象，而最重要的就是「活動力」，靠著運動可以讓身心維持年輕。

迷思2：人老了就沒有生產力嗎？

65歲為規定的退休年齡，但許多人休而不退，繼續在不同的崗位上為社會、為家庭貢獻。

迷思3：人老了就沒有親密感情需要嗎？

戀愛不是年輕人的專利，老年人也有戀愛的權利。

迷思4：人老了就會害怕死亡嗎？

死亡是人生中最辛苦的功課，也是人生中最難完成的歷練，對於人生最後一程，也按自己生前喜愛的方式，作一個完美的計畫，為人生畫上一個完美的休止符，也是很多老人選擇的方式。

迷思5：人老了就一定要和子女同住嗎？

越來越多老人選擇自己有獨立生活空間，重視自己晚年的經濟自主權，以及經濟獨立的尊嚴，也可以減少三代同堂因習慣不同而衝突的機率。

迷思6：老人都是固執、無法改變的嗎？

老人會因為過去的成長過程與教育背景，傾向單一的思維模式，較不易變通，但並不是所有的老人都是食古不化的。

社會大眾對於老人有負面刻板印象，特別是透過媒體的渲染，強化了民眾對老人的反感。教育部在老人教育白皮書中指出，透過正規教育與社會教育，摒除對老年人的年齡歧視，提倡代間瞭解，進而對於老人親善。有鑑於此，教育部特別重視「代間關係」的議題，透過演講、研習等活動，讓年輕人瞭解老化議題，或相互接觸。在正規教育中，可以讓在大學選讀老人學等相關課程的學生，透過理論和體驗的方式，進一步改變自己的負面印象。例如，讓大學生參與「樂齡大學」的活動，設計祖孫互動、遊戲、共同旅遊或

志願服務的方式，讓更多年輕學生接觸長輩。一來，讓年輕人認識多元的老人面貌，二來，也可以讓長輩們感受到年輕人的活力或創意，進而相互學習。

延伸閱讀：老人電影欣賞之迴響

　　透過影像或紀錄片認識老人，是在教學或帶領活動時可多運用的方式之一。在「老人學概論」或「老人服務事業概論」等相關課程中，可運用老人相關電影，讓學生及社會大眾更加瞭解老人的多元樣貌。中文影片如《不老騎士》、《青春啦啦隊》、《農情搖滾—爺奶總動員》、《被遺忘的時光》、《父後七日》；外國影片如《搖滾吧！爺奶》（美）、《內衣小舖》（瑞）、《佐賀的超級阿嬤》（日）、《最後12堂星期二的課》（美）、《明日的記憶》（日）、《一路玩到掛》（美）、《蝴蝶》（法）、《天外奇蹟》（美）、《有你真好》（韓）、《崖上的波妞》（日）。以上電影大致分為三大類型，介紹如下：

一、高齡者追求夢想並實現的故事

　　《不老騎士》、《青春啦啦隊》、《農情搖滾—爺奶總動員》、《搖滾吧！爺奶》、《內衣小舖》充分描寫老人在晚年逐夢踏實、終身學習的精神。以下簡單介紹兩部影片，包括《不老騎士》和《搖滾吧！爺奶》。

　　《不老騎士》是弘道老人福利基金會在2007年11月13日到25日舉辦「挑戰80，超越千里——不老騎士的歐兜邁環台日記」活動，帶領17位平均81歲的不老騎士摩托車環島，展現人老心不老的精神！紀錄片從體檢篩選、報名考機車駕照、接受平衡訓練、到出發後如何克服體能極限，面對機車環台挑戰等等，忠實全紀錄了不老騎士圓夢不老的感人點滴歷程。紀錄短片中不老騎士活

潑逗趣的互動與對話，顛覆了一般人對老的刻板印象。

《搖滾吧！爺奶》介紹Young@Heart樂團成員平均年齡80歲、頂著滿頭白髮、帶著呼吸輔助器練唱的曲子，卻與時下年輕人毫不脫節，唱著搖滾經典名曲，讓人回味無窮。導演花了整整六個星期跟拍這個老人樂團，團員們在彩排時遇到許多困難與挑戰，他們因為熱愛表演，不斷地挑戰許多高難度歌曲，例如。其間不時有團員進出醫院，紀錄片的結束有二位團員因不敵病魔而逝世。團員們聽到雖然難過，但仍然堅持到監獄義唱，唱到〈Forever Young〉時令受刑人感動不已。

二、高齡者面對疾病、死亡的故事

《被遺忘的時光》、《父後七日》、《最後12堂星期二的課》、《明日的記憶》、《一路玩到掛》。《被遺忘的時光》紀錄失智症長者故事，讓我們更加瞭解失智症以及照顧者的辛苦。《父後七日》拍攝台灣特有的喪禮文化，是難得的黑色幽默喜劇片。

三、祖孫互動、代間學習的故事

《佐賀的超級阿嬤》、《有你真好》、《蝴蝶》、《天外奇蹟》、《崖上的波妞》著重祖孫之間的互動和情感支持。現今社會愈來愈多隔代教養的家庭，許多高齡者代替母職，扶養年幼的孫子女，展現堅毅不拔、過人的智慧。

參、老化體驗活動與同理心培養

年輕時很難感受到老化過程中的不方便，財團法人老五老基金會、弘道老人福利基金會等非營利組織希望在高齡化的社會裡，透過老人模擬體驗，讓更多人可以體驗老化所造成的不方便，對老人

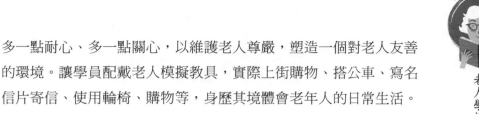

多一點耐心、多一點關心，以維護老人尊嚴，塑造一個對老人友善的環境。讓學員配戴老人模擬教具，實際上街購物、搭公車、寫名信片寄信、使用輪椅、購物等，身歷其境體會老年人的日常生活。台北市政府設立了花博公園台北悠活村，包括悠活體驗館、合宜輔具中心、悠活資源館、照護管理中心等四處館所，持續進行不同世代族群的照護服務，提供社會大眾體驗老化及認識高齡相關資源。

在老人學課程中可加入「老化體驗活動」，透過觀察及體驗老人的行動及感覺知覺狀況，體驗老人因為身體退化所造成日常生活之不便，並進一步同理高齡長者的心理感受（曾玉玲、陳亭蘭、陳惠姿，2008）。學生必須穿戴各式老化道具，例如老化眼鏡、耳塞、膝蓋及束縛固定物、手腳加重物及枴杖等特殊設備，親身體驗身體的老邁和不方便。「老化體驗活動」也可以安排在醫院、安養護機構、社區照顧關懷據點等實施，讓醫生、護士、家屬、照顧者等一般大眾體驗老化所帶來的不便。

為加強老人體驗的學習效果，學者曾玉玲、陳亭蘭、陳惠姿（2008）將老化體驗活動分三階段進行：階段一進行活動簡介；階段二正式進入體驗活動，透過台灣一般老人生活的情境設計，讓老

廠商開發各類老化輔具，供民眾體驗老化過程

老化輔具特別重視眼部老花、手腳不便、關節退化等問題

化學習能「還原於生活經驗中」；階段三為體驗後的討論，課後並
請學生以體驗者及觀察者的角度來看老化體驗，並提出心得與感
想。研究結果包括：「進入老化的世界」、「當優勢不再是優勢
──變身後的身體感官變化」、「其實你不懂我的心」、「自我鼓
勵正向思考」、「負面感受油然而生」、「任務達成事倍功半」及
「老化態度的改變」，並針對體驗學習成果及活動設計提出討論與
建議。

　　經國管理暨健康學院老人服務事業管理系曾辦理「103年健康
照顧產業暨成功老化體驗營」，邀請高中職師生參加，除了專題演
講外，亦透過「當我們老在一起」的老化體驗闖關，讓高中生瞭解
老化的身心變化及困難，進一步培養年輕人對老人之同理心。老化
體驗活動設計如**表1-4**、**表1-5**。

學生穿戴各式老化道具，親身體驗身體的老邁和不方便

學生小組合作，共同完成老化闖關活動

表1-4　老化體驗活動設計

編號	第一關
活動名稱	如果我是一位高齡長者
道具	A4紙一包（袋裝）、碼表計時器、計分板、筆
老化體驗輔具	老化背心
活動內容	請參加者全副武裝的穿上我們厚重的背心，及旁邊有人幫忙拿一包A4的袋裝紙，另一人則攙扶著厚重背心者，而關主會請厚重背心者和攙扶者一起站在一個定點上，關主會告訴他們要從哪個定點開始走到哪，然後來回兩趟，關主說開始就按碼表計時器，會請協同者一起看時間是否歸零才開始，參與者必須使出吃奶的力氣邁向前，來回兩趟之後，關主會告訴參與者所花費的時間，再請下一隊開始同樣的事情，之後全部的參與者都玩過一輪之後，關主會把全部的時間寫在計分板上，看哪一隊的挑戰者速度最快，最快的那一隊獲勝。

編號	第二關
活動名稱	夾夾樂
道具	筷子、綠豆、紅豆等、碗
老化體驗輔具	上肢——護肘＋輔具
活動內容	一隻手拿著碗擺在下巴下方，一隻手拿著筷子，然後將桌上的綠豆、紅豆等夾到碗裡，在指定的時間內，最多的那一隊獲勝。

編號	第三關
活動名稱	雙雙對對，萬年富貴
道具	護目鏡、圖卡、桌子
老化體驗輔具	護目鏡
活動內容	10組圖卡每組都有2份，有一份會放置桌面上，另一份放在工作人員手上，參與者從工作人員手中找一張圖卡，要和桌面上的圖卡配對，配對正確的就得分。圖卡圖案可以為水果、動物等。

編號	第四關
活動名稱	我不是「貝多芬」
道具	耳罩、耳塞、題目字卡
老化體驗輔具	耳罩
活動內容	首先請兩隊（每隊4人）排成一列，每隊的第二、三、四人全程戴上耳罩，除非關主有說可以拿下來否則中途拿下耳罩者該局分數以0分計算。關主會將手中的字卡全部唸出來，當關主唸玩字卡後，會請第一個人傳話給第二人，如此依序傳話給最後一人，答對最多題的組別為獲勝一方。

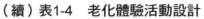
（續）表1-4　老化體驗活動設計

編號	第五關
活動名稱	健康齊步走，樂活你和我
道具	足球、四角助行器、護膝
老化體驗輔具	下肢——四角助行器＋護膝
活動內容	以障礙比賽，2人為一組（體驗者及協助者）。 1.步步高升 　說明：體驗者一腳綁護膝，走樓梯，體驗兩腳走路的差異。協助者適時輔助幫忙。 2.動動手動動腳 　說明：體驗者兩腳綁護膝並拄著四角助行器踢足球，到目的後把球撿起交給工作人員。協助者要注意體驗者安全，不可用四角助行器踢球。
編號	第六關
活動名稱	終極任務大挑戰
道具	護肘6套、四折手杖6支、套圈圈1組、高爾夫1組
老化體驗輔具	下肢——四折手杖＋護膝
活動內容	1.套圈圈 　說明：套圈圈時，套圈板的數字連成一條線就算贏。 2.高爾夫 　說明：打高爾夫時，球打進框起來的數字，分數越高就算贏。

表1-5　我發現老年人和我們不同的地方有……

眼睛	耳朵
牙齒	皮膚
動作	心智能力
用一個圖像或符號代表老人	
對老人的整體感想	

活動結束後可以讓學生寫下：

1.印象最深刻的活動內容有哪些？老人有哪些不方便？

2.我們可以為老人做哪些事情？要注意什麼？如何關懷老人？

3.請描述你們希望的晚年生活為何？如何在年輕時保健、保養及保本？

第四節　高齡生命典範　讓生命更高

除了老化體驗外，亦可以透由「老人典範人物」的引導，例如介紹百歲活力達人：許哲女士、趙慕鶴先生、崔介忱等故事介紹，讓大眾進一步接觸成功老人的典範。

壹、華人社會最年長愛心人瑞：許哲

許哲（Teresa Hsu Chih, 1897-2011）曾為華人社會中最年長的人瑞，曾榮獲「周大觀文教基金會第五屆全球熱愛生命獎章」得主，有「東方德蕾莎」稱號。許哲1897年誕生於中國廣東汕頭，因父母親婚變之故，16歲時隨著外婆和母親移居馬來西亞的檳城，一直到27歲才上小學讀書。曾經擔任過英國駐香港通訊社祕書，在第二次世界大戰後，她立志成為護士，並且在47歲時赴英國倫敦學習護理。1953年，許哲自英國護校畢業，隨後前往巴拉圭兄弟會義務醫療隊服務。她是收容所唯一的護士，工作十分吃重，但能為窮人、病人減輕病苦，是她最大的安慰。因母親年紀大，1961年回到檳城，後來於1963進入新加坡廣惠肇醫院服務，並於1965年創辦養老病院，後定居新加坡。

許哲終身未嫁，將生命奉獻給需要幫助的人。年逾110歲的許哲，從外貌上看起來像是60、70歲，她一頭銀白短髮，皮膚光滑、

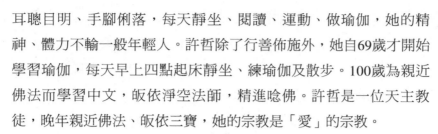

耳聰目明、手腳俐落，每天靜坐、閱讀、運動、做瑜伽，她的精神、體力不輸一般年輕人。許哲除了行善佈施外，她自69歲才開始學習瑜伽，每天早上四點起床靜坐、練瑜伽及散步。100歲為親近佛法而學習中文，皈依淨空法師，精進唸佛。許哲是一位天主教徒，晚年親近佛法、皈依三寶，她的宗教是「愛」的宗教。

她的長壽之道是，今天起來今天做工，不停地做工，做人間的義工。同時，她不惡口、不生煩惱心、一日一餐、不吃肉、不沾咖啡、茶、酒，所以，身心能常保平靜、喜悅。許哲終身學習，每天一定讀書，有時看到晚上一、二點。許哲說「生命意義在於真誠，不貪。如果要我現在閉目而去，我也知道我沒有留下什麼，我對生命無悔無憾。」（宋芳綺，2004）。

貳、台灣最高齡碩士暨鳥蟲體大師：趙慕鶴

趙慕鶴民國元年7月4日出生，不僅與中華民國同歲，生日當天還是美國國慶，是一位行動自如逾百歲的人瑞。趙慕鶴祖籍為中國大陸山東，40歲那年從中國大陸逃難到了台灣，之後在高雄女子師範學院（後改制為高雄師範大學）任教直至退休。他87歲時跟孫子一起報名大學聯考，民國九十一年兩人從大學畢業，傳為佳話。趙慕鶴95歲時，又與友人兒子相約考試，後來錄取南華大學哲學研究所，98歲時順利取得碩士學位，成為台灣年紀最大的碩士。二年研究所期間，他從高雄通勤至嘉義未曾缺課，是同學和老師心目中最佳終身學習的典範。

趙慕鶴先生退休後獨自一個人住在高雄，宿舍是四層樓沒有電梯的公寓，趙老先生每天爬樓梯，打掃庭院，並且騎腳踏車出門辦事，例如至菜市場買菜、自行洗菜、切菜、煮飯打點三餐，並且經常做志工或義務幫同鄉辦理庶務。他的養生之道是什麼？趙慕鶴說：「不生氣、多勞動，身體自然好。」每天掃地掃院子，藉勞動

保持硬朗。除了凡事不假他人幫助、多勞動、不生氣外，趙慕鶴先生為了買車票、訂機票，還學習電腦，也曾經在74歲到歐洲自助旅行，在在顯示他終身學習、多活多動的人生哲學（單小懿，2011；謝銀仲，2009；公視獨立特派員，2012）。

趙慕鶴除了是98歲高齡碩士外，他在書畫界也是鼎鼎大名。他是目前台灣乃至中國大陸唯一擅長畫寫鳥蟲體畫法的大師，在100歲時前往英國倫敦歡度百歲生日，其作品受到大英圖書館收藏，成為第一位鳥蟲體作品獲得大英圖書館珍藏的台灣書法家。趙慕鶴選擇羅貫中所寫的三國演義卷頭詞送給大英圖書館，這是他很愛的一首詞，裡面也蘊涵他的人生哲理，他說：「這首詞我至少寫有五十多幅，『是非成敗轉頭空』、『古今多少事，都付笑談中』，寫得非常棒，人生一切要看開，不要太計較。」以上反應他淡泊人生的價值觀。

參、百歲人瑞的保健之道：崔介忱

崔介忱民國前1年（1911年）出生，前警政署人事處退休。育有二子一女，與老伴崔奶奶及孫女同住。生活規律，晚上九點睡覺，清晨四點起床。健康狀況良好，沒病痛，雙腿能劈近180度，彎腰向前頭能輕鬆頂到地，腳能舉高掛在脖子上，身體如幼兒般柔軟，體力超好，可伏地挺身108下。退休至今沒進過醫院，沒用過健保卡。身材挺拔，沒戴眼鏡，沒假牙，聽力正常，說話聲如洪鐘，頭腦清楚，外表年輕至少二十多歲。66歲退休前如一般人，身體總有病痛也會出現老化現象，然而退休後每天不斷地運動，早晨起床後先開門窗讓空氣流通，然後在床上做「床上養身保健功夫」。這套養身功是民國22年從軍到察哈爾省涿鹿縣時，清涼寺的光明法師所傳授，持之以恆地日日勤練，竟然連退休前的老花眼都不藥而癒（中央電視、崔介忱，2013）。

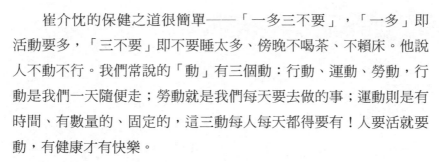

　　崔介忱的保健之道很簡單——「一多三不要」,「一多」即活動要多,「三不要」即不要睡太多、傍晚不喝茶、不賴床。他說人不動不行。我們常說的「動」有三個動:行動、運動、勞動,行動是我們一天隨便走;勞動就是我們每天要去做的事;運動則是有時間、有數量的、固定的,這三動每人每天都得要有!人要活就要動,有健康才有快樂。

　　崔爺爺養生之道:

1. 長壽之道:(1)開心樂觀,凡事不計較;(2)生活規律,順天地;(3)多運動,即使累了也要動一動。

2. 每天持續練床上保健功夫二十式,胎息、梳頭、揉眼、擺臀、搓耳針等二十個動作。

3. 多練龜息法:呼吸細、長、勻、自然、有恆,完全放鬆,產生自我修護力。

4. 早餐一定要吃,麥片、豆漿、稀飯什麼都可,不奢侈。

5. 早餐後到戶外、公園散步。

6. 多走路,走得到的地方一定徒步。

7. 飲食多蔬果,什麼都吃,均衡不挑食。

8. 少吃肉類、油炸、冰冷、重辣、重鹹的食物。

9. 不一定要迷信有機產品,買一般傳統市場或超市的蔬菜,洗乾淨再烹調比較重要。

10. 粗茶淡飯,不吃鮑魚、魚翅等高貴品。

11. 晚上七點以後,除了喝水,什麼都不吃。

12. 不抽菸、不喝酒、不吃檳榔。

 延伸閱讀：人瑞長壽祕訣

綜合上述三位人瑞的長壽祕訣，各有特色。共同點為：良好生活習慣、多運動（瑜伽、拉筋、走路、靜坐調息等）、獨立多勞動、不生氣、正向樂觀、樂於助人。唯一不同的是飲食習慣，許哲一天只吃一餐，且多為生食；趙慕鶴不吃早餐，用餐簡單；崔介忱早餐一定要吃，少吃肉類、均衡不挑食。

問題與討論

1. 老人學是一門跨學科整合的新興領域，它涵蓋哪些學科？這些學科之間的關連為何？這些學科對於我們研究老人學及認識老化有哪些幫助？

2. 老人的界定有哪些方式？不同類型的老人有哪些不同的需求？

3. 社會普遍對於老人有刻板印象，有哪些迷思？如何破除刻板印象？如何透過老化體驗活動同理老人的不方便和困難？

4. 請列舉一位您最崇拜景仰的高齡者，其典範特色為何？

5. 試著跟您的父母親或祖父母聊一聊，並記錄他們生理、心理、社會的現象。

6. 請閱讀一本跟老人或高齡學有關的書籍，摘錄書籍重點並跟大家分享。

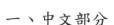
參考文獻

一、中文部分

內政部（2015）。〈104年第3週內政統計通報〉（103年底人口結構分析）。內政部統計處。2015年7月6日取自http://www.moi.gov.tw/stat/news_content.aspx?sn=9148

內政部（2014）。〈102年國人零歲平均餘命估測結果〉。取自http://sowf.moi.gov.tw/stat/Life/102%E5%B9%B4%E9%A4%98%E5%91%BD%E4%BC%B0%E6%B8%AC%E7%B5%90%E6%9E%9C%E7%B5%84%E5%90%88.pdf

公視獨立特派員（2012）。〈預演長照北歐經驗系列：趙慕鶴〉。2012年6月20日取自http://www.peopo.org/innews/post/83095

方俊德（2014）。〈台灣面臨人口高齡化之危機與轉機〉。取自http://www.tier.org.tw/SPC_FrontEnd/spcFiles/20140925091446.pdf

行政院經濟建設委員會（2010）。〈因應高齡化時代來臨的政策建議〉。行政院經濟建設委員會第1379次會議報告案。

中央電視、崔介忱（2013）。《103歲的健康奇蹟：崔爺爺養身保健操》。台北：時周文化。

吳老德（2010）。《高齡社會理論與策略》。台北：新文京。

宋芳綺（2004）。《106歲，有愛不老：許哲的生命故事》。台北：立緒。

沙依仁（1996）。《高齡學》。台北：五南。

林麗惠（2007）。〈因應高齡化社會的人力發展策略：先進國家發展經驗之借鏡〉。發表於「2007社區高齡教育跨科際整合與實務應用學術研討會」。

洪櫻純（2012）。〈高齡團體活動的引導技巧〉。《台灣社區銀腦開發「課程企劃師」培訓手冊》。主辦單位：社團法人中華民國社區教學會。

翁招玉（2012）。〈老人教育概論〉。載於林振春審閱，《老人教育學》。台中：華格納。

陳宛茜（2012）。〈友善設計+態度　銀髮族不當宅老人〉。2015年3月

取自http://vision.udn.com/storypage.php?ART_ID=502。

陳家齊編譯（2010）。〈歐洲推動延後退休〉。《經濟日報》，2010年7月19日。2012年6月1日取自http://www.superjob.com.tw/8028

單小懿（2011）。〈台灣最老碩士，98歲拿學位〉。《商業周刊》，206，126-130。

彭駕騂（2007）。《老人學》。台北：揚智。

彭駕騂、彭懷真（2012）。《老年學概論》。台北：威仕曼。

曾玉玲、陳亭蘭、陳惠姿（2008）。〈老化體驗活動：一種改變老化態度的教育策略〉。《輔仁醫學期刊》，6(4)，151-161。

黃久秦（2010）。〈老人學緒論〉。載於黃久秦等合著，《老人學概論》。台中：華格納。

黃富順（1991）。〈老人教育的意義、目的及其發展〉。載於教育部社會教育司主編，《老人教育》，頁1-17。台北：師大書苑。

黃富順（2004）。《高齡學習》。台北：五南。

謝銀仲（2009）。〈最老碩士，98歲趙慕鶴：2年未缺課〉。2012年6月20日取自http://www.libertytimes.com.tw/2009/new/jun/14/today-life2.htm

蘋果日報（2011.10.2）。〈破70%　老化指數飆新高〉。2012年6月20日取自http://www.appledaily.com.tw/appledaily/article/headline/20111002/33710165

二、外文部分

Atchley, R. C. (1991). *Social Forces and Aging* (7th ed.). Belmont, CA: Wadsworth.

Greene. R. R. (2008). *Social Work with the Aged and Their Families*. New Jersey, United States of America: Aldine Transaction.

Harrigan, M. P. & Farmer, R. L. (1992). The myths and facts of aging. In R. L. Schneirder & N. P. Kript (Eds.), *Gerontological Social Work*. Chiago: Nelson-Hall.

Macnicol, J. (2006). *Age Discrimination: An Historical and Contemporary Analysis*. New York, NY: Cambridge University Press.

Schaie, K. W., & Carstenson, L. L. (Eds.) (2006). *Social Structure, Ageing, and Self-Regulation in the Elderly*. New York Springer Publisher Co.

Settersten, R. (2006). Aging and the life course. In R. Binstock & L. George (Eds.), *Handbook of Aging and Social Science*. Burlington, MA: Academic Press.

Chapter 2

老化理論與生命統整

洪櫻純、陳美蘭

學習重點

1.老化的定義

2.生理的老化

3.心理的老化

4.社會的老化

5.老化新興理論（活躍老化、健康老化、成功老化、超越老化）

第一節　老化理論

壹、老化的定義

　　老化是什麼呢？一般而言，個體隨著年齡增加，身體的結構或功能逐漸衰弱或退化，即是老化。而老化是從何時開始的呢？普遍認為，老化是上了年紀才會發生的事，然而從發展的角度來看，老化並非個體成熟以後才稱為老化，許多生命初期即已開始走向老化，例如嬰兒的瞳孔自出生之後就開始退化、胎兒的大腦未使用的細胞也會開始死亡，因此，「發展即老化」意味著老化並非成熟以後才會發生，若是不當使用、過度使用或完全不用，均可能造成提早老化的現象。

　　一個人身體結構及功能隨時間進行而累積的變化，稱為老化（aging），是一種正常又不可逆轉的持續性過程。正常的老化並不是疾病，但老化造成身體很多功能的改變，因而可能產生不同程度的障礙（林麗惠，2006；黃富順，2008）：

1. 自然（chronological）老化：人自出生後一直進行的過程。
2. 生物（biological）老化：生理上的改變，減低了器官系統的使用效率，如肺臟、心臟及循環系統。隨著有機體自然老化，細胞繁殖數會減少，又稱功能性老化（functional ageing）。
3. 心理（psychological）老化：包含感官和知覺過程的變化、心理功能的變化（如記憶力、學習能力及智慧）、適應力的變化及人格的變化等。一個人若是心智上還很活躍（intellectually active），也能適應環境，就可說他心理上還是很年輕。
4. 社會（social）老化：指個人的角色以及與他人關係的轉變，如家人和朋友間、有酬及無酬的生產角色以及社會性角色。

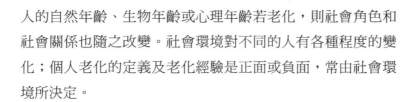
人的自然年齡、生物年齡或心理年齡若老化，則社會角色和社會關係也隨之改變。社會環境對不同的人有各種程度的變化；個人老化的定義及老化經驗是正面或負面，常由社會環境所決定。

一般而言，老化理論的範圍，包括生理、心理及社會三大層面（**表2-1**）。生物學之老化理論，著重在抗老化科學之研究；心理學之老化理論，著重在自我概念、認知功能、人格、動機、學習與記憶等心理歷程發展與調適；社會學之老化理論，著重在社會結構、社會角色、社會期望、社會功能等探討。生理方面，主要在研究老化及抗老化等生理及醫療相關議題；心理方面，主要在探討高齡者個人之記憶、學習、性格等，進而探討個人在社會互動中，人際關係之變化，休閒、教育及健康等對個人心理影響的問題；社會方面，主要在研究社會組織及制度對老年人的影響，藉由整合多元理論，分析高齡者的各種需求，再制定各種老人社會福利政策。

表2-1　老化的研究重點

老化類別	項目
生理老化	著重對老化過程中，身體變化、衰退及抗老化科學之研究。
心理老化	著重在自我概念、認知功能、人格、動機、學習與記憶等心理歷程發展與調適。
社會老化	著重在社會結構、社會角色、社會期望、社會功能等探討。

貳、生理的老化

生物學之老化理論，在生活環境及遺傳基因兩大因素中，產生「生理結構性損傷理論」和「基因擬定器官退化理論」。生理結構性損傷理論又分成穿戴磨損理論、殘渣堆積理論、虛假重建理論、免疫抑制理論、錯誤與修補理論、熱能限制理論、分子交叉聯結理論、線粒體損傷理論、自由基老化理論；而基因擬定器官退化理論

又分成海弗利克限制理論、染色體端粒理論、長壽基因理論、多種理論之匯流等，以下分別敘述之。

一、生理結構性損傷理論

　　結構性損傷理論又可稱隨機理論（Stochastic Theory），可解釋為細胞之分子部分，經年累月操作，開始失去應有之功能及產生故障、破損，最後導致細胞逐漸損失。換言之，結構性損傷理論主張老化是由生活環境破壞人體系統，經過多年歲月累積的結果，強調細胞的隨機損壞造成老化。其中又細分為穿戴磨損理論、殘渣堆積理論、虛假重建理論、免疫抑制理論、錯誤與修補理論、熱能限制理論、分子交叉聯結理論、線粒體損傷理論、自由基老化理論。

(一)穿戴磨損理論（Wear and Tear）

　　生命之日常折磨或過度使用，會使身體磨損導致疾病狀態，當磨損與裂開之速度超出身體細胞修補能力時，就開始老化。例如：軟骨之退化（Cartilage Degeneration），以及骨頭之磨損或關節骨連接處之退化。

(二)殘渣堆積理論（Waste Accumulation）

　　由於身體內細胞累積新陳代謝之殘渣物質所造成。例如：脂褐質色素與肝斑這些殘渣會在皮膚或內部器官堆積，形成老化現象。

(三)虛假重建理論（Faulty Reconstruction）

　　當我們進入中年及老年時期，在細胞修補過程中，開始產生假裝的重建材料。這些都是由於染色體序列交錯，所導致之結果與老化過程。

(四)免疫抑制理論（Immunosuppression）

　　胸腺或青春腺體之體積隨著年齡之增加而縮小，免疫系統之防衛能力亦隨老化而降低。

(五)錯誤與修補理論（Errors and Repair）

主張老化過程，係由對遺傳基因藍圖之損傷所引起，與虛假重建理論相似。例如：由老鼠實驗證明，吃得愈少，環境危機愈少，老化速度愈慢，活得更久。

(六)熱能限制理論（Caloric Restriction）

如果給予高營養、低熱能之食物，可阻礙及遲緩動物老化之過程。使用熱能限制養生法，會降低體重逐漸地達到一種新陳代謝之正常效能，這樣可以提供最好的健康與壽命。

(七)分子交叉聯結理論（Molecular Cross-Linkage）

過多之葡萄糖、脂肪質分子，會瓦解結構性蛋白（如膠原纖維）之活動，傷害了細胞功能。例如：蛋白質與葡萄糖的結合，結合附近蛋白質後形成黏稠物質，導致骨結僵硬、動脈阻塞、眼球水晶體混濁（白內障）。

(八)線粒體損傷理論（Mitochondrial Damage）

氧化過程中所產生之自由基分子破壞了線粒體，這將使細胞失去所需之能量，危及細胞之正常功能。如何維持線粒體之功能來延遲老化，為老人醫學與科學家之一大挑戰，這個學說又稱為線粒體說。

(九)自由基老化理論（Free Radical）

自由基傷害線粒體是老化的主要原因。科學研究者已歸納超過八十種以上之退化疾病，係由自由基所引發之氧化壓力（Oxidative Stress）所造成。

二、基因擬定器官退化理論

又稱為預先規劃的老化理論（Programmed Theory），其認為生物之壽命存在一種規律可稱為「基因時鐘」，在受精時就設定這

生命可「擺動」多少次就要自動停止。主張人體是經過遺傳基因預先設計其老化，而由某些生物的時限來節制人體的生長、成熟與老化。其中又細分成海弗利克限制理論、染色體端粒理論、長壽基因理論、多種理論之匯流。

(一)海弗利克限制理論（Hayflick Limit）

於1962年由海弗利克提出，生物有機體之壽命似乎出現一種規律，又可稱為細胞分裂之上限學說。指出人類細胞可以分裂五十次，其相對應之生命壽數，大概可達到120歲。

(二)染色體端粒理論（Telomere）

亦稱為細胞老化說（Cellular Senescence Theory）。當細胞不斷地分裂，染色體端粒會越來越短，當染色體變為更短時，便會影響與改變細胞表達基因密碼之方式及癌細胞——端粒酶的影響。

(三)長壽基因理論（Longevity-Gene）

長壽之最大原因為基因決定的，才能使個人有能力活到最高齡。長壽之基因，事實上也許牽涉到形成某一特殊細胞之抗氧化劑或抗氧化酵素系統。實驗證實，線蟲體內分離出一種新基因，藉著操縱這個基因，讓線蟲的生長延長了一倍。

(四)多種理論之匯流（The Confluence of Theories）

生物學的老化理論尚有：

1.甘油配醣調節論（Glycosylation Theory）。
2.荷爾蒙壓力說（Hormone Stress Theory）。
3.神經內分泌說（Neuroendoctrine Theory）。
4.神經退化／鈣化說（Neurodegeneration/Calcium Theory）。
5.營養學說（Nutrition Theory）。
6.蛋白質損害說（Protein Damage Theory）。
7.輻射能說（Radiation Theory）等。

由以上理論可推論出老化理論之影響因子，包括抗老化科學、生理傷害因素、預期壽命、生長限制、遺傳因子、脂褐質、細胞分裂、生物時鐘、老化速度、染色體角色、皮膚老化、抗氧化劑、免疫系統等。老化理論多應用在抗老化的研究領域上，歷史文獻中，歷代君王費盡心思地找尋青春之泉，尋找長生不老的祕方，已在生物科技技術發達的近代，找到具有科學依據的抗老元素，包括抗氧化劑、維生素、芳香療法在日常生活中的應用，這些都是屬於生理的老化及抗老化的應用。

延伸閱讀：長壽人瑞　一探藍色寶地的祕訣

　　隨著科技及醫學的進步，人類壽命延長，百歲人瑞的數目也隨之增加。衛福部2014年統計指出，台灣人瑞約有2,525位，最高齡為113歲，人瑞數最多的縣市集中於五都，占全國人瑞人口六成以上，以台北市和新北市最多（黃國楨，2015）。從《藍色寶地》一書中發現，良好的生活習慣是長壽最重要的因素，如食用當地新鮮的飲食、吃得簡單、保持活動、與家人朋友相互關心、幽默感等，都是長壽的祕訣（田霏譯，2010）。

　　「藍色寶地」指的是世界上最長壽的人住的地方，包括：義大利薩丁尼亞半島、日本沖繩島、美國加州的洛馬林達區，以及哥斯大黎加的尼科亞半島（Nicoya）。作者Dan Buettner花了七年深入這四個地方，與數十位人瑞訪談的結果得知，人類的壽命25%由基因決定，75%取決於我們的生活方式。生活方式的定義十分廣泛，例如保持運動、少吃肉、八分飽、適度飲紅酒、放慢生活步調、每天都有起床的理由、參與宗教性團體、家庭至上、與志同道合者在一起，這些都是長壽的重要因素。

　　《藍色寶地》一書中介紹美國加州的洛馬林達區，社區中

有許多有機蔬食店，大部分的居民過著有機健康、有信仰的規律生活。每週安息日一到，居民一定放下手邊的工作，跟重要的人團聚在一起，釋放壓力。洛馬林達區的老人長壽原因在於有虔誠的宗教信仰和有機的生活型態。在哥斯大黎加的尼科亞半島，家人互相需要、鄰居往來熱絡，即使百歲母親仍對80歲的兒子一樣呵護。島上所有的食物自己種，他們吃的食物絕對綠色，研究發現，自己種食物、自己享受的老人，身體活動多，生活更樂觀，更有益長壽。在日本沖繩島，老人家相信服用「維他命S」（Smile）──每日一笑，可延年益壽；「每天早上起床」就是人瑞的使命，下午再參加「互助會」跟他人聊天分享，就是生命的意義。在義大利薩丁尼亞半島，嘲諷式的幽默感，讓他們每天笑著面對艱困環境。在這裡，人們打招呼會說：「祝你活到100百歲！」。島上的居民勞動力十足，直至90多歲都還在工作，他們熱愛勞動，愛學習新知識，因而更年輕。綜合《藍色寶地》一書的長壽祕訣如下：

- 日本人：不要吃太飽、每日一笑。
- 義大利：幽默感、多勞動。
- 美國：有機蔬食、享受安息日與神的心靈交流。
- 哥大：長者對家庭有所貢獻、家人相互需要。

參、心理的老化

　　健康的心理，是由多方面來探討的，其中還受到性別、學歷、情緒、壓力、收入、態度、價值、社會、疾病等因素影響。其中也受到生物的（病毒等）、心理的（行為信念）和社會的（職業等）所組合而成（周文欽，2006）。年老造成的身心變化中，老人從腦

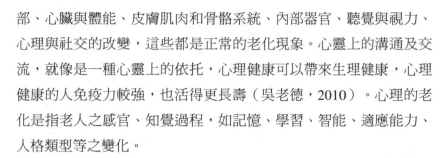

部、心臟與體能、皮膚肌肉和骨骼系統、內部器官、聽覺與視力、心理與社交的改變，這些都是正常的老化現象。心靈上的溝通及交流，就像是一種心靈上的依托，心理健康可以帶來生理健康，心理健康的人免疫力較強，也活得更長壽（吳老德，2010）。心理的老化是指老人之感官、知覺過程，如記憶、學習、智能、適應能力、人格類型等之變化。

心理的老化可以從認知功能、自我發展與社會關係、日常生活能力來探討說明。認知方面，老化會帶來記憶能力、反應時間及資訊處理與解決能力之衰退，但個體對於人生意義之觀念、覺察與領悟，會深深影響到老化後之生活福祉。老人自我發展包括人格、自尊、身體形象及社會角色等發展，會隨著年齡變遷而改變。遇到退休或喪偶時，其社會角色往往沒有機會得到代替而產生問題。老年生命意義多為個人主觀體驗。除此之外，因應每天生活經驗後所提出之難題與情境問題之面對，並有效產生作用。這些可協助長者認知重建，並重新進行自我接納，重塑正面之老化概念，重新發展新角色。在老年人的生活裡有不少的事件，包括寡居、婚姻關係的調適、退休、感官的失落、生理上疾病、死亡的來臨。可能對老人的心理發生某種程度的影響。

老年人的反應因此常決定他往後日子的安排。心理學家大致上把老年人的心理反應歸納成下列幾種主要的型態：哀傷、罪惡感、孤獨感、消沉、焦慮、無助感、憤怒感。如何恢復老年心理健康，包括從傳統功能倫理解脫、衡量其他可行之倫理、減少猜忌增加自信、減少依賴增加自助、自認有能力、心理自衛能力之維持、自認有效率、鼓勵內在自我評估、鼓勵內在自我控制、設法建立適應和解決問題的能力、提供權力和資金減少外界控制，還有居住、健康、經濟、營養、服務，如**圖2-1**所示（徐麗君、蔡文輝，1991）。

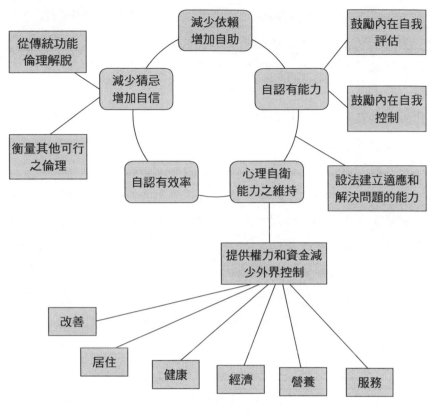

圖2-1　如何恢復老年心理健康

資料來源：徐麗君、蔡文輝（1991）。

　　老人心理認知重建的步驟，包括協助案主接納他們的自我陳述、假定與信念影響他們對生活事件的情緒反應、協助案主辨識影響其問題和不良功能的信念及思考模式、協助案主確認引發失功能認知的情境、協助案主以功能良好的自述取代自我挫敗的認知、協助案主為成功的因應結果而獎賞自己（張宏哲等譯，1999）。

　　對抗心理的老化，壓力源的管理也很重要，情緒也是壓力反應的其中一種，身心的壓力往往會導致心理疾病的產生，生理上的腸躁症，也是壓力所引起。情緒又包括正面情緒和負面情緒，壓力屬於負面心理，可以藉由紓壓活動來改善。例如，各式輔助療法，

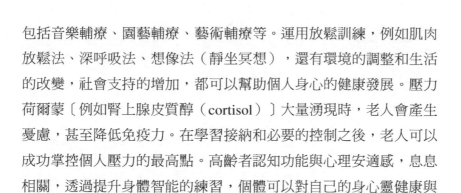
包括音樂輔療、園藝輔療、藝術輔療等。運用放鬆訓練，例如肌肉放鬆法、深呼吸法、想像法（靜坐冥想），還有環境的調整和生活的改變，社會支持的增加，都可以幫助個人身心的健康發展。壓力荷爾蒙〔例如腎上腺皮質醇（cortisol）〕大量湧現時，老人會產生憂慮，甚至降低免疫力。在學習接納和必要的控制之後，老人可以成功掌控個人壓力的最高點。高齡者認知功能與心理安適感，息息相關，透過提升身體智能的練習，個體可以對自己的身心靈健康與否，自我察覺。當掌控度越高，身心靈健康自然提升，個體的成功模式，也是可以啟發他人的經驗。

許多內外在因素，如**圖2-2**所示，造成老人許多心理壓力，失去支持系統，加上經濟主權和社會地位喪失等因素，使老人失去許多社會參與的機會，造成社會對老人的刻板印象，老人心理和生

延伸閱讀：老人心理健康促進的三級預防

用心理學的觀點看老化，以選擇最適化及補償理論、社會心理發展、社會情緒選擇理論和大腦資訊處理速度理論四個面向。社會心理發展中提到Erikson的人類發展八階段，其中最後一個階段是成年晚期，成年晚期的挑戰是統整與失望。當老年期生活美好，心理就達到統整圓滿，反之，則感到失望。個人情緒管理之技巧，如肌肉放鬆、正向思考、接近開心場合、臉部保持微笑、音樂欣賞、社會支持、身體活動、睡眠充足（李百麟，2013）。老人心理健康促進的三級預防，第一是初級預防，行動方案有營養均衡的飲食、適度的運動、規律的生活作息；第二是次級預防，意即早期發現、早期治療；第三是三級預防，行動方案有減少導致延長心理疾病的病程或復發的原因（葉怡寧、林克能、邱照華、李嘉馨、黃婉茹，2012）。

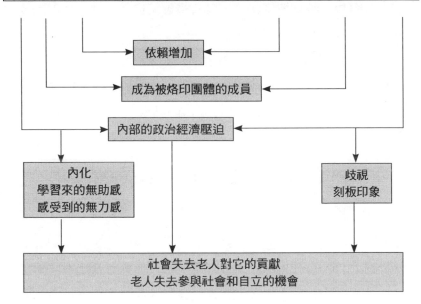

個體（內在）	社會（外在）
1.體力的衰退	1.經濟的喪失（因為退休）與健康照顧費用的增加
2.健康問題	2.處於政治邊緣地帶
3.心理壓力，如沮喪、喪失和悲傷	3.喪失在社會上有貢獻的角色（在工作上和市民活動上）
4.失去同儕、配偶和其他支持系統	4.喪失在社會中的地位
	5.在特定的人口群內，如少數民族與女性，他們的社會政治情況與經濟條件持續受到社會大眾的歧視與壓迫
	6.不情願的社會提供〔無權能激發（disempowerment）的社會服務模式〕

依賴增加

成為被烙印團體的成員

內部的政治經濟壓迫

內化
學習來的無助感
感受到的無力感

歧視
刻板印象

社會失去老人對它的貢獻
老人失去參與社會和自立的機會

圖2-2　造成老人權力喪失的因素

資料來源：趙善如、趙仁愛譯（2001）。

活，撤退到自己的安逸舒適圈，遠離人群，這些負面行為造成老人心理健康衰退的問題。造成老人權力喪失的因素，除了內在因素，即個體因素，還包括外在因素，即社會因素。

　　要改變既有的習慣，最令人恐懼的是未知的未來，內在的思考是改變生活的動力。不去做就永遠不可能，改變是學習的完成式，從不快樂變成快樂就是改變。不快樂的人是因為關心自己太多，高

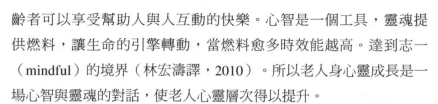

齡者可以享受幫助人與人互動的快樂。心智是一個工具，靈魂提供燃料，讓生命的引擎轉動，當燃料愈多時效能越高。達到志一（mindful）的境界（林宏濤譯，2010）。所以老人身心靈成長是一場心智與靈魂的對話，使老人心靈層次得以提升。

　　花錢能買到優質照護嗎？人生的下坡更需要智慧，二十一世紀是老人當家的時代，打造一個即使一個人也可以享受老年生活的地方，讓心理健康與信仰突破老化所帶給社會的困境與挑戰，平衡不斷飆升的健保開支，開創健康照護組織新契機，減輕政府財政壓力（程芸譯，2006）。

肆、社會的老化

　　老，是衰退的象徵嗎？一般人對老人的刻板印象是——慢、病、弱，老人也會自認自身在社會或家庭中的地位漸失，而產生失落感，將內心世界和活動範圍，撤退到自己覺得安全不受歧視的範圍。事實上，老年生活是可以不一樣的，老年生活最重要的是「統整」，從失落中找尋生命的意義。英國的社會學家查爾斯‧布斯（Charles Booth）最早發現老人需要社會照顧。社會參與、社會支援、良好的健康和生活環境之間的連結關係，參與休閒、社會、文化與心靈活動，甚至是與家庭之間的互動，都會讓高齡居民不斷地活動。我國長期照顧十年計畫於2009年提出「友善關懷老人服務方案」，其中提到的積極老化，包含健康促進、社會參與和安全維護面向，其中社會參與則有提供教育及學習機會、鼓勵個人依能力、偏好及需求，投入經濟發展相關的活動或志願服務工作，以及透過各項服務鼓勵民眾充分參與社區及家庭生活等教育學習、社區生活參與、開發人力資源等（吳老德，2010）。

　　老年生活可以是有意義的，包括高齡生活和個人生活滿意度。在個體和社區之間，老人與社會福利有逐漸明顯的撤退，但是如何

讓長者融入社會的論調，是世界的老化議題之一。世界衛生組織在1990年代，把活躍老化研究，政策化並付諸執行。志願服務、照顧服務和支持性社會服務組織如同活躍團體一般。休閒活動最重要的潛在功能，是提升生活品質。同樣一個活動對不同人來說，產生的意義都不同（Boudiny & Mortelmans, 2011）。

活躍老化是社會老化回春的活力元素，活躍老化涵蓋健康、參與及安全三個層面，共十個向度，分別為生理健康、心理健康、參與生產力活動、社會活動、學習活動、休閒活動、家庭活動、經濟安全、生命安全及環境安全，除了在健康層面，強調保持身體功能，進而維持自我照顧能力之外，在參與層面，強調願意走出家門，拓展自己的社交生活圈（林麗惠，2012）。

社會關係是指除了與家庭成員之外，與鄰里他人的關係。與他人建立友善關係有助於得到支持與陪伴。高齡者常會隨著老本、老伴、老友的失去，漸而失去生活的重心和目標。從事志願服務等社會參與活動，不但可以提高生活品質，並可對社會有所回饋，也是成功的老年生活。未來長期照顧保險制度的建立，老年所得保障制度的特質，包括社會保險、社會津貼和社會救助，會為老人帶來不一樣的生活。而老人經濟安全，是滿足生活必需的第一道關卡，是達到自我實現最高層次的基本需求（陳琇惠、林奇璋，2010）。

社會老化現象十分複雜，社會高齡學主要在解釋有關老人適應與老人問題，和老人實際生活的社會因素，含括老年個體、群體與社會互動，範圍從家庭到社會參與、婚姻到代間（吳老德，2010）。社會的老化是指個人在社會結構中之人際關係與社會角色，如家庭、朋友、工作環境、宗教團體與政治組織間之互動程度變化而言。與社會的老化有關的理論包括衝突理論、符號互動理論、活躍理論、撤退理論、次文化理論、連續理論、交換理論、生命歷程理論，說明如下：

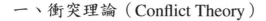
一、衝突理論（Conflict Theory）

老人因年齡增長形成社會弱勢之族群，其資源獲取機會相對減少，老人處境因年齡歧視問題成為被社會探討的老人課題。需建立老人之新形象、加強老化認知及以組成老人政治團體來謀求老人權力之實踐行動。

二、符號互動理論（Symbolic Interaction Theory）

加強促進老人思考，創造有意義的老年生活，將老人的有限能力和資源，朝向他們可以發揮社會互動權力的方向發展，將可重塑老人社會形象，促進老人社會互動素質。社會互動中應避免對老人產生負面形象的刻板化與標籤化作用。

三、活躍理論（Activity Theory）

又稱為「整合理論」，協助老人社會參與，使老年生活的適應方式維持在中年的活動方式，以防止身心功能老化。如果老人們更積極地參與社會活動，他們的生活似乎過得更為滿意，此理論呼應了活躍老化及終身學習的趨勢。

四、撤退理論（Disengagement Theory）

老人因退休、身體機能衰退等原因，與社會雙方感到要互相分離，導致老人從社會關係中退縮。老人也會因本身經濟資源缺乏的困境下，從社群網絡中退縮。此理論是早期最完整之學說，解釋老人在現代化社會之身分地位，由堪薩斯市之成年生活研究（Kansas City Studies of Adult Life）分析而得的學說，但研究僅僅代表某些群體的樣貌，而非全貌。

五、次文化理論（Subculture Theory）

當文化受到老化衝擊而成為文化老化之後，社會的特質就會

變得更加保守且缺乏彈性。年齡因素而產生的次文化，例如青少年次文化或老人次文化均不同於主流文化，老人次文化中部分展現喜好老歌、喝茶、打太極的文化風格，顯現老人在面對不同事物的思想、態度、習慣、信仰和生活方式。

六、連續理論（Continuity Theory）

又稱為「發展任務理論」，人類生命週期的每一個階段均有其高度連續性，老人保有成熟階段的價值觀、態度和習慣。老人年邁時會繼續維持相同的行為模式，以因應社會環境變化。一個成功的老人會維持一種成熟且正向的人格特質。以連續理論的論述而言，個體的中年行為模式易延續至晚年，因此最好是在中高齡時就養成良好的生活習慣及培養休閒興趣，晚年時才易展現正面的發展。

七、交換理論（Exchange Theory）

老人間的互動行為，視為利益交換的過程，老人在社會互動中所需的資源，可以在社區開發所需的交換資源。交換理論將人與人之間的互動視為一種計算得失的理性行為。此理論認定人與人之間的交換行為乃是維持社會秩序的基礎之一。交換的對象並不一定是能看得見的物品，其他像聲望、喜愛、幫助、贊同等，也同樣可以作為交換的對象。此理論可應用於老人人際關係、學習成就及志工團體等議題上。

八、生命歷程理論（Life-Span Theory）

將老人整體生命過程分成數個階段，每個階段有不同的任務，前期生命影響後期生命。年齡、年代及非常態事件均會影響到生命歷程。

在社會學的理論裡，社會化（socialization）是一個很重要的概念，因為它基本上是把一個人模塑成社會所想要的型態，因此社會

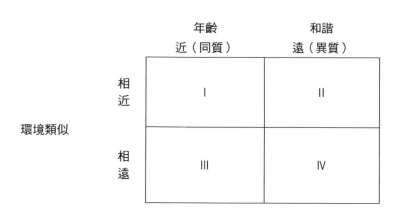

圖2-3 社會互動與社會環境因素型態

化的成功與否影響一個社會的穩定整合以及未來的持續。按照葛布倫的說法，**圖2-3**裡的類型I有最大程度的年齡集中，因此比較適合互動的產生。所謂最大程度的年齡集中，係指年齡相同者聚集在同一地點，老年住宅公寓屬於此類型。類型IV的程度最小，因此最不易有互動的產生，例如單門獨戶的住宅區。類型II是指各種年齡者皆收容的公寓或國民住宅，類型III是指專為老年人而設立的老年社區。II和III的互動介於I、IV之間。既然如此，則愈有金錢能付得起這兩因素要求者，愈滿足也愈多互動（徐麗君、蔡文輝，1991）。

　　透過老人教育促使老人滿意地面對和適應他們在社會上應有角色之消除與失落感。老人與社區保持互動，老人在社會體系中有其價值與功能。老人在社會上不是被隔離與孤立的，老人畢生經驗對社會有正向功能，應在公共政策上普遍推動資深公民生涯發展或銀髮志願服務。

　　社會政策面亦應給予老人服務機會，以提供老人晚年角色之延續。老人社會經驗再運用之規劃，例如代間學習，可讓長者老化後之社會功能延續。退出職場後之長者，透過志願服務的規劃與參與，充分發展老人在社會中之新角色與功能。實務工作者應充分瞭

解老人過去生活史，如此可以協助長者延續過去的智慧和經驗於社會中，老化所引申之問題，除了消極保護之外，仍應積極建立老人社會參與平台，創造老人新形象。

老年生活是可以改變的，包括改變你的決定、改變你對情緒的選擇、改變你對思想的選擇、改變你對真理的選擇、改變你對變化本身的想法、改變你對為什麼會發生變化的想法、改變你對未來的改變的想法、改變你對生命的想法、改變你的本性（林宏濤譯，2010）。只要認真面對和提早面對老化後的生理、心理、社會的現象，老年可以活得優雅且精彩。

第二節　老化新興理論

壹、活躍老化

一、活躍老化的內涵

活躍老化（active aging）意指持續的參與社會、經濟、文化、精神與市民活動，不僅只是生理活動或參與勞動市場的能力。積極活躍老化的目的在擴展老人的健康平均餘命與生活品質。活躍老化此一概念源自1990年代末，世界衛生組織希望將健康的老年（healthy ageing）的概念，用另一個更周延的概念來代表。同時「活躍老化」也立基於聯合國有關獨立、參與、尊嚴、照顧與自我實現等五大原則。希望透過此策略性的轉移，將長者從被視為消極對象的「需求導向」（needs-based approach）調整成積極主體的「權力導向」（rights-based approach）（周玟琪，2011）。有活力的老年除了促成身體的健康，也非常重視身心健康與社會互動關係。

世界衛生組織（WHO）在2002年的馬德里國際高齡行動計畫中提出一個新的概念「活躍老化的政策架構」（Policy Framework on Active Aging），主張如果老化是一種正向的生活經驗的話，晚年應該仍持續擁有健康、社會參與及社會安全。活躍老化的定義為：「為了促進老人的生活品質，而有一個樂觀的健康、參與和安全機會的過程。」（WHO, 2002），簡言之，活躍老化的三個支柱是：參與、健康與安全（**圖2-4**）。

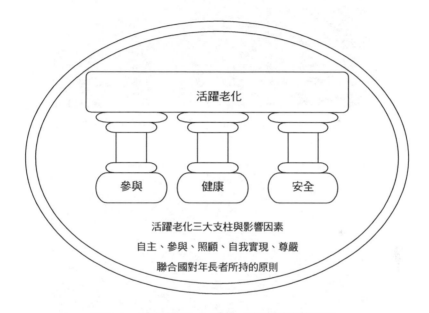

活躍老化

參與　　　健康　　　安全

活躍老化三大支柱與影響因素

自主、參與、照顧、自我實現、尊嚴

聯合國對年長者所持的原則

圖2-4　活躍老化之三大支柱與影響因素

二、活躍老化不能窄化為生產性活動

Boudiny和Mortelmans（2011）指出，不宜將活躍老化狹隘地定義為經濟的概念，也就是參與生產性活動，而是必須以更寬廣的理解來看待活躍老化，加入預防的概念與選替活動（alternatives activities），前者指從童年開始培養健康的生活型態與針對不同身體條件的老人需求；後者指滿足老人各種需求的活動。Walker（2006）指出活躍老化包括七個原則：(1)有意義地追求對個人自己、家庭、社區，以至社會整體福祉的貢獻；(2)預防的概念；(3)包

參與各類表演或競賽,有助於高齡者發展更有創意、更豐富的晚年生活

創造一個代間學習互動的平台,讓長輩與大學生激盪不同的火花

含所有老人;(4)世代間的團結;(5)權利與義務的對等;(6)參與和充權;(7)國家與文化的多樣性。

綜上所述,「活躍」(active)一詞是指持續的參與社會、經濟、文化、靈性與公民事務,並非單指有能力從事體育活動或生產

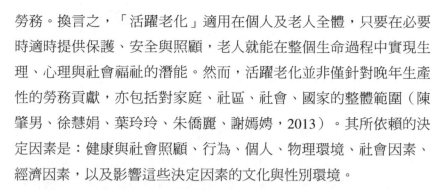

勞務。換言之,「活躍老化」適用在個人及老人全體,只要在必要時適時提供保護、安全與照顧,老人就能在整個生命過程中實現生理、心理與社會福祉的潛能。然而,活躍老化並非僅針對晚年生產性的勞務貢獻,亦包括對家庭、社區、社會、國家的整體範圍(陳肇男、徐慧娟、葉玲玲、朱僑麗、謝嫣娉,2013)。其所依賴的決定因素是:健康與社會照顧、行為、個人、物理環境、社會因素、經濟因素,以及影響這些決定因素的文化與性別環境。

高齡社會並不是一個同質性的社會,多樣性的高齡社會是可以預期的,性別、種族、婚姻地位、經濟條件、身體條件、城鄉地理等的差異,使得政策的介入影響差別很大。但是,大部分政策討論時都是以集合資料作為根據,往往忽略老人的多樣性。

貳、健康老化

健康老化的定義

健康老化(healthy ageing)理論認為,老年人需要有適應及應付多方面變化的能力,以適應生理功能的下降,且強調採取一個整體的概念(包括生理、心理、社會和精神健康層面)來建構老化的過程。健康老化在家庭和社區環境中得到實現,它是個人和社會的信念和行為共同作用產生的結果(李薇,2009)。健康老化是生理、心理及社會面向的「最適化」(optimization),老人得以在無歧視的環境中積極參與社會,獨立自主且有良好的生活品質。健康老化的重要政策內涵包括:

1. 老人是社會重要資產而非社會負擔,個人獨立自主是維持其尊嚴和社會整合的重要基礎。
2. 應關注健康不均等(health inequalities)問題,並將社經因素及老人需求之異質性納入考量。

3.以「預防」為健康促進工作的重點。其所關注的焦點是如何減緩老人生理功能退化，維持個人自主以降低其對醫療照護及福利資源的依賴，達到個人福祉與整體社會福祉提升的雙贏結果。

　　健康老化的發展有賴健康的家庭。健康老化係指個體採取有益健康的行為，以維持或強化身體和心理功能，讓自己成為一個有活力的人，並積極融入社會之中，希望在穩定的社會環境中維持獨立自主性，進而保持有意義的人際關係，此是指在正常的、與年齡有關的生理、心理和社會變化約束之下，不僅沒有疾病，而且身體功能處於最佳狀態（林麗惠，2006；徐慧娟、張明正，2004；Hooyman & Kiyak, 2008）（**表2-1**）。

台灣樂齡學習資源中心帶動高齡社區學習活動，讓長輩們走出家庭，擴大生活圈

表2-2　健康老化

序號	定義	說明
1	改善老人與經濟及社會生活的融合	1.延後退休：延後退休政策可以保留年長者的勞動力，有助於個人累積退休後的社會連結資本，以促進健康老化。 2.增強社會資本（social capital）：健康老化政策有賴於制度和社會結構的支持，使老人在離開職場後透過志願服務、同儕與公民活動之參與，建立其對社區的信任感，消除社會孤立與疏離感。
2	建構較佳的生活型態	1.維持身體活動力：透過良好運動習慣降低高血壓、骨質疏鬆、心臟疾病、癌症、憂鬱及失智等發生率，並減少老人依賴程度。 2.降低健康危險因子：防止老人跌倒及預防中風。 3.健康飲食與營養均衡：協助老人建立良好的飲食習慣及確保營養均衡，以避免肥胖或體重過輕所引起的健康問題。 4.避免菸、酒等物質濫用，以及建立正確用藥方法。
3	建構符合老人需求的健康照護體系	1.促進健康照護服務系統彼此之間較佳的銜接與整合，加強醫療照顧和社會服務體系間的轉介功能，以建立連續性之照顧體系。 2.強化以病患為中心的整合性慢性病追蹤制度，使老年病患在急性疾病出院後，可獲得適當的治療及復原，減少非必要入院或入住機構。 3.強化疾病與失能風險之預防，包括：疫苗接種、疾病篩檢、推行老人安全住宅、老人暴力和自殺防治以及心理健康方案等。 4.提升老人取得與運用健康資訊的能力、和專業人員溝通其需求的技巧；以及理解和遵從指示行為的能力，以作出適切決策，維持其基本健康。
4	關照社會和環境面向之健康影響因素	1.居住環境：包括改善居住環境的物理環境品質、安全、服務及交通運輸的充足度等，均可提高老人的活動力，進而有助於消除社會隔離，增進社會融合。 2.健康老化應為多面向整合性政策：包括財政、社會福利、健康服務、交通運輸、都市計畫、住宅、工程及教育等，均為政策擬定時應納入考量之範圍，跨專業領域之政策配套與整合是必要的。

參、成功老化

一、成功老化的概念

成功老化（successful aging）概念的發展可追溯到1960年代活躍理論和撤退理論的論辯。探討成功老化的主要模式有兩個，其一是Baltes和Baltes（1990）的選擇、最適化與補償模式（圖2-5）。另一模式則為成功老化的組成要素模式。「成功老化」一詞，係指個人能夠做到延緩老化的過程，避免次級老化的發生，逃避慢性病的侵襲，在生命晚期仍然具有活力與積極主動的精神，直到生命極限（黃富順、陳如山、黃慈，2003）。

Baltes和Baltes（1990）的模式，是依照前置條件、過程、結果的方式產生，將成功老化視為輸入—產出的過程。此模式著重高齡者在身體機能弱化下的調整和最適化選擇。因此，成功老化的策略原則建議長輩以健康生活型態，降低病態老化情形的機率；在老化的過程中，必須考慮不同族群的差異性，鼓勵高齡者透過教育、動機和健康相關活動等，加強個人潛能。潛能可經由知識和科技來彌補，成功老化策略應考慮到促進目標調整而不會失去自我。

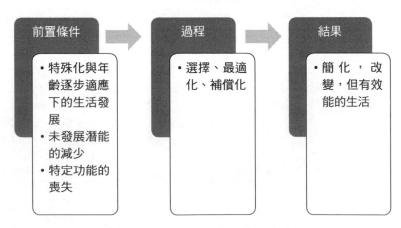

前置條件	過程	結果
• 特殊化與年齡逐步適應下的生活發展 • 未發展潛能的減少 • 特定功能的喪失	• 選擇、最適化、補償化	• 簡化，改變，但有效能的生活

圖2-5　選擇、最適化與補償模式

Rowe與Kahn（1998）提出的成功老化理論，強調老年人必須保持身體健康、心智活躍與積極參與社會活動。Rowe與Kahn（1997）定義成功老化為具有能力維持以下三個關鍵的行為或特性：低風險的疾病或失能、高效功能的心智與身體功能，以及積極投入老年生活，三者交集全都達成時，即為最成功的老化狀況，說明如下：

(一)低風險的疾病與失能

這是成功老化三元素當中最基本也較容易達到的層次。避免疾病或失能不只是沒有疾病而已，也應該儘量減低罹病的風險。事實上許多疾病風險是可避免的，例如經由飲食與運動來降低血壓、血糖、體重或膽固醇。而較難預防的疾病，則可藉由醫療方式來降低失能與疾病的不適，例如關節炎可經由人工關節置換來改善生活品質。另外，特定疾病的預防包括心臟病、中風、部分癌症（乳癌、子宮頸癌、大腸直腸癌、前列腺癌、肺癌、皮膚癌）、骨質疏鬆、老年失智症及肺結核等，預防策略則包括運動、飲食、戒菸、荷爾蒙療法及疫苗注射等。

(二)高效能的心智與身體功能

老年人維持獨立生活，才能擁有自尊與滿足感，因此盡可能維持良好的心智與身體功能對老年人是第二項成功老化的要求。麥克阿瑟（MacArthur）研究所提出三項研究發現：(1)有關功能喪失的恐懼被過分誇大；(2)許多功能喪失是可以避免的；(3)有些功能喪失是可以恢復的。除了前述避免疾病與身體功能喪失的策略外，心智功能是否可維持以及如何預防喪失，也是成功老化關心的重點。研究發現，預防心智功能減退或促進功能的策略包括生物的基因因素、教育、維持好的身體功能與體適能、自我效能（self-efficacy）的信念、環境因素（如工作）、訓練、社會支持，以及生物醫學途徑等。

(三)積極投入老年生活

麥克阿瑟研究所認為持續老年生活在心理社會層面上的快樂與投入，是成功老化的要件。過去老年學中的撤退理論認為，老年生活將逐漸脫離或放棄原有的工作、休閒、朋友或家人。然而現代社會裡這種現象已漸漸消失，而且成功老化中的老年生活包括兩方面的積極承諾：(1)維持與他人的社會關係：包括社會情緒性的支持，例如情感、尊重、自尊的表達，以及工具性的支持，如直接給予體力或家事協助、交通和金錢來往的協助等；(2)持續參與生產力活動：老年人有給與無給的生產力活動。

三元素理論提供了一個多面向的健康測量架構。其中的降低疾病風險與維持良好的身體功能與認知功能，均為活躍老化的健康面向其中一部分；而活躍老化中的參與，則回應了三元素當中的「積極投入老年生活」，涵蓋了社會支持和生產力活動兩者。

二、身心靈健康對成功老化之重要性

Rowe與Kahn（1998）所提出的成功老化理論較重視個體身體、心智、心理、社會層面，在靈性面向較少著墨。Crowther與Parker等人（2002）建議成功老化理論需再加上正向靈性的因素。隨著年齡的增加，人們的向內性將會提高，傾向向內思考，並且對生命變得更加的深思熟慮（Neugarten, 1968）。從發展階段看老人的生命任務，強調老人應尋求自我統整。面對生命的有限性，老人是否有智慧統合過去的經驗，回顧自己對於社會的貢獻、傳承，並思考自己是否活出自己的生命價值與意義（Erikson, 1963; Gerwood, 1995），老人靈性健康的發展愈為重要。圖2-6是成功老化的四個面向。

Fisher（1995）指出，成功老化是指個體把過去的生活經驗與現在情境加以整合，為未來的發展挑戰做好準備。Fisher提出成功老化的五個特徵，包括：能與他人互動、生活有目標、能自我接

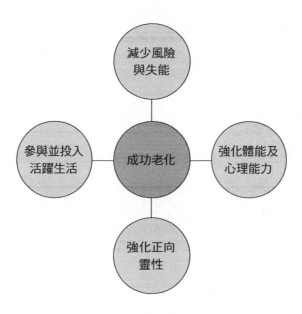

圖2-6　成功老化的四個面向

納、個人成長及有自主權。成功老化強調生活的目標和自主學習，高齡者唯有不斷學習，才能經營成功老化的晚年生活。

　　楊荊生（2006）以成功老化觀點為基礎，提出「生命之手理論」，他認為高齡者晚年整合的身心靈狀態如下：

1.以大拇指代表心智：藉由終身教育在認知、技能、情意三方面接受教化。

2.以食指代表宗教信仰：藉由宗教信仰將可正面幫助老人瞭解生命的意義與目標，亦是身心靈全人發展中重要的養生之道。

3.以中指代表保健：維護身體健康為必要的養生之道。

4.以無名指代表情緒：避免負向情緒干擾。

5.以小指代表休閒：忘記年齡與身分地位，樂於參與各種動靜態休閒活動。

生命之手的五個手指皆為一體，而且五種皆需注重，才能成功老化。在成功老化的特徵方面，應包含比較不易得病或失能、良好的心智及身體功能、豐富的生活內涵等三個要件。

三、促進高齡者社會參與及終身學習

朱芬郁（2004）認為一個適用於社區高齡者成功老化的方案，應由生理、心理、社會三面向探討，協助高齡者瞭解如何避免疾病和失能，擁有高認知和身體功能，適度的社會參與等主動參與學習活動，進而促進成功老化的達成，分述如下：

(一)生理方面

促進身體健康、規律的運動、均衡的飲食、充足的睡眠、疾病的預防、優質的環境。

(二)心理方面

主觀幸福感、高認知功能、老化的正向態度、樂觀豁達的性格、排除生活的壓力、信仰宗教，精神超脫、預立遺囑、持恆的興趣維繫。

(三)社會方面

擬定退休計畫、擁有社會支持、參與社區服務、理財規劃、參與學習活動、從事兼職工作、居住環境安排、和諧婚姻關係、培養休閒興趣。

許多研究強調成功老化中心理健康和社會參與之重要性，例如徐慧娟、張明正（2004）提出心理健康與社會健康的關聯性很強，顯示高齡者心理健康問題的重要優先性，老化是否能成功與「健康」有關係。高齡者則能藉由心理與心智健康的促進，減少老化對健康的影響。何思儀（2008）的研究指出，成功老化狀態會隨著生理、心理、情緒、社會的正向促進，在個人生命歷程中發展與適應，且使個人維持整體最佳狀態。在社區中的高齡者有以下的觀

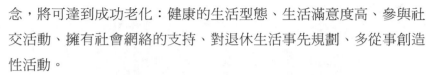

念，將可達到成功老化：健康的生活型態、生活滿意度高、參與社交活動、擁有社會網絡的支持、對退休生活事先規劃、多從事創造性活動。

　　終身學習對於高齡者是十分重要的一環，林麗惠（2006）研究台灣地區55歲以上的高齡學習者，提出成功老化的老人應具備的六個條件為：健康的身體、足夠的經濟來源、愉快的家庭生活、社團交往的朋友、參與學習的意願，以及良好的適應變遷的能力。

　　綜上所述，成功老化係指個人能夠做到延緩老化的過程，在晚年仍具有活力與積極主動的精神。就消極面而言，係指緩和身體功能的衰退和疾病的產生；就積極面來說，成功老化同等生產性老化、活躍老化，代表晚年積極參與社會活動。成功老化包括：身體健康、經濟獨立、正向的心理態度、人際網絡支持系統良好。

中高齡者需多多培養休閒興趣，例如跳舞、唱歌、園藝等，有助於成功老化

樂齡大學長輩玩創意，利用舊報紙、垃圾袋製作服裝，展現
不同風華

肆、超越老化

一、超越老化的定義

瑞典學者Tornstam於1994年提出「超越老化理論」
（Gerotranscendence Theory），此理論跨越傳統所述的成功老化的
觀點，較著重老化時期老人之「發展」與「改變」。其認為進入超
越老化階段的老人，對事物的看法會有所轉換，由原本注重物質、
現實面轉變成宇宙開闊的觀點，並且對時間、空間、生命、死亡、
自我皆有新的體認，於是在精神、靈性層面的需求也會提升，且伴
隨生活滿意度的增加（Tornstam, 1994, 1999, 2005）。但此階段的
發展並非人人可及，因隨著老化過程的演進，老人可能因個人狀
況、周遭事物的影響、自身的價值觀、罹病的衝擊，或遭遇重大生
活事件等因素，而阻礙其超越老化的發展（Wadensten & Carlsson,
2003）。

二、超越老化對老人之影響

超越老化為老人轉變對現實生活的看法，是一種正向及成功的老化觀感，但此階段發展並非人人可及。謝伶瑜、王靜枝（2008）探討機構老人的超越老化觀感及其與個人基本屬性之關係，以叢聚取樣選取150位南部某縣市五所長照機構內65歲以上認知功能正常的老人。結果顯示台灣老人之超越老化觀感普遍偏低，而性別、教育程度、社會經濟狀態、宗教信仰、入住機構前居住狀態及兩年內是否經歷特殊事件等人口學特性與老人超越老化觀感有顯著差異及相關。結果顯示：

1. 女性的整體超越老化觀感較男性佳。
2. 兩年內曾經歷特殊事件的個案，其超越老化觀感較未經歷者佳。
3. 自覺經濟狀況充足者，其超越老化觀感明顯優於經濟狀況不足及經濟狀況尚可者。
4. 信仰基督教或天主教等西方宗教的機構住民，其超越老化觀感的程度優於東方及傳統信仰宗教、無宗教信仰者。
5. 在入住機構前為獨居者，其超越老化觀感明顯低於與家人同住及住他家機構者。

本研究結果有助機構老人照護者瞭解老人在心理社會層面上的發展與狀況，以作為日後相關活動設計或護理措施的參考。

國內對於超越老化的理論尚未普及應用，謝伶瑜、王靜枝（2008）的研究發現，國內機構老人之超越老化觀感在「宇宙超越」層面發展較不成熟，建議未來在機構的照顧可以多增加此方面的學習和介入，例如尊重老人所敘說對過去事蹟及往事的詮釋，允許老人談論對死亡的看法或詢問他們死後的世界是如何，或選定合適的主題促進老人自我成長及更深層瞭解自我，以幫助他們面對自我及整合人生經歷。如此一來，便能促使老人朝向超越老化階段發

展，並讓已進入超越老化的老人能認同自己的改變且感受到自身的
價值。

問題與討論

1. 老年是人生數個階段中價值觀最成熟的一段生命歷程，試說明在社會的老化中有哪些理論？
2. 老化新興理論包括活躍老化、健康老化、成功老化和超越老化，試說明其相異處？
3. 造成老人權力喪失的內在及外在因素有哪些？

參考文獻

一、中文部分

田霏譯（2010）。D. Buettner著。《藍色寶地：解開長壽真相，延續美好人生》。台北：如何。

朱芬郁（2004）。《社區高齡者成功老化方案設計》。台北：師大書苑。

何思儀（2008）。《高齡化社會變遷下，台灣老人如何活躍老年》。國立台北大學碩士論文。

吳老德（2010）。《高齡社會理論和實務》。台北：新文京。

李百麟（2013）。《老人心理12講》。台北：心理。

李薇（2009）。《從老化理論的整合觀點看老年生活歷程的轉變：以休閒活動為例》。成功大學老年學研究所碩士論文。

周文欽（2006）。《健康心理學》。台北：空大。

周玟琪（2011）。《創造性勞動與身心靈健康：台南西港銀髮人才中心社區行動方案效果之初探》。國科會高齡社會研究北區成果發表會。取自http://tag.org.tw/member_product.php?type=3

林宏濤譯（2010）。Neale Donald Walsch著（2009）。《與改變對話》。台北：商周。

林麗惠（2006）。〈台灣高齡學習者成功老化之研究〉。《人口學刊》，33，133-170。

林麗惠（2012）。〈活躍老化指標建構及其對老人教育政策之啟示〉。《成人及終身教育學刊》，19，77-111。

徐慧娟、張明正（2004）。〈台灣老人成功老化與活躍老化現況：多層次分析〉。《台灣社會福利學刊》，3(2)，1-36。

徐麗君、蔡文輝（1991）。《老年社會學——理論與實務》。台北：巨流。

張宏哲等譯（1999）。Dean H. Hepworth, Ronald H. Rooney & Jo Ann Larsen著（1997）。《社會工作直接服務：理論與技巧》。台北：洪葉文化。

陳伶珠譯（2004）。《老年優勢基礎照顧管理訓練手冊》。台北：心理。

陳琇惠、林奇璋（2010）。《銀髮族經濟安全與財務規劃》。台北：華都文化。

陳肇男、徐慧娟、葉玲玲、朱僑麗、謝嫣娉（2013）。《活躍老化：法規、政策與實務變革之台灣經驗》。台北：雙葉。

程芸譯（2006）。Harold G. Koenig, M. D., Douglas M. Lawson, Ph. D. & Malcolm McConnell著（2004）。《老人當家：二十一世紀的老人——健康與信仰》。新北市：靈鷲山般若出版。

黃國楨（2015）。〈健康你我他，與老友約定同登人瑞之列〉。《聯合報》http://udn.com/news/story/7266/700628-%E5%81%A5%E5%BA%B7%E4%BD%A0%E6%88%91%E4%BB%96%EF%BC%8F%E8%88%87%E8%80%81%E5%8F%8B%E7%B4%84%E5%AE%9A-%E5%90%8C%E7%99%BB%E4%BA%BA%E7%91%9E%E4%B9%8B%E5%88%97

黃富順（1993）。〈成功老化的要訣〉。《成人教育》，16，6-11。

黃富順（2008）。《高齡學習》。台北：五南。

黃富順、陳如山、黃慈（2003）。《成人發展與適應》。台北：國立空中大學。

楊荊生（2006）。《銀髮族成功老化的相關因素探討》。台北：全方位管理。

葉怡寧、林克能、邱照華、李嘉馨、黃婉茹（2012）。《老人心理學》。台北：華都文化。

趙善如、趙仁愛譯（2001）。E. O. Cox & R. J. Parsons著。《老人社會工作：權能激發取向》。台北：揚智。

謝伶瑜、王靜枝（2008）。〈探討機構老人的超越老化觀感及其與個人基本屬性之關係〉。《護理雜誌》，55(6)，37-46。

二、外文部分

Baltes, P. B., & Baltes, M. M. (1990). Psychological perspectives on successful aging: The model of selective optimization with compensation. In P. B. Baltes & M. M. Baltes (Ed.), *Successful Aging: Perspectives from the Behavioral Science* (pp. 1-34). New York, NY: Cambridge University Press.

Boudiny, K., & Mortelmans, D. (2011). A critical perspective: Towards a

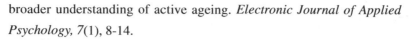

broader understanding of active ageing. *Electronic Journal of Applied Psychology, 7*(1), 8-14.

Crowther, M. R., Parker, M. W., Achenbaum, W. A., Larimore, W. L., & Koenig, H. G. (2002). Rowe and Kahn's model of successful aging revisited: Positive spirituality-The forgotten factor. *The Gerontologist, 42*(5), 613-620.

Erikson, E. H. (1963). *Childhood and Society* (2nd ed.). New York: Norton.

Fisher, B. J. (1995). Successful aging, life satisfaction, and generativity in later life. *International Journal of Aging and Human Development, 41*(3), 239-250.

Gerwood, J. B. (1995). *The Purpose in Life Test: A Comparisom in Elderly People by Relational Status, Work, Spirituality and Mood.*

Hooyman, N. H., & Kiyak, H. A. (2008). *Social Gerontology: A Multidisciplinary Perspective* (8th ed.). Boston: Allyn and Bacon.

Neugarten, B. L. (1968). Adult psychology: Toward a psychology of the life cycle. In Neugarten (Ed.), *Adult Psychology*. Chicago: University of Chicago Press.

Rowe, J. W., & Kahn, R. L. (1997). Successful aging. *The Gerontologist, 37,* 433-440.

Rowe, J. W., & Kahn, R. L. (1998). *Successful Aging*. New York: Dell Publishing.

Tornstam, L. (1994). Gerotranscendence: A theoretical and empirical exploration. In L. E. Thomas & S. A. Eisenhandler (Eds.), *Aging and the Religious Dimension* (pp. 203-225).Westport, CT: Greenwood.

Tornstam, L. (1999). Transcendence in later life. *Generations, 23*(4), 10-14.

Tornstam, L. (2005). *Gerotranscendence*. New York: Springer.

Wadensten, B. & Carlsson, M. (2003). Theory-driven guidelinesfor practical care of older people, based on the theory of gerotranscendence. *Journal of Advanced Nursing, 41*(5), 462-470.

Walker, A. (2006). Active ageing in employment: Its meaning and potential. *Asia-Pacific Review, 13*(1), 78-93.

WHO (2002). *Active Ageing: A Policy Framework*. World Health Organization. http://www.who.int/inf-fs/en.fact252.html.

Chapter

3

老人價值觀與社會形象

秦秀蘭

學習重點

1.價值觀的建構與社會變遷

2.老人價值觀與社會適應

3.老人社會形象的形塑過程與影響因素

4.老人社會形象與世代融合

5.新一代老人正面社會形象的形塑

　　隨著醫療和科技的進步，新一代的老年人明顯比過去積極、健康、自主，因此有人說「現在60歲的人是全新的40歲壯年；70歲的人則是全新的50歲中年。」（Novak, 2009, Xi）。新一代的老人不僅要完整地延長第三年齡的時間，達到「成功老化」，也希望擁有創造性的老年生活，有機會參與團體生活、擔任社區志工服務，以及擁有終身學習的機會。事實上，多數的人都期望參與各種社會性活動，並希望老年的活動參與能夠成為自己的「第二生涯」（second careers）。這樣的概念完全顛覆過去社會對於「退休」和老人的界定，也提醒我們必須重新審視老人在現代社會中的角色和地位，以及老人在現代社會中的行為展現；重新塑造老人的自我形象與群體的社會形象。

第一節　價值觀的建構與社會變遷

　　「第三年齡者」的大量增加是一種大規模的社會現象，讓人們必須對「老年生活」有全新的界定與觀點。這些轉變都是透過價值觀的建構，形成整體社會對老年人的社會形象。

壹、現代社會老人價值觀的改變

一、價值觀的意涵

　　人類是一種社會性的動物，因此我們會盡可能地與身邊的人分享彼此的想法、彼此的價值觀念，正如Daniel Goleman（2006）在《社會智能》（*Social Intelligence*）所提到的：人類在生理上和社會是緊密相連的，事實上，我們會有一種內在驅力，自然而然地和身邊的人緊密地連結，而且希望這種連結是有效的、令自己滿意的。不管語言、種族、工作場域是否相同，人們都希望成功地與他人建立連結、分享人際互動所帶來的滿足感。因此社會成員間的社

會理念、價值觀、道德標準等，都是社會成員間彼此分享的內涵。

「價值」本身並非實體（substance），價值本身無法獨立存在，必須藉著價值客體的附載才能成為存有。因此，價值是一種「寄生式的」存有。也因此價值觀念是一種假設性、概念性的建構，涵蘊於文化，作用於社會，依附於人格，表現於行為，至於「價值觀」則是指社會或一群人，用以衡量事物和行為的標準，價值觀也可以解釋為個體對於某種事務的狀態有一種普遍性的偏向或取向（張宏文，1996）。例如，亞里斯多德認為人類對於財富的基本態度有三種，包括：揮霍、寬大、貪婪。揮霍貪婪很容易造成墮落腐化，唯有保持不重視物質享受的寬大態度，才能達到心靈或精神的不墮落。這些都是亞里斯多德個人的「價值觀」。

二、價值觀的社會學意涵

在社會或群體價值觀建構的過程中，社會或群體成員必須不斷地與他人進行互動，同時透過互動過程中的訊息回饋，持續地修正自己的價值觀點。社會或群體的價值觀一旦形成，就成為社會或群體的行為框架或固定的行為模式。因此社會或群體價值觀的形塑過程，既受到外界各種資訊媒體、語言符號的影響，也會轉而影響社會或群體內的成員，也是社會或群體成員社會化的重要影響力量，對社會或群體成員有一定的社會約束力。社會或群體價值觀的形塑過程可描繪如**圖3-1**。

為瞭解社會或群體價值觀的形成，以及價值觀對該社會或群體成員的影響，可以從不同的面向，探討價值觀的內涵，以及社會或群體價值觀形塑的社會意涵。目前有關價值觀的社會學研究主要包括：Kluckhohn和Strodtbeck在1961年所提出的「價值定向的變項研究」；Hofstede在1980年所提出的「工作價值」；以及近年來Schwartz等人在2004年所提出來的「價值觀評量」（Lonner, 2009; Hofstede, 2001; Schwartz & Boehnke, 2004）：

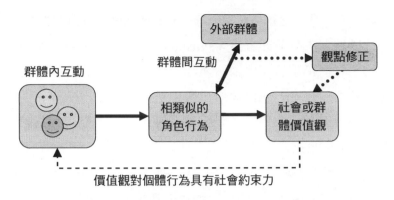

圖3-1　社會或群體價值觀的形塑過程

(一)Kluckhohn和Strodtbeck的「價值定向的變項研究」

　　Kluckhohn和Strodtbeck以美國西南方鄉村社區的學校為研究對象，將價值觀定位分為五個向度，包括：(1)「男性—自然」的價值取向，是指男性與大自然的關係；(2)「時間」的價值取向，包括個體對過去、現在和未來的定位；(3)「活動」的價值取向，是指個體持續地陶醉於現在、未來的活動中；(4)「關係」的價值取向，是指男人和其他個體或階層體制的關係；(5)「男性本質」的價值取向，例如男人的品格、個性等。

　　儘管Kluckhohn和Strodtbeck以男性為主的價值觀分類，受到許多女性主義學者的批評，但是Kluckhohn和Strodtbeck將價值觀念階層化的概念，對於後來的相關研究有相當大的啟示。

(二)Hofstede的「工作價值」

　　從1980年代至今，Hofstede對於人類價值觀的觀點普遍受到學者們的肯定，其中一個敘述是大家耳熟能詳的：「文化是人類心智的一種集體程式化模式，藉此可以清楚地分辨團體成員和其他非團體成員。」Hofstede認為，我們無法擺脫文化對我們所進行的程式化過程，因此他認為文化是人類的「老師」（teacher），事實上，

「文化」引導我們的思考和行為（摘自Lonner, 2009）。Hofstede的研究是透過大量的研究樣本，包括100,000個全美國IBM服務據點員工的工作價值觀，透過因素分析，針對員工的工作價值觀和個人人格特質進行研究。他將個人工作價值觀分為五個群集（clusters）或向度（dimensions），每一個文化可以藉此和其他文化有所區隔。Hofstede的研究向度和群集整理如**表3-1**。

表3-1　Hofstede的價值觀研究向度或價值觀群集

向度	價值觀的意涵
權力距離（power distance）	例如面對社會的不公平，有各種不同的解決策略
不確定性的迴避（uncertainty avoidance）	例如面對不可預知的未來，個人在社會中所承受的壓力層次
個別化vs.集體化（individualism vs. collectivism）	有關個人對團體文化的統整
男性化vs.女性化（masculinity vs. femininity）	有關男性與女性不同的情緒表現方式
長期定向vs.短期定向（long term vs. short term orientation）	有關個人面對過去、現在和未來的奮鬥焦點的抉擇

資料來源：筆者自行整理；參考自Lonner (2009)。

(三)Schwartz的價值觀評量概念

Schwartz價值觀評量和相關概念受到許多現代學者們的重視和討論，Schwartz為價值觀做了人性化的界定，讓價值觀的意涵更加清晰。他認為價值觀的意涵應該包括：

1.價值觀是個體的一些信念，但價值絕對不是目的性或冰冷的概念，當價值被激活時，將充滿情感。

2.價值觀和個體想達成的目標有關（例如平等），也與個體達成目標的表現模式有關（例如公正、充滿希望的）。

3. 價值觀超越特殊的行動和情境，例如「服從」在工作、學校、運動競技、商場企業、家庭朋友或陌生人，都有不同的意義。

4. 價值觀提供個體選擇或判斷行為、人們或事件的標準。

5. 不同的價值觀彼此相互影響，且依序運作。一連串價值觀的排序會形成一個「價值序位」（value priorities），根據這些價值觀或價值序位，團體文化或個人人格因此具有其特殊性。

Schwartz的價值觀界定層次非常清晰，他首先將依據人類個體的特質，提出十種不同的價值觀，十種價值觀可區分為兩個向度，即「開放面對改變vs.保守面對改變」（openness vs. conservation）和「自我提升vs.自我超越」（self-enhancement vs. self-transcendence）。Schwartz的十種價值觀源自三種人類的基本驅力，包括：「生物機能的需求」（例如享樂）、「社會互動的需求」（例如成就）以及「團體生存的需求」（例如安全）。此外，十種價值觀也可以統整為兩個向度，其歸屬整理如圖3-2。

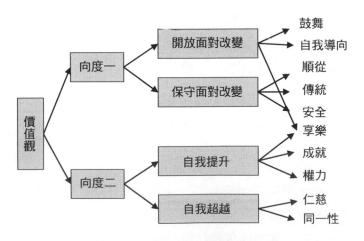

圖3-2　Schwartz價值觀的分類

資料來源：筆者自行整理；參考自Boratav (2009)。

Schwartz也發展出多種價值觀評量工具，包括價值觀評量細目
（Schwartz's Portrait Value Questionnaire, PVQ）、施瓦茨價值觀量
表（Schwartz Value Survey, SVS），都是常用的價值觀評量工具。

貳、老人價值觀建構的重要理論

社會理論的建立是為了瞭解團體中各種相關名詞、價值觀或行
為模式的形塑過程，團體成員達成這些標竿的過程，以及維繫這些
社會價值觀或行為模式的機制。因此Greene和Kropf（2009）認為，
社會工作者越能深入瞭解各種社會理論的形成，越能夠掌握社會服
務工作的內涵。以下分別從幾個常見的社會學理論來分析老人價值
觀的形成，以及價值觀對老人自我概念、自我效能的影響程度。

一、結構功能論觀點

結構功能論從有機體的觀點探究社會的結構和運作，強調社
會制度是相互依賴的複雜體，社會的每一個制度對整體社會都有貢
獻。認為社會本身是一個體系，由不同的次系統或制度組成，系統
間均衡發展，劇烈的變遷則將導致系統的瓦解（張宏文，1996；葉
啟政，1982）。

其中Parsons在1937年所提出的「AGIL」概念，最能說明個體
在團體中的價值觀形塑過程。包括：適應（adaptation）、目標達成
（goal attainment）、整合（intergration）和持續維持（latency）。
Parsons假定社會是一個能自行均衡的體系，「偏差的存在」和
「社會緊張」會喚起社會控制的機制，其作用就是要反制與吸收。
Parsons認為，文化是人格的重要組成要素，唯有透過制度化的價值
加以內化之後，行為方面的整合機制才會發生，因此這種社會化的
機制是一系列學習的結果（葉啟政，1982）。

功能論學者對於老人的社會學詮釋通常從「社會功能」的立

場來看，認為社會對不同年齡者的分類通常是根據「年齡級差」（age grading），例如將社會成員劃分為童年、幼年、青少年、成年、中年和老年等。社會大眾對於不同年齡者，會有不同的行為規範或行為期待，例如，一般大眾對老人的行為規範通常是休養、安逸、求靜等，這些規範也是一般社會老人價值觀的主要內涵與依據（蔡文輝、李紹嶸，2006）。

二、衝突論的觀點

衝突理論的淵源可以追溯到早期Karl Marx的「階級鬥爭論」和Georg Simmel的「形式社會學」的概念，其中Georg Simmel形式社會學的概念更積極地探索社會衝突對社會重組的積極意義。主張任何系統內部的衝突並不一定具有破壞性，主張衝突對社會具有正面的功能；認為衝突的產生代表社會內部失調，衝突會導致社會的重組，增強社會的適應力，解決社會的問題（蔡文輝、李紹嶸，2006）。

衝突論主張社會衝突可以在群體和人際關係互動過程中發揮一些決定性的功能，有效地維繫群體的疆界，防止群體成員的退出。因此將衝突看成一種對價值、地位的追求，一種權力和資源的鬥爭，可說明社會衝突對於社會群體價值觀的形塑、群體向心力的凝聚上所具有的正向功能。例如，主張「衝突使成員彼此緊密地集合起來，並感受到相同的刺激，使他們必須相互融洽相處」；「衝突不僅增強現存團體的內聚力，澈底消除所有可能模糊敵我界線的因素，而且把其他方面毫無關係的個人或團體集合在一起」（孫立平等，1991）。上述觀點可以說明目前社會中「老年歧視」的產生，事實上是一種價值衝突的結果。

衝突論對於社會內部所塑造出來的價值有不同於功能論的觀點，衝突論主張社會價值的形成是一種自主的、自動的、有變遷特質的、具有行動力的成長過程，因此認為，所謂「客觀性」只是主

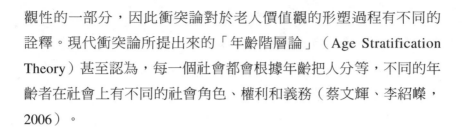

觀性的一部分,因此衝突論對於老人價值觀的形塑過程有不同的詮釋。現代衝突論所提出來的「年齡階層論」(Age Stratification Theory)甚至認為,每一個社會都會根據年齡把人分等,不同的年齡者在社會上有不同的社會角色、權利和義務(蔡文輝、李紹嶸,2006)。

三、社會互動論的觀點

「社會互動論」(Social Interactionism)是一種「微觀互動」的觀點,該理論將研究重心放在個體行為與互動如何形塑人們的思想和行為。重視人類透過互動重建社會結構,重視心靈和自我的行為能力如何使人類的行為和互動具有獨特性,以及這個獨特性如何在社會的創造、維持和變遷中發生,同時也使社會得以創造、維持和變遷。包括「象徵互動論」(Symbolic Interactionism)、「角色理論」(Role Theory)、俗民方法論(Ethnomethodology)等。

社會互動論認為日常生活的意義是由許許多多不起眼的小動作或語言所組成的。由個體的小動作可以看出個體所歸屬的社會階層。在社會互動過程中,互動的雙方都有目的,因此互動過程牽涉到雙方的社會規範、社會價值,以及行動者的職務和角色。「社會規範、社會價值」代表社會對互動的牽制與制約,當它們逐漸深植於個人的人格裡,就成為人格的一部分。行動者的「職務和角色」則讓互動者明白對方的身分以及可能的行為模式(蔡文輝、李紹嶸,1999)。

「角色」是一個人在團體中,依其地位所擔負的責任或所表現的行為,它是與一種特定地位相關的期望行為。「社會角色」則是個人在社會中所表現的功能及其特有的行為模式。因此,角色是一種期望的集合體,是一個人占有某特定地位所具有的他人期望的角色組合。角色理論所強調的是個體在環境中的行為展現模式,將人類個體的行為視為一個「互動關係」的行為模式,所反映的是一

組特殊文化或團體的態度或價值觀。角色理論認為每一個組織團體都擁有不同的區別標籤,透過這些區別化標籤,形塑每一個組織團體不同的地位結構,也同時形塑個體各種互動式的角色行為。事實上,任何個體的角色行為都和團體中其他個體的行為有關,例如個體所屬的家庭系統、所屬次級團體或文化體系等。簡而言之,個體的角色行為就是所屬團體或文化體系價值觀的體現(Greene & Kropf, 2009)。

為了說明個體角色行為的類別,Greene和Kropf將角色分為巨觀(macro)、中間(meso)和微觀(micro)等三個社會生態層次,如**圖3-3**。

四、社會建構論的觀點

Berger和Luckmann提出三個基本的社會化過程:客

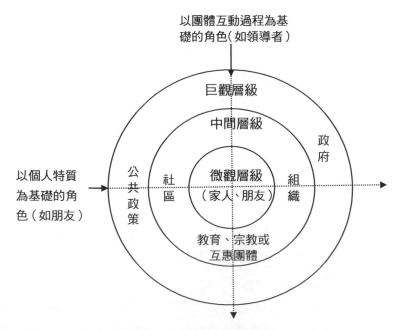

圖3-3　角色的層次和類別

資料來源:Greene & Kropf (2009, p.106).

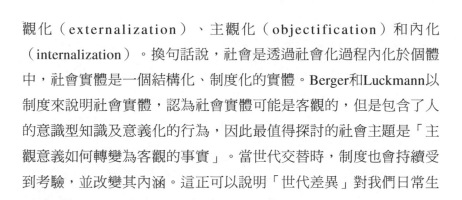

觀化（externalization）、主觀化（objectification）和內化（internalization）。換句話說，社會是透過社會化過程內化於個體中，社會實體是一個結構化、制度化的實體。Berger和Luckmann以制度來說明社會實體，認為社會實體可能是客觀的，但是包含了人的意識型知識及意義化的行為，因此最值得探討的社會主題是「主觀意義如何轉變為客觀的事實」。當世代交替時，制度也會持續受到考驗，並改變其內涵。這正可以說明「世代差異」對我們日常生活的影響。

　　社會建構論特別強調語言和符號的運用，語言的運用和價值觀成為個體社會生活的規範，因此語言具有時空超越特質，人們透過語言和符號的運用，使日常生活和制度能持續維持（葉啟政，1982；Greene & Kropf, 2009）。基於世代差異的覺察，Greene和Kropf提醒我們：為了適切地提供老人服務，社會工作者、社區工作或文化工作者必須熟悉社會建構論的觀點，才能瞭解現代老人的價值觀和心理需求。

 延伸閱讀：長者圖像

長者服務長者，加油！

　　社區文康中心位在花蓮市的鬧區，屬於花蓮市市區商圈金三角地帶。有一群老志工積極努力為社區環境整潔奉獻心力，經過長時間努力與付出、植樹綠美化、清淨環境家園總動員，社區居民逐漸凝聚共識並規劃文康休閒活動。每週二有著例行性的藝文活動，每週日由專業社工師、志工等到府給予獨居老人及長者心靈關懷與輔導。由於地利之便，愈來愈有規模，每週二下課後，我們幾位核心志工也會順著日月山走走，日月山由美崙溪跨越兩河畔，貌似中國文化的太極圖，因以號焉。延伸經過菁華橋，植

物種類和數量都很豐富,常可見大萍、布袋蓮、構樹的蹤跡,再順著明禮路瓊崖海棠而行,是銀髮寶貝們一筆一筆在彩繪老師的帶領下集體腦力激盪,激發創意的美化牆面。原本灰暗的牆面從此有了鮮活的新面貌;長輩的生活環境也多了一些活潑的色彩和新意。在途中我們都會回顧與檢討今天的活動,這群可愛的長者努力服務與長者努力學習的身影,也是我們努力下去的原動力。

(圖文:謝美姬)

第二節 老人社會形象與社會變遷

長久以來,YouTube新聞中直接出現老人影像而討論老人切身主題的報導,多數呈現「志工、老人健康楷模」或「失智、生病需要長期安養照顧」兩種對立形象的老人面貌,可見目前社會大眾對老人仍然有一種刻板印象,認為多數老人是弱勢的、需要他人關懷的對象。儘管不同階層、不同社經地位背景的老人有完全不同的行為模式,儘管老人次級團體展現多元面貌,但是整體老人的社會形

象仍然深深地影響著同一個社會中每一位老人的價值觀、老人的自我價值感和行為模式。

壹、老人社會形象的轉型

社會大眾對老人的刻板印象，是否足以反映台灣多數老人的實際狀況？是否影響老人的價值觀、對現代的老人自我形象有哪些影響？都是目前大眾非常關心的議題。

一、傳統老人的社會形象

目前社會大眾對於老人的印象，多數來自媒體的報導，媒體報導為了彰顯新聞的特殊性，多數報導都將老人形塑為「弱勢的、需要人幫助的、需要同情的」（邱天助，2007；Slevin, 2010）。報章雜誌也經常將容貌看來年輕與實際年齡不符的明星作為賣點；保健食品、保養品等廣告經常以延遲老化為訴求；政經學界發表各式調查報告也常以「老人問題」稱之。以上種種都說明人們害怕老化，對於老人持負面的看法，甚至會導致對老人的差別待遇（林歐貴英、郭鍾隆譯，2003）。例如，近年來屢見不鮮，公車上年長者斥責沒有讓座學生的新聞，相信大家都記憶猶新。還記得該事件發生後的幾天，一些經常在公園裡運動的長輩們，見面聊天後的結論都是一樣：「這幾天不敢搭公車了，真是丟人！」一句話反映出社會次級團體的社會形象對該團體成員的影響程度，也顯示個體的行為不僅受到個人價值觀的影響，也會受到集體價值觀的左右。

目前社會對於老人的負面的刻板印象不僅沒有受到多數老人的認同，更遭到新一代老人們的抗拒。因此Novak（2009）、Ronch和Goldfield（2003）、Hooyman和Kiyak（2008）都提醒我們：如果政府和社會大眾對新一代老人的特質沒有充分的認識和瞭解，這一波老人潮（aging boomers）世代對社會所造成的挑戰，會讓政府單位

措手不及,甚至造成各種「結構落後」(structural lag)的情形,例如,讓老人潮世代沒有充分的學習機會、阻礙他們發展潛能的機會等等。

二、新一代老人的社會形象

隨著嬰兒潮世代逐漸老化,老人人口中受高等教育和具有專業知識的老人大量的增加,學者稱之為「老人潮」,學者也稱這些新一代老人為「新高齡者」(New Aged)(Kaye, 2005; Kivnick, 2005; Hooyman, 2005)。所謂嬰兒潮世代大約是指1946~1964年之間出生的新高齡者,這些老人過去都受過很好的教育,如今也成了老年知識群,他們都擁有自己的價值觀,並傾向積極地為營造自己的社會形象,提升自己的社會地位,這些都是形塑新一代老人價值觀的重要因素。每一位健康的老人都希望自己和其他的老人有所不同,希望自己比傳統老人更加整齊、不邋遢,不希望自己被列入所謂的「老人族群」(Lonner, 2009)。

事實上,新一代的老年人掌握著今天這個社會的許多資源,不再是弱勢或邊緣人。如何重新定義這一代的老人,並輔之相應的社會政策,將是今天台灣社會的新課題。事實上,日本介助服務協會(Nippon Care-fit Service Association, NCSA)多年前已經將Gerontology的定義從「老人學」轉換為「創齡」,從正面角度思索人生課題,鼓勵健康的老人能多外出、過快樂的生活,以建立活潑開朗的高齡社會為目標(駱紳、朱迺欣、曾思瑜、劉豐志,2012)。因此,當各種企業忙著透過這種老人服務規劃,以展現他們對高齡社會的敏感覺知的同時,我們必須讓社會和企業團體看到未來老人潮世代所可能帶來的各種正面意涵(Novak, 2009; Ronch & Goldfield, 2003)。

延伸閱讀：老人社會形象寫實紀要

95歲的健康老伯伯

　　我家住在午市菜市場邊，除了盡了地利之便，每天到菜市場買菜方便之餘，物超所值，還享有許許多多的好處。每天我都很喜歡下午三點時刻的來到，為什麼？因為到菜市場，可以感受到豐沛的生命力。聽過人家這麼說的：當你心情不好時，到菜市場逛逛，看到經過攤販們精心設計的鋪陳、五顏六色的蔬果擺在眼前，享受之餘，可以感受真實的人生。菜市場人生，走一趟回來真是收獲良多！最經典的是：每天只要是常在這菜市場走動的人們無人不知，無人不曉，在這菜市場角落邊邊一家偌大的柑仔店，每天可見到約莫95歲的老伯伯，風雨無阻出現在此，別懷疑，他不是別人，正是此間生意興隆的柑仔店老闆兼總經理；蛤？95歲的老伯伯還把店面經營得如此上軌道，看到他認真做生意的模樣，內心一定也會產生一股「舜何人也？禹何人也？有為者亦若是。」的力量，而且，老伯伯都九十五了！每天還是雙手靈活地駕著一輛電動車來到店裡，統籌店裡大大小小的雜事，一句話：不簡單。其實，老伯每天賺到最大的財富就是健康的身心啊！加油囉！老伯伯祝福您，健康久久活力九九。（圖文：謝美姬）

貳、老人社會形象的形塑與意涵

一、個人社會形象的準概念

社會形象的研究，主要用在藝術美學和媒體傳播上，至於以老人為對象的社會形象論述或研究，目前多數以老人的健康、外表容貌的形象，以及媒體對於老人相關議題的報導或研究為主（蔡琰、臧國仁，2008；Slevin, 2010）。例如國內吳榮鐘（2003）以黃春明的小說為文本，探討黃春明小說中所描述的老人形象，他將老人的社會形象區分為四個向度，包括：(1)情志上的形象，例如老人所表現出來的情感、意志；(2)身體的形象，例如身體的健康狀況；(3)知識的形象，例如老人對事物的看法；(4)長輩對晚輩的態度，例如老人對子孫的態度、老人對社會變遷的看法。該研究是國內有關老人社會形象的代表性研究。

個人社會形象可視為一系列人為建構的準概念，其功能在於讓個體能夠理解自身及他人身體所產生的變化。為了獲得形象相關資訊，人們通常經由各種管道以取得個人對老人的印象，其中「大眾媒介」可以說是傳遞老人形象最重要的工具之一。例如：媒體在報導或褒獎各種宗教團體的慈善和濟貧行為時，多數以孤苦無依的老人為救助對象，並持續以某種自認合理的認知框架，塑造出一種弱勢、負向的情境意象。這樣的媒體傳播不僅忽略老人的個別差異，容易引導民眾對老人有錯誤的認知，並發展為一種負面的老人刻板印象，也會讓青少年對老人產生一種排斥和恐懼心理。

二、老人社會形象的形塑

(一)社會認知與老人社會形象

個體社會形象的形成是一種社會化的過程，例如，社會對於老人的認知，通常將老人視為一個「老人族群」，因此可以將社會中

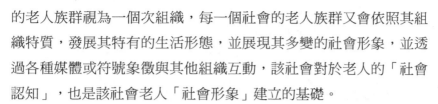

的老人族群視為一個次組織，每一個社會的老人族群又會依照其組織特質，發展其特有的生活形態，並展現其多變的社會形象，並透過各種媒體或符號象徵與其他組織互動，該社會對於老人的「社會認知」，也是該社會老人「社會形象」建立的基礎。

由於社會系統、社會自組織（self-organization）具有自我組織和自我再製（self-reproduction）的功能，因此社會系統所展現的社會形貌既不是單一的個體所決定，也不是由一般所公認的角色或行為所形成，事實上，每一個社會系統的形貌或行為模式都是組織間傳播互動的結果。以老人在社會所呈現的社會形象為例，每一個社會中的「老人社會形象」不僅是該社會多數老人所展現的價值、思維與行動，也是該次系統與社會中其他次系統透過符號象徵的互動結果。

因此，儘管老人族群人口呈現非常多元化的面貌，但是個別老人的表現或行為無法決定社會對老人的社會形象，只有當個別老人的行為和多數老人行為產生互動或交流，才能形塑或改變老人的社會形象。相反地，對於社會對老人所形成的刻板印象，任何個別老人既無法置身於度外，也必須承受這個形象所帶來的褒或貶，並為這個形象負責，此正是所謂的「眾口鑠金」，也是一種組織社會化力量的自然展現。至於每一個次系統所擁有的社會形象以及它所具備的社會角色，則會「支持」該次系統的傳播行為（蔡琰、臧國仁，2008）。老人族群所具有的社會角色，不僅影響媒體次系統的傳播方式，老人族群所承受的「社會角色期待」也受到媒體次系統的影響。

筆者嘗試以**圖3-4**表示個體在團體中的價值觀與社會形象的形塑過程。

圖中實線部分代表明顯的互動或影響，虛線部分代表潛在的互動或影響。

圖3-4群體價值觀與形象的建構過程中，不管群體中每一個各

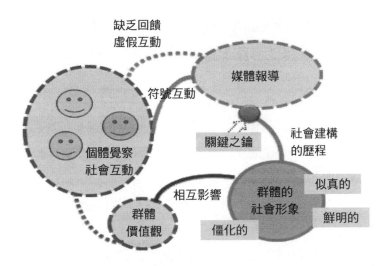

圖3-4　群體價值觀與形象的建構過程

資料來源：秦秀蘭（2011：20）。

別個體是否具有相同價值觀、信念或行為模式，群體的成員彼此間有一種隱而不見的個體自我覺察和社會互動，這些互動的結果不僅影響個體的價值觀，也會影響該群體在媒體輿論或政策「再現」（representation）的內涵。所謂「再現」是社會意義表達的過程，是透過文字、語言、圖像、聲音等符號的運用，進而建構某種社會事實（邱天助，2007）。在這些建構過程中所依賴的是一種「符號表徵」的互動，因此很容易形成一種鮮明的、似真的，卻僵化的社會群體形象。

(二)老人社會形象的多元化面貌

　　群體價值觀與形象的建構過程中，個體自我覺察和社會互動不僅影響個體的價值觀，也會影響該群體在媒體輿論或政策的再現。然而，老年人是一個高度多元化的族群，例如，目前以老年人為主要服務對象的單位包括樂齡大學、樂齡學習中心、社區老人教室、日托中心、日照中心、養護中心和護理之家等，長輩們的認知功能漸次降低，形成一個連續的光譜，如**圖3-5**所示。

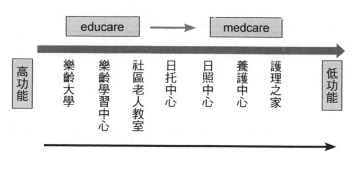

圖3-5　多元化老人族群的連續光譜

　　其中樂齡大學、樂齡學習中心的長輩們，都是身心健康，可謂成功老化的典範者；然而，從日照中心、養護中心到護理之家，多數長輩們都無法主動從事健康促進活動，甚至導致生理和心理功能急遽衰敗。即使年齡相同，不同居住環境的老人族群彼此間的差異也有天壤之別。因此，如何引導民眾對各類老年人有適當的認知意象，是維繫社會和諧、老人相關政策制定的重要基礎。

　　例如，Slevin曾經以57位60～80歲的老人為對象，透過深度訪談，瞭解老人對自己逐漸老化的身體的意象，對於個人思考模式和老化經驗的影響程度。結果發現，男女年長者對老化身體的覺察有明顯的差異，老化的身體形象對男性年長者的自我形象的影響較小，再者，女性比較重視的身體形象包括身材的勻稱、面貌等「外表」（appearance），男性年長者對身體形象的認定則多數採取「功能」性的觀點，顯示男女兩性所覺察以及其所重視的社會形象有相當的差異性。

　　此外，Liechty和Yarnal（2010）以13位60～69歲的婦女為對象，以瞭解年長婦女的身體形象（body image）對個人參與休閒活動意願的影響程度。該結果發現，隨著年齡的增加，婦女對於身體的形象越趨於負向，且影響個體參與休閒活動的動機。接受訪問的婦女表示，因為參與休閒活動時通常需要盛裝，隨著年齡的增長，自己的身材逐漸走樣，因此而減低參與休閒活動的意願與機會，與

他人的社會互動機會也逐漸減少。因此Liechty和Yarnal認為，個人的身體形象具有社會性的意涵，積極正向的身體形象是老人社會性與公共性參與的基礎。

第三節　新一代老人社會形象的轉變與形塑

人類需要社會化的活動參與，因此社會形象對個人的生理和心理都有相當程度的影響。目前與老人形象相關的議題都受到相當高的重視，包括老人社會形象和與價值觀交互影響的情形、老人社會形象的世代差異、老人自我形象對認知功能和自我效能的影響等等。

老人團體成員彼此間既沒有太多的連結，組織成員和外界也沒有太大的疆界，彼此間缺乏共享的價值觀和意識。但是由於整體社會對「老人群體」有一種相當固定化的行為規範或行為期待，這一份期待會自然地和老人群體成員的自我形象（self-image）產生互動。如果這種行為規範和成員的自我形象產生衝突，就會對成員造成一種心理壓力，這種衝突除了促使老人群體的成員更加重視自我形象的維護，也會促使每一個成員升起一種「群體感」或「共

延伸閱讀：新一代老人的社會責任

Novak和Workman針對二十一世紀的老人政策將和過去的老人服務政策有明顯的差異進行比較發現，過去政府和各種社團法人都提供老人大量且充分的福利和服務，二十一世紀未來的老人服務政策將會要求老人本身承擔更多的責任，未來的老人必須充滿熱誠，並參與各種社會的老人服務政策規劃。

資料來源：摘自Novak（2009）。

識」，努力地捍衛並塑造積極正向的群體形象或行為表現。這正是衝突論者強調社會組織的價值形成是一種動態的、歷史的歷程（蔡文輝、李紹嶸，2006）。

壹、老人社會形象對心理與認知功能的影響

一、老人社會形象與自我形象

　　老人族群和其他世代具有不同的社會意象，老人族群和年輕族群對老人的社會形象有不同的覺察，這種差異主要肇因於老人們普遍低落的「自我形象」（楊桂鳳、劉銀隆、于漱，2004）。事實上，社會文化對於老人心理功能運作的影響程度超乎我們的想像，近年來許多學者的研究都認為社會、文化傳統、角色覺知、自我概念等因素都會改變老人的心理認知的發展，也是決定老人社會形象的重要因素（Cruikshank, 2009; Whitbourne, 2007）。

　　邱天助（1993）也認為老人參與學習的動機主要是受到社會人口變項及心理變項的影響，其中自我概念、自我評鑑與老人參與活動、參與活動的程度與態度均有相關。Morrow-Howell、Carden和Sherraden（2005）等人的研究也表示：老人在團體社會性連結一旦減弱，就會嚴重地威脅其社會自我概念和自我形象，這個威脅會隨著物理及社會環境的孤立而日漸增加，導致老人的生活處於不利的社會情境。因此必須透過團體服務或社群活動的參與，增強老人的社會心理功能。通常，較高的教育程度、職業地位、收入、較高的工作複雜度、與聰明的配偶有較長的婚姻關係、從童年開始就大量的運用文化與教育資源等，對於老人的心理認知功能發展都有正向的影響（黃富順、楊國德，2011；Cruikshank, 2009）。

　　Cruikshank認為：現代科技讓老化的議題不再是個「生物性議題」，而是一種「社會性議題」（social issue），例如文化傳統對老人的界定、社會對老人的態度、老人本身的信念、老人的自我概

念等社會性因素,對老人心理認知功能老化的影響比生理因素的影響更大,並稱這些老化因素為「社會性老化」(social aging)。Cruikshank表示:由於老化覺知是個人大腦內部的變化,既不容易加以覺察或改變,也既不容易掌控。因此,有必要喚醒老人對於社會性老化因素的覺察,透過正向形象的塑造,提升每一位老人的心理認知功能。

二、老人社會形象與心理認知功能

透過研究科技的協助,生物醫學對人類大腦的結構和功能有更多的認識,1988年Byrne和Whiten所提出的「社會腦」(social brain)的概念,可用來說明並驗證老人的「社會形象」對於每一個老人的影響程度。儘管大腦皮質是所有哺乳類的特徵,但是靈長類的大腦皮質似乎特別大。其中,人類大腦皮質層的容量甚至超過我們日常生活所需的量(Dunbar, 2007; Gangestad & Thornhill, 2007)。

Gangestad和Thornhill即從社會腦的角度探討社會認知的學習,他認為:人類的大腦特別適合用在虛擬世界的學習與概念的學習。社會認知就是在大腦中想像某一種角色的行為表現,這是個體人際互動的基礎,因為人類必須在腦中事先瞭解每一次互動的結果,才能正確地給予他人回應,這就是一種社會化的學習。例如,目前多數以研究老年人記憶為主的學者都強調年齡與自傳式回憶的相關性,就是一種「個人事件記憶」的喚起。Gangestad和Thornhill認為對於過去的回憶,並不是一種「影片式的重複播放」(video recording),而是把過去的經驗和事件「重新加以結構化」(reconstructed)的過程。因此,「年長者的大腦如何將事件重新結構化?」、「這些結構化的資訊從大腦中的何處取得?」以及「這些新的學習如何形成神經迴路?」,都是目前老年學學者們最關心的內容。

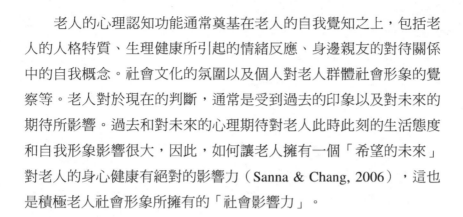

　　老人的心理認知功能通常奠基在老人的自我覺知之上，包括老人的人格特質、生理健康所引起的情緒反應、身邊親友的對待關係中的自我概念。社會文化的氛圍以及個人對老人群體社會形象的覺察等。老人對於現在的判斷，通常是受到過去的印象以及對未來的期待所影響。過去和對未來的心理期待對老人此時此刻的生活態度和自我形象影響很大，因此，如何讓老人擁有一個「希望的未來」對老人的身心健康有絕對的影響力（Sanna & Chang, 2006），這也是積極老人社會形象所擁有的「社會影響力」。

貳、新一代老人社會形象的正確形塑

　　不管從社會理論的角度來解釋個體行為的形塑，或者從社會生態面、認知心理學的觀點來審視群體形象對於成員行為的影響都可以發現，不同文化背景、價值觀、性別取向的社會，對群體的社會形象都有不同的影響；不同的社會形象則進一步影響成員的行為表現。

　　由於多數人對新高齡者的特質缺乏正確的認知，導致對老人的不正確看法或歧視，亟待匡正，整體社會對新一代老人的認知意象也亟待形塑。事實上，新一代的老人社會形象與目前社會對老人的形象已明顯不同。根據上述社會腦和自組織的概念，個體的自我概念是個體行為和環境訊息相互作用的結果，老人的自我概念或價值感來自老人對該社會老人群體形象的覺察，這正是「社會認知」（social cognition）的結果。

　　為了形塑具有時代意義、能適切反映新一代老人特質的社會形象，整體社會必須共同努力，包括：

一、透過學習，提升老人對自己生理和心理特質的認識

　　老化不等於沒有能力，老化不等於有障礙或退化，老人越瞭

解老化在自己身體上所產生的結果,同時發展自己的優勢能力,就越能覺知自己在生理上和心理上的改變;老人能覺察並接受自己老化的事實,越能擁有健康的自我概念和人際互動(李百麟,2014;Karin & Walker, 2008; Horton, Baker & Deakin, 2008)。因此每一個老人都必須透過學習,認識老化的過程與機制,瞭解自己因為年紀增長,在認知、情緒或社會性功能上所產生的改變,知道自己的優勢能力,以及應該增強或學習的地方。

近幾年來,透過正子造影(PET)、核磁共振(MRI)、功能性核磁共振(fMRI)和大腦成像(brain imaging)的協助,許多「老化的神經認知科學」(neurocognitive science study of aging)(Reuter-Lorenz & Park, 2010)研究,都讓我們對老人的生理和心理特質有更深入的瞭解。例如:人類大腦的功能會隨著年齡而有不同的結構功能改變,通常在運用大腦思考時,年長者通常會同時喚起左右腦的功能,即所謂的「雙邊半腦運用」(bilateral hemisphere involvement)情形;情緒老化的「正向效應」(positive effect)和「負向偏執」(negative bias)(Reuter-Lorenz & Park, 2010; Scheibe & Carstensen, 2010)。

由於人類的情緒是由大腦的邊緣系統(limbic system)和大腦新皮質(neocortex)連結的方式所控制。老年人的「雙邊半腦運用」傾向讓老年人因此較不容易專注,但是卻因此而擁有穩定的情緒。老年人情緒老化的「正向效應」則是指,當正向與負向情緒刺激同時出現,高齡者傾向對正向刺激給予回應,其目的是為了減少生活的挫折感。但是當刺激呈現多元化的時候,高齡者會轉而對負面情緒給予較多的回應;因此,當外界情境呈現負向或挫敗的情緒刺激時,高齡者會把情緒固著在負向情緒上。

這些大腦神經科學研究一方面讓年長者對自己在學習記憶的「質」與「量」的改變上,有更清晰的瞭解,才不至於對學習感到挫折或氣餒,避免產生不必要的「記憶抱怨」(memory complaint）情形（李百麟，2014），減少認知功能的退化程度。一方面顛覆過去我們對老人的認知意象，引導我們以不同的態度，為新一代的老人形塑嶄新、適切的社會形象。

二、透過老化教育，引導民眾對新一代老人有正確的認知

政府與社會單位主要在透過教育和宣導，消弭社會大眾對老人的錯誤認知。除了一味地灌輸年輕人或孩童「讓座給老人」，不如透過各種教育或媒體，明白地介紹人體隨著年齡增長所產生的變化。透過適當且有計畫的「老化教育」（aging education），不僅能讓年輕學童和社會大眾都能正確地認識老化的過程，消弭社會對老化的錯誤與刻板印象。更可以讓中年族群提早認識老化，提早規劃自己的老年生活，對於未來超高齡社會（super-aging society）的社會和諧將有極大的助益。

Horton、Baker和Deakin（2008）曾經透過半結構式的訪談，訪問20位美國籍和加拿大籍的老人，瞭解他們對於老人刻板印象與個人信念和生活態度的相關性。結果發現，多數的老人都認為最近三十年來，由於健康照護和醫學的發達，社會對老人的刻板印象已經改變許多了。但是，多數的報章雜誌和電視對於老人的報導仍然以負面的形象居多，這讓他們很不舒服。該研究中多數的老人都表示，這樣的負面社會形象也會影響他們對自己的信念和各種活動的安排，因為他們覺得在旅館或餐廳裡自己經常被忽視，沒有受到他們過去所受到的尊重和對待。因此，他們建議應該主動且積極地轉變社會大眾對老人的報導或評論，儘快地改變老人的社會形象。

但是，20位老人中也有少數人覺得自己完全沒有覺得自己被忽略或不受尊重，因為自己住在以老人為主的社區裡，不僅到處都受到禮遇，而且可以隨心所欲的規劃自己的生活。

根據Horton、Baker和Deakin的分析，對自己越有信心的老人、

越能覺察自己是老人的受訪者，越是覺得自己受到年輕族群的尊重，個人的行為和活動規劃也越不容易受到老人刻板印象的影響。

例如，一位63歲的受訪男士表示：

> 我覺得自己是標準的老人，我每週打三次高爾夫球，夏天時間會更頻繁，冬天就把自己蜷曲在暖爐邊，也經常旅遊。我完完全全地享受人生，享受和家人、孫子的相處時間，因為我是老人，我才有這種權利。（p.1005）

三、透過研究與宣導，瞭解不同年齡族群的「世代差異」

目前社會多數人對於老人的印象仍然侷限於過去對老人的刻板印象，這些刻板印象都是植基於過去社會對老人的負面評價，包括：老人是弱勢的、需要他人協助的、需要社會給予同情的⋯⋯。這些老人的社會形象都是一種「社會建構」的結果。這些社會形象可能是一種主觀上的個人經驗、單一經驗的描述，也可能肇因於認知上的扭曲，都可能阻礙老人與年輕世代的人際互動與文化的傳承。

例如蔡琰和臧國仁（2008）探討「電腦／網路新媒介」與「老人」兩個社會系統是否藉著新聞訊息的象徵符號，進行傳播互動行為發現：新科技對老人而言，並非無可取代的工具，缺乏新媒介的便利性並未減少老人對生活的滿意程度。但是，一旦給予老人充分的時間與機會，身心健康且有興趣學習使用電腦及網際網路的老人仍然有可能成為新媒介的使用者。因此「年齡」並非老人成為科技邊緣人的絕對因素，真正影響老人和媒體互動的關鍵因素是老人的健康情況、經濟能力和教育程度。新科技對老人而言，並非無可取代的工具，缺乏新媒介的便利性既不會影響老年人的自我價值感，

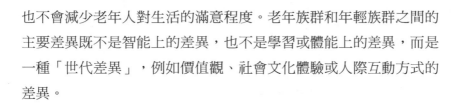

也不會減少老年人對生活的滿意程度。老年族群和年輕族群之間的主要差異既不是智能上的差異，也不是學習或體能上的差異，而是一種「世代差異」，例如價值觀、社會文化體驗或人際互動方式的差異。

四、透過正向的媒體報導，形塑適當的現代老人社會形象

英國經濟學者Mullan（2002）曾經在《想像式的定時炸彈》（*The Imaginary Time Bomb*）一書中的提醒：在社會快速邁向高齡化時，社會大眾對於老人的態度、對國家社會與經濟的穩定性有很大的影響。他提醒我們，老人不是社會問題，將老人的教育與服務視為老人問題，是社會福利論戰的一種策略性手段，卻容易造成自我應驗的預言。

媒體是大眾汲取公眾資訊的主要管道，現代社會中人們往往經由大眾媒介汲取對外在世界的認知，亦即透過媒體去觀看不易或較少接觸的面向。因此媒體對於事物的報導是一種建構的事實，會影響我們對於客觀實在的觀感。以目前台灣媒體對於老人形象的研究，多數集中在「老人問題」、「老人福利」、「老人醫療與照護」等層面。至於老人的相關新聞報導則以「不健康」、「需要幫助」、「獨居孤苦」形象居多，且以老人不健康的狀態、需要幫助與獨居孤苦的形象為描述重點，以加強新聞張力，都屬於負面的老人社會形象。即使以健康開朗形容老人，通常也是出現在接受愛心援助其他孤苦無依的老人或人道關懷的場景。這樣的現象，容易造成社會對老人的印象僵化，形成對老人刻板化的負面形象。

在老人社會形象的重新建構過程，老人群體中的個別老人既沒有真實與媒體進行互動，也無力改變已經形成的社會形象。因此如何透過正向的媒體報導、政策宣導或倡議，是建構過程（**圖3-4**）中的「關鍵之鑰」（key point），才能澈底地改變社會大眾因為對

老化的錯誤認知，重新塑造充分生命力與智慧的老人社會形象。

例如，《中國時報》從2006年起即開始特別規劃「熟年週報」專欄的版面，2011年下半年起出刊的《Life Plus熟年誌》，是國內第一本全面探討熟齡議題的生活雜誌。《Life Plus熟年誌》一出版就造成轟動，掀起一陣「熟年風」。該雜誌以「熟年族群」或「熟年世代」來稱呼目前50歲以上的族群，該雜誌指出，這些熟年族群，上有高堂、下有子女，既是家中的支柱，也是社會經濟的中間幹部人生，並稱這個熟年生命階段為「第二個青年期」。該雜誌探討的主題從健康醫療、投資理財、退休規劃、休閒生活、人際關係、兩代溝通到旅遊移居，雜誌出版的目的在報導這些熟年族群對自己、對家人、對社會的不同觀點，同時讓閱讀者品嘗熟年人生的各種幸福滋味。

這些報導以正面的方式呈現各種老人生活的面貌或生活態度的分享，也呈現老年人在食、衣、住、行、育、樂各方面的需求和規劃，對台灣社會老人形象的提升，有很積極、正面的作用。這些報導都是一種正向的老化教育，不僅讓老人對自己逐漸老化的身體和心理轉變，有更正確的認識，也可以引導社會年輕世代瞭解自己的身體也會隨著年齡而改變的事實，從而對社會的年長者的身心特質和需求多一份認識，減少對年長者錯誤且負面的刻板印象。

問題與討論

1. 人類的「價值觀」具有哪些社會性意涵，請試著以一位學者的觀點加以說明。

2. 請試著從「衝突論」的觀點，說明老人群體價值觀的形塑過程與內涵。

3. 根據您的認知和經驗，我國老人的傳統社會形象有哪些？其中有哪些形象可能受到新一代老人的排斥？為什麼？

4. 根據您的認知和經驗，新一代的老人有哪些生理或心理特質？

參考文獻

一、中文部分

李百麟（2014）。《老人心理12講》。台北：心理。

吳榮鐘（2003）。《黃春明小說中的老人形象之研究》。南華大學文學研究所碩士論文（未出版）。

林歐貴英、郭鍾隆譯（2003）。《社會老人學》。台北：五南。

邱天助（1993）。《教育老年學》。台北：心理。

邱天助（2007）。《社會老年學》。高雄：麗文。

孫立平等譯（1991）。Lewis A. Loser著。《社會衝突的功能》。台北：桂冠。

秦秀蘭（2011）。〈新一代老人社會形象之塑造〉。《成人及終身教育雙月刊》，32，16-28。

張宏文（1996）。《社會學》。台北：商鼎文化。

莊耀嘉、王重鳴譯（2001）。Eliot R. Smith & Diane Mackie著。《社會心理學》。台北：桂冠。

黃富順、楊國德（2011）。《高齡學》。台北：五南。

楊桂鳳、劉銀隆、于漱（2004）。〈老年人的形象：世代間的比較〉。《醫護科技學刊》，6(4)，371-374。

葉啟政（1982）。〈結構、意識與權力：對社會結構概念的檢討〉。載於瞿海源、蕭新煌主編。《社會學理論與方法研討會論文集》。中央研究院民族學研究所專刊乙種之11，1-68。

廖榮利（1998）。《人類行為與社會環境》。台北：商鼎文化。

蔡文輝、李紹嶸（1999）。《社會學概論》。台北：三民書局。

蔡文輝、李紹嶸（2006）。《社會學概要》。台北：五南。

蔡琰、臧國仁（2008）。〈熟年世代網際網路之使用與老人自我形象與社會角色建構〉。《新聞學研究》，97，1-43。

魯貴顯譯（2005）。Niklas Luhmann著。《對現代的觀察》。台北：左岸文化。

駱紳、朱迺欣、曾思瑜、劉豐志（2012）。《創齡：銀色風暴來襲》。台北：立緒。

二、外文部分

Boratav, H. B. (2009). Values and attitudes of young people in urban Turkey: A further test of Schwartz's theory of values and Kagitçibasís Model of Family Change. In Sevda Bekman & Ayhan Aksu-Koç (eds.). *Perspectives on Human Development, Family, and Culture* (pp. 236-283). Cambridge: Cambridge University Press.

Conde, J. C., Capó, M. Á, Nadal, M. & Ramos, C. (2007). What do we know of social brain? In Oscar Vilarroya & Francesc Forn I. Argimon (eds.). *Social Brain Matters: Stances on the Neurobiology of Social Cognition* (pp. 201-214). Value Inquiry Book Series. New York: Amsterdam.

Cruikshank, M. (2009). *Learning to be Old: Gender, Culture, and Aging*. Rowman & Littlefield Publishers, INC.

Dunbar, R. (2007). *Evolution of the Social Brain*. In Steven W. Gangestad & Jeffry A. Simpson (eds.). *The Evolution of Mind: Fundamental Questions and Controversie* (pp. 281-286). New York: Guildford press.

Gangestad, S. W. & Thornhill, R. (2007). The evolution of social influence processes: The important of signaling theory. In Joseph P. Forgas, Martie G. Haselton & William von Hippel (eds.). *Evolution and the Mind* (pp. 1-31). New York: Psychology press.

Goleman, D. (2006). *Social Intelligence: The New Science of Human Relationships*. New York: Random House.

Greene, R. R. (2008). *Social Work with the Aged and Their Families*. New Brunswick : AldineTransaction.

Greene, R. R. & Kropf, N. P. (2009). *Human Behavior Theory: A Diversity Framework*. New Brunswick : AldineTransaction.

Hofstede, G. (2001). *Culture's Consequences: Comparing Values, Behaviors, Institutions, and Organizations Across Nations*. Oaks, Calif.: Sage Publications.

Hooyman, N. P. (2005). Conceptualizing productive aging. In Lenard W. Kaye (ed.). *Perspectives on Productive Aging: Social Work with the New Aged* (pp. 37-60). Washington DC: NASW Press.

Hooyman, N. R. & Kiyak, H. A. (2008). *Social Gerontology: A Multidisci-*

plinary Perspective (8th ed.). Boston: Pearson.

Horton, B., Baker, J. & Deakin, J. H. (2008). Understanding seniors' perceptions and stereotypes of aging. *Educational Gerontology, 34*, 997-1017.

Karin, C. & Walker, J. (2008). *Social Work with Older People* (2nd ed.). Learning Matters Ltd.

Kaye, L. W. (2005). The emergence of the new aged and a productive aging perspective. In Lenard W. Kaye (ed.). *Perspectives on Productive Aging: Social Work with the New Aged* (pp. 3-18). Washington DC: NASW Press.

Kivnick, H. Q. (2005). Personal and individual growth. In Lenard W. Kaye (ed.). *Perspectives on Productive Aging: Social Work with the New Aged* (pp. 123-148). NASW Press.

Liechty, T. & Yarnal, C. M. (2010). Role of body image in older women's leisure. *Journal of Leisure Research, 42*(3), 443-467.

Lonner, W. J. (2009). The continuing quest for psychological universals in categories, dimensions, taxnomies, and patterns of human behavior. In Sevda Bekman & Ayhan Aksu-Koç (eds.). *Perspectives on Human Development, Family, and Culture*. (pp. 17-30). Cambridge University Press.

Mullan, P. (2002). *The Imaginary Time Bomb: Why an Ageing Population is not a Social Problem*. London: I. B. Tauris Publishers.

Novak, M. (2009). *Issue in Aging* (2nd ed.). New York: Pearson.

Reuter-Lorenz, P. A. & Park, D. C. (2010). Human neuroscience and the aging mind: A new look at old problems. *Journal of Gerontology: Psychological Science, 65B*(4), 405-415.

Ronch, J. L. & Goldfield, J. A. (2003). *Mental Wellness in Aging: Strengths-Based Approaches*. London: Health Professions Press.

Ronch, J. L. & Goldfield, J. A. (2003). *Mental Wellness in Aging: Strengths-Based approaches*. London: Health Professions Press.

Sanna, L. & Chang, E. (ed.) (2006). *Judgments Over Time: The Interplay of Thought, Feeling, and Behaviors*. Oxford University Press.

Scheibe, S. & Carstensen, L. L. (2010). Emotional aging: Recent findings and

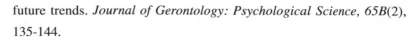

future trends. *Journal of Gerontology: Psychological Science, 65B*(2), 135-144.

Schwartz, S. H. & Boehnke, K. (2004). Evoluation the structure of values with a confirmatory factor analysis. *Journal of Research in Personality, 38*, 230-255.

Slevin, K. F. (2010). "If I had lots of money... I'd have a body makeover.:" Managing the aging body. *Social Forces, 88*(3), 1003-1020.

Smirnova, T. V. (2010). Older people: Stereotypical image and social distance. *Russian Social Review, 51*(4), 67-77.

The Office of Geriatrics & Geronotology (2010). An intergenerational day care center at OSU? Retrieved from http://ogg.osu.edu/aging_education/.

Whitbourne, S. K. (2007). *Adult Development & Aging: Biopsychosocial Perspectives* (3rd ed.). John Wiley & Sons, Inc.

Chapter 4

老人心理健康與諮商服務

秦秀蘭

學習重點

1. 老年期心理健康和諮商的重要性
2. 常用的老年人心理健康評估工具
3. 常見的老年期心理困擾與障礙
4. 老人心理諮商服務者應具備的條件

第一節　老年人的心理健康

　　隨著人類醫療技術的提升，人類的平均壽命逐漸增加，個體從退休後至生命後期的時間增加，個體處於高齡期的時間也隨之延長。因此，老年期的心理健康顯得格外重要，也是年長者重要的保護性因子。

壹、老年期心理健康明顯受到重視

一、「老人心理健康服務」首次列入老人健康促進方案執行項目

　　世界衛生組織（WHO）於2012年世界衛生日以「高齡化與健康」（Ageing and Health）為主題，認為保持健康才會長壽（Good health adds life to years）；強調在人口迅速老化的過程中，各國政府更應採取積極有效的策略與行動，包含促進國人良好的健康行為，預防或延遲慢性病的發展，創造並強化老人健康生活及無障礙的友善環境，鼓勵老人多方參與社會，使人們得以最佳的健康狀況進入老年，延長健康壽命、積極老化。

　　我國行政院於民國98年9月7日核定「友善關懷老人服務方案」，以「活力老化」、「友善老人」、「世代融合」為三大核心理念，98至100年度已有效整合各單位資源，積極推動各項可行策略，並進一步建構友善老人生活環境，營造無歧視且悅齡親老的社會，讓老人享有活力、健康、尊嚴的老年生活。主要執行成果包括：加強弱勢老人服務、推展老人健康促進、鼓勵老人社會參與、健全友善老人環境等四個主題。

　　第二期方案由衛生福利部社會及家庭署負責推動，以健康老化、在地老化、智慧老化、活力老化和樂學老化為執行目標，重點工作包括：提倡預防保健，促進健康老化；建置友善環境，促進在

地老化;引進民間投入,促進智慧老化;推動社會參與,促進活力老化;鼓勵終身學習,促進樂學老化等五大項工作。第二期計畫共有23項執行策略及84項工作項目,其中第一項目即揭櫫有關老年人「心理健康」的重要工作,首次將「老人心理健康服務」列入老人健康促進方案的執行項目,顯示國人對老年期心理健康的重視(衛生福利部社會及家庭署,2015)。

二、相關研究揭櫫老年期心理健康的重要性

就神經認知科學研究的角度而言,即使是身體健康的老年人,在個體老化過程中,前額葉的中央認知處理功能都有逐年下降的情形(Parkin & Walter, 1992;Reuter-Lorenz & Park, 2010)。但是為了不被社會所淘汰,為了融入家人的生活,年長者必須不斷地學習新社會的各種知能,包括電子資訊的接收與處理、人際關係的改變與適應、各種社會活動的參與等;同時要求自己「改變自己」以適應外在的生活環境。這種追求改變的壓力很容易造成老人心理社會的壓力,並與大腦生理老化機制產生交互作用,造成個體的心理障礙或困擾;更遑論因疾病或認知功能下降,必須入住高齡機構的年長者。由於居住環境的改變、人際關係的複雜化,甚至伴隨生理因素所形成的心理壓力等,都可能造成年長者不同程度的心理障礙。

2008年由林萬億教授主持的國科會計畫調查,曾經針對兩千多名65歲以上的老人及45～64歲中老年人,進行居家安全、健康狀況、休閒活動、交通經驗及經濟安全等一系列調查。研究結果發現,高達八成以上的老人過得並不快樂,中老年人有心事時除了老伴外,最常找鄰居傾訴,而非子女親友(聯合新聞網,2008/4/18)。可見多數老人的確面臨各種心理困擾,需要家人或他人的耐心傾聽和同理。然而因為家庭結構的改變,家庭成員的減少,現代社會的老年人多數選擇獨自居住,或僅僅和老伴一起居住,心理和精神上都可能產生不同程度的困擾。如果家中有身心障礙子女,隨著自己逐漸衰老,無力照顧障

礙子女，內心的壓力更是超乎我們的想像，卻無法得到應有的協助。這就是目前日本「民生委員‧兒童委員」（或稱老人相談員），再度受到各階層重視的原因。

貳、老人心理健康狀態的評估

有關心理健康的定義通常採用聯合國世界衛生組織（WHO）的定義：認為一個人的健康應該包括身體健康、心理健康、社會適應良好和道德健康，也就是指個人在生理、心理和社會三方面達到最佳狀態和協調。隨著神經認知科學研究的發展，目前研究者對個人心理健康逐漸有不同的界定。例如，陳李綢（2014）認為個人心理健康至少包括：自我悅納、人際關係、情緒平衡、家庭和諧、樂觀進取五個指標，並據此編製「心理健康量表」。

目前所有研究都已證實，憂鬱傾向是導致中高齡者智能障礙的關鍵因素，因此善用適當的憂鬱檢測工具，是老人心理健康照顧的重要工作（財團法人董氏基金會，2015）。目前各大醫療院所、董氏基金會、台灣憂鬱症防治協會和行政院衛福部所屬的「健康久久衛生教育網」等，都有相關的憂鬱症篩檢訊息。目前較常使用且適合作為一般中高齡者心理健康評估的檢測工具包括：貝克憂鬱量表第二版（BDI-II）中文版、台灣人憂鬱症量表、老年憂鬱量表（GDS-30題），以及最新的多元化心理壓力問卷（高雄市立凱旋醫院心靈診所，2015）。問卷的內容整理如下。

一、成人心理健康量表

成人心理健康量表（Adult Mental Health Scale, AMHS）適用於20歲以上的成人，可作為評估成人心理健康狀況之科學性工具，作為個別輔導協談、大專校院、企業、公司實施心理健康評估工具。量表共28題，內容含括生理、心理與社會三個層面，並融入正向與

負向的心理健康概念，建立生理慮病、焦慮煩躁、憂鬱低落、社交困擾與正向樂觀等五個分量表，以瞭解成人在各向度的心理健康狀況（心理出版社，2015）。

二、貝克憂鬱量表第二版（BDI-II）中文版

貝克憂鬱量表適用於13～80歲民眾，用來評估當事人的憂鬱程度，可作為診斷及安置的參考，測驗時間約五分鐘，量表包含21組題目，每組題目均包括4個句子，依憂鬱的特定症狀之嚴重程度排列。量表內容的症狀評估與《精神疾病的診斷與統計手冊》第四版（DSM-IV）中的憂鬱症診斷判準一致，除了症狀持續時間修改為二週之外，有關體重減輕、精力喪失、睡眠與食慾改變等評估項目，也依照DSM-IV做了修改。

三、台灣人憂鬱症量表

目前網路上最常見的憂鬱症篩檢工具是由董氏基金會及台灣憂鬱症防治協會所提供的「台灣人憂鬱症量表」（財團法人董氏基金會，2015），是相當穩定的憂鬱症篩檢工具，也是目前各大醫院使用率最高的成人憂鬱症篩檢工具。「台灣人憂鬱症量表」共有18題。回答計分包括：「沒有或極少（一天以下）」者為0分；回答「有時候（1-2天）」為1分；回答「時常（3-4天）」者為2分；回答「常常或總是（5-7天）」者為3分。

加計總分後，根據分數將個人的憂鬱指數分為五個等級：(1)憂鬱指數在8分之下者，表示個體的情緒狀態很穩定；(2)憂鬱指數在9～14分者，表示最近的情緒起伏不定或者被某些事情困擾著，應該瞭解心情變化的緣由，做適時的處理；(3)憂鬱指數在15～18分者，表示個體所遭受的壓力荷量已到臨界點了，必須儘快給心情找個出口；(4)憂鬱指數在19～28分者，此時個體通常會感到相當不順心，無法展露笑容，建議立即找專業機構或醫療單位協助；(5)憂鬱指數

在29分以上者，會不由自主的沮喪、難過，無法掙脫，必須趕緊到醫院找專業及可信賴的醫生檢查，進行必要的治療。

　　此外，余民寧、劉育如、李仁豪等人（2008）也進一步將該憂鬱量表結構化，編製成「台灣憂鬱症量表」（Taiwanese Depression Scale, TDS）。台灣憂鬱症量表包含認知、情緒、身體與人際等四個向度，共有22題，評量時採用李克特氏四點量表計分方式，分別為0、1、2、3分。量表內容包括四個因素，分別是：(1)認知向度（6題）；(2)情緒向度（6題）；(3)身體向度（6題）；(4)人際向度（4題）。余民寧、黃馨瑩、劉育如等人（2011）曾經以大台北地區的憂鬱症患者213人，以及200名大學生，並以「美國流行病學中心的憂鬱症量表」（CES-D憂鬱症量表）作為效標，使用結構方程式模型進行量表信效度分析，瞭解台灣憂鬱症量表的信效度。研究結果顯示，台灣憂鬱症量表具良好的信效度，與「CES-D憂鬱症量表」之效標關聯效度達.92；以四個向度分數作為預測因子進行區別分析，得到93.46%的正確分類率，ROC曲線下的面積也高達.99，表示本量表具有相當良好的區別力。

四、老年憂鬱量表

　　「台灣老年憂鬱量表」（Taiwan Geriatric Depression Scale, TGDS-30題）係根據Brink等所編製的「老年憂鬱量表」（Geriatric Depression Scale, GDS-30題）翻譯為中文，稱為「中譯老年憂鬱量表」（CT-GDS）。可用來測量老年人在過去兩星期內自我覺察的感受，此量表通常可以在初期就檢測受試者是否有憂鬱症。

　　有鑑於大量社區篩檢或繁忙臨床篩檢之實用性，各種短式量表GDS-15、GDS-10、GDS-1等應運而生。其中「短式GDS-15」共15題，目前最常被用來進行老年憂鬱症的篩檢。而最簡短的則是耶魯大學所發表的「GDS-1」，只問「您是否常常感覺心情悲傷或憂鬱？」一題，即可提早發現個體的憂鬱症傾向，其信、效度與30題的GDS-

30相當（摘自葉宗烈，2006；台灣憂鬱症防治協會，2015）。

五、多元化心理壓力評估工具

隨著大腦神經科學研究技術的發展，目前研究機構和醫學研究都陸續開發多元化的評估工具。國內工業技術研究院2012年進行多維度的心理壓力評估工具的研究，建立「多元化心理壓力問卷」，透過生理、心理以及行為三種維度方式評估，反映完整的心理壓力面向。問卷內容分為主觀問卷和客觀生理量測，「主觀問卷」是一種自評量表，有三種版本：心臟復健專用之短版卷（5題）、一般民眾心理壓力短版卷（5題）、心理壓力長版卷（31題）。「客觀生理量測」則包括「心跳變異率」（HRV）測量和血壓、血糖、體重等生理記錄。目前已彙整了8個常用問卷，可有效縮短評估時間並提升評估效度（工業技術研究院，2015）。

第二節　老年期心理諮商服務的重要性

當朋友或家人面對傷痛或難堪時，我們能幫什麼忙？應該幫忙嗎？怎樣幫忙才有效？要幫到什麼樣的程度？當朋友痛哭無語時，我們該如何按捺內心的不安與疑問，傾心聆聽並安撫他的苦痛與焦慮？而當自己遭遇困難、瀕臨絕境時，又該如何表達自己的情緒或適時求援？我們具備坦然接受別人幫忙的能力嗎？如果當事人是老年人，這些困難會有所不同嗎？我們是否有能力幫助這些需要幫助的老年人？

壹、老年期心理諮商服務的意義

對年長者而言，特別是身體上逐年衰老、病痛逐漸增加的老人，心理諮商輔導的目的到底是一種「心理的治療」？或者是一

種「心理的痊癒」，有不同的意義，也值得我們深思。根據Nance Guilmartin的觀點，「治療」通常只是一種生理或身體疾病的處理；「痊癒」則是允許當事人在自己已有的身體和心理基礎或能量上，擁有內在自我療癒的能力。對於生命歷練豐富、充滿智慧的年長者，「心理的痊癒」也許比「心理的治療」更具有意義。因此，年長者心理諮商服務者，不單單只是一位專業的治療者，而是一位陪伴者，陪伴年長者覺察自己的傷痛或不快樂，並陪伴他們透過學習、成長，達到他們能夠完成的痊癒程度。

日本和我國同屬於東方家族文化，老年人傾向和家人或子女同住，即使身體功能下降，多數人仍然選擇在家裡接受照護或終老，而不願意到安養中心居住。因此日本「民生委員・兒童委員」（即「生活相談員」、「老人相談員」）的規劃非常值得我們借鏡。特別是針對中南部偏鄉地區的老年人，透過督導式的社區訪視、相談，一定可以有效減少老年人的心理疾病，降低後端的養護和醫療支出，也相對提高老年人的生活品質。

貳、導致老年人心理困擾或障礙的原因

2012年10月10日是世界精神衛生日，目前各國都持續關注老年期的心理健康。老年人口的快速增長，老年人的心理健康問題也日益嚴重。面對日新月異的科技進步和文化變遷，許多老年人無法克服生活上所面臨的各種壓力，因而導致心理困擾和障礙。老年人面臨的壓力主要包括老年期個體內在和外在環境兩個部分。

一、老年期個體內在的變化

(一)老年期社會角色的轉變

年長者無論從職場上退休下來、從父母轉變為爺爺奶奶，甚至交出家中的經濟決策權、從家庭照顧者轉為被照顧者等，都是人生

「角色」的改變，這些角色的改變往往需要年長者以全新的心智模式（mind set）來回應家人對他的期望，回應社會對老人形象的覺知與互動模式。然而，對於生活歷練豐富的老人而言，這些角色和心智模式的轉換是一項挑戰，年長者不僅要在短時間內學會個人角色和心智模式轉換的技巧，也必須顧及個人的尊嚴，保持完整的自我覺知和自我概念，其困難度不亞於個體在青春期所遭遇到的身心壓力，因此有許多人稱呼人生的老年期為「第二青春期」或「第三青春期」。

　　特別是年輕時受過高等教育的嬰兒潮（baby boomers）年長者們，或稱為老人潮（aging boomers）的老人，他們不僅要求自己要依循傳統，照顧自己的子孫輩，也會要求自己持續學習，要求自己跟上社會時代的腳步，因此在心理上所造成的壓力格外明顯（Strauss, 1997）。由於知識水平高，自我意識強，無論是退休交出決定權、成為附屬角色的爺爺奶奶，甚至因生理退化、疾病成為被照顧者，都會造成自我概念的弱化、變形或扭曲，是目前認為影響年長者心理健康、引發老人憂鬱症的主要原因，值得我們重視。

(二)老年期個體認知與情緒處理能力的改變

　　大腦在個體老化過程主要的變化包括：大腦白質逐年減少並產生「腦白質疏鬆症」或稱「腦白質稀疏症」（Leukoaraiosis）、大腦神經網絡的降低、腦神經細胞特化不足、大腦神經傳導物質分泌不足、前額葉功能的退化等等（秦秀蘭，2012）。這些因素都可能影響個體的專注力，減緩老年個體對外在訊息的回應與認知處理速度，間接影響自己的情緒表達和調適。例如年長者傾向針對積極、正向的刺激給予回應，稱為「正向效應」（positive effect），年長者在面對不同情緒刺激時，傾向接納或看到正面的情緒刺激；提取記憶訊息時，也傾向提取正向的情緒記憶，而不提取負向的情緒記憶。此外，年長者在認知學習時，傾向同時使用左右腦的「雙邊半

腦運用」現象,或稱為「老年人左右腦功能不對稱現象之遞減」
(HAROLD)。

　　無論是老年期大腦情緒老化的正向效應或雙邊半腦運用,都
會導致老年人情緒處理能力的改變。例如,因為過度使用認知抑
制導致無法紓解負向的情緒壓力,進一步造成認知功能的損傷,
都可能造成老年人心理障礙。目前受到重視的「記憶抱怨」(也
稱為「認知抱怨」)就是老年人壓力調適不良的一種反應(李百
麟,2014)。如果可以提早覺察,並引導當事人對自己的神經老化
機制有正確的瞭解,可以減少因為記憶抱怨造成神經功能的退化
(Reuter-Lorenz & Park, 2010; Voss et al., 2008)。因此,老年期心
理諮商輔導工作者必須非常熟悉老年期個體神經生理和心理的變
化。才能適當地扮演老年人心理協助者的角色,給予老年當事人適
當的協助。

二、外在環境的變化與壓力

(一)無法適應現代社會的發展

　　現代社會飛速發展,科技發展日新月異,老年人受限於過去的
學習不足,或認知處理速度下降,面對新的電腦科技、瞬息萬變的社
會容易有適應不良的情形。這種不適應包括:從職場退休後失去影響
力、社會連結頓時減弱,因而失去自我價值感;對社會的不公平現象
看不慣,但因自己無力改變現狀而感到鬱悶、煩躁。至於低社經地位
背景的老人,則可能為自己的報酬偏低而憤憤不平;因為沒有宗教信
仰而產生失落感、無歸屬感;因為個人技能與現代化的差距逐漸加大
而焦急、無奈等等。這些都是一種世代差異的結果,都可能導致老年
人變得退縮、遺世獨立,甚至產生憤憤不平的情緒。

(二)漫長、貧困的老年生活加重心理壓力

　　年輕時代沒有足夠的儲蓄、沒有延續性工作者,從工作崗位退
休後,尤其是夫妻兩人一起退休,其心理壓力可想而知。一方面是

退休後一時之間心情難以轉換，一方面是不得不二度就業，為自己未來漫長的老年生活做準備。這些人的二度就業常常有「高不成、低不就」的尷尬局面，在心理壓力與生活壓力的雙重作用下，極易導致心理疾患，甚至造成家庭破裂。

(三)超負荷的工作壓力

在社會整體節奏迅速加快的現代化社會，都市白領族群體總是被高強度的工作壓力所困。很多人長期處於高度緊張的狀態下，且常常得不到及時的調適，久而久之便會產生焦慮不安、精神抑鬱等症狀。長期處於高壓力的狀態下，會造成內分泌功能失調及免疫力下降，容易產生各種身心疾病和心理障礙，甚至會導致過勞死。這種情形到了中年階段會更加嚴重，嚴重者會誘發心理障礙或精神疾病。

參、老年期常見的心理障礙

目前常見的老年期心理困擾或心理障礙包括：

一、情緒障礙

老年期的情緒障礙主要是指老年憂鬱症和焦慮障礙，步入老年後，由於空巢現象和退休，容易產生無用感和孤獨感，這種心理的負向情緒體驗可能導致抑鬱的情緒，逐漸變得離群索居，不願和人交往，不想出門做事，自我封閉，非常的低落，容易失去信心，甚至沒來由的自責，看不到希望和樂觀的未來，甚至抱有輕生之念。目前許多研究也證實，老年憂鬱症是導致老年期失智症的重要原因。

憂鬱症是「一種低潮情緒籠罩的心理疾病，而不是一種短暫可消失的情緒低沉」，其特色是情緒極度低落，憂鬱不樂的狀態因而影響個人身體和日常生活社交功能。老年期的憂鬱症其實是一種可治療的疾病，但一般人總認為老年人出現憂鬱症狀是正常自然而不去重視。患者為了逃避這些壓力刺激而以身體症狀為主訴，以期喚

起家屬之注意及關心（為恭紀念醫院，2015）。如果家屬不瞭解而懷疑患者裝病，會造成患者憤怒、發脾氣，造成家庭緊張氣氛，甚至影響家庭及日常生活品質，所付出的社會成本極大，不可不慎。

　　至於焦慮障礙，通常是莫名的心情煩躁，控制不了的擔心緊張，總是覺得有事情要發生，提心吊膽的過一天。有的老人總是覺得身體不舒服、疼痛或疲勞；有時會抱怨自己記憶減退、變老了。如果中年期階段即罹患心血管疾病，會更容易出現抑鬱焦慮的負向情緒，必須重視和早期治療。

二、睡眠障礙或失眠症

　　雖然沒有明顯的抑鬱症狀或焦慮情形，失眠或睡眠障礙也是老年期常見的心理困擾。例如躺在床上半天卻無法入睡，或者稍微有點動靜就容易驚醒，再也無法入睡，或者每天清晨三、四點就醒了，一直到天大亮都睡不安穩，白天則昏昏沉沉，頭腦不清，反應變得遲鈍，做事沒效率，變得容易發脾氣等等。

三、記憶抱怨

　　「記憶抱怨」是指老年人經常抱怨自己的記憶力減退，遠遠比不上自己年輕時候，因此有人稱為「老年性良性健忘」（benign senescent forgetfulness）（陳達夫，2015）。2006年9月的《神經學期刊》曾經報導心理學博士Andrew Saykin的研究，該研究表示：即使老年人的神經精神測驗結果正常，年長者的「記憶抱怨」仍然可能顯示個體有潛在的神經退化情形。例如，抱怨自己有顯著記憶問題但記憶測驗分數正常者，有3%的機會出現灰質（GM）密度減少，而診斷為輕度認知缺損（MCI）的病患則有4%出現灰質密度減少。

　　Andrew Saykin認為這些人屬於「困擾的正常人」（worried well），實際上他們已自覺有所改變，但是我們認為具有敏感度的測驗卻無法偵測出這些微妙的改變，因此而延誤治療的黃金時間。

尤其是如果老年當事人伴隨有憂鬱症傾向時，「記憶抱怨」必須被視為重要的身心健康指標。Saykin博士表示，這個發現可以讓精神科醫師們有機會提供這些病患早期介入，以提高治癒的成功率，並維持當事人的身心功能（李百麟，2014；葉宗烈，2006；國際厚生健康園區，2015）。

四、失智或阿茲海默症

失智症多發生於60歲或65歲以後的老年人，剛開始通常呈現隱性表現，不被人察覺，但逐漸出現健忘、做事丟三落四的情形，嚴重時則有明顯的記憶力差，總是不記得最近一兩天的事情，並經常因此而生氣。接著，定向力也會出現問題，出門後容易迷路和走丟，通常家人都是此時才意識到問題的嚴重性，到醫院就診。如果失智情形隨著年齡逐漸惡化就是一種「阿茲海默症」，所以阿茲海默症是一種退化型失智症，通常在70歲以前發病；患者在社交或個人行為控制上出現問題，如不當的言論、不當的情緒表達、重複一些無法克制的動作，嚴重者會無端懷疑別人、攻擊打人，甚至生活不能自理、吃東西不知饑飽、大小便不能自控、終日臥床、無法護理等（李百麟，2014；陳達夫，2015）。

第三節　多元化的老年期心理協助模式

壹、心理協助需求的類型

從心理困擾、心理障礙到心理或精神疾病是一個連續光譜，所需要的心理協助也不盡相同。

一、心理困擾

心理困擾（psychological distress）是一個非常普遍化的名詞，

用來形容足以妨礙個體生活功能的不愉快感受或情緒。換句話說，心理困擾是一種心理上的不舒適感，而且這種不舒適感會影響日常生活。心理困擾可視為個體面對外在壓力的一種不適應反應，這些心理困擾會讓個體對外在生活環境、他人和自己產生負面的觀點；並導致悲傷、焦慮、注意力分散和各種精神疾病症狀。因此心理困擾是一種主觀經驗，即使面對同一個情境，任何兩個人可能產生的心理困擾都不一樣，亦即，心理困擾的嚴重程度，以及對個人日常生活的影響，會依著外在環境的差異性，以及個人對目標物的覺知程度而異（Educational Portal, 2015）。

Educational Portal臚列出可能導致心理困擾的幾個原因，包括：創傷的經驗（例如所愛的人過世、離婚、被霸凌、不好的工作經驗）、重要的生命轉折（例如搬家、畢業、退休或被迫進入機構長期居住），或者罹患腫瘤或其他重大疾病等。一般老年人因為社會角色的改變，或者因為生理功能變化導致心理的不適應，多數屬於一種心理困擾。

二、心理障礙

心理障礙（psychological disorder）通常是指一個人由於生理、心理或社會原因而導致的各種異常心理障礙、異常人格特徵的異常行為方式，是一個人表現為沒有能力按照社會認可的適宜方式行動，以致其行為的後果，對本人和社會都是不適應的。在臨床上，常採用「心理病理學」的概念，將範圍廣泛的心理異常或行為異常統稱為「心理障礙」，或稱為異常行為。心理障礙強調這類心理異常的臨床表現或症狀，不把它們當作疾病看待（權威醫學科普傳播網絡平台，2015）。此外，使用心理障礙也容易被人們所接受，也能減輕社會的歧視。

三、心理或精神疾病

　　我國「精神衛生法」第三條將「精神或心理疾病」（mental illness）界定為：「思考、情緒、知覺、認知、行為等精神狀態表現異常，致其適應生活之功能發生障礙，需給予醫療及照顧之疾病。其範圍包括精神病、精神官能症、酒癮、藥癮及其他經中央主管機關認定之精神疾病，但不包括反社會人格違常者。」除了嚴格規定專科醫師的資格外，特別強調「社區」層級的精神復健與社區治療。其中，「精神復健」包括：為協助病人逐步適應社會生活，於社區中提供病人有關工作能力、工作態度、心理重建、社交技巧、日常生活處理能力等之復健治療。「社區治療」是指，為避免嚴重病人病情惡化，於社區中採行居家治療、社區精神復健、門診治療等治療方式。並訂定「精神疾病嚴重病人強制社區治療作業辦法」，強調社區照護的提供對精神疾病患者的重要性（衛生福利部心理及口腔健康司，2014）。

　　Educational Portal認為一般人常有的心理困擾是一種暫時性的狀態，是在心理健康和心理或精神疾病所形成的一個連續光譜之間的一種暫時性的心理狀態，如**圖4-1**所示。從心理協助到心理治療，助人者的專業需求漸次提高。

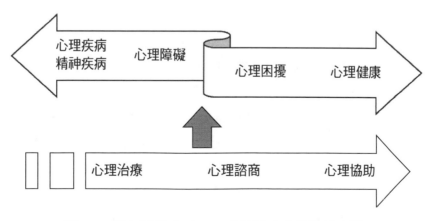

圖4-1　從心理健康到心理或精神疾病的連續光譜

貳、從心理協助到心理治療的連續光譜

　　面對年長者的心理困擾，的確需要我們給予專業的心理輔導與協助。這些心理協助也許不能稱為「治療」，也許不需要太多高深的技巧，卻可以打開老人的心扉、改變他們的思考和心智模式，讓這些老人可以面對角色的改變、接受新的人際關係、重新學習新的生活步調，重塑一種全新的「關係中的自我」（self-in-relationship），而這正是決定年長者心理健康的關鍵因素。因此，面對社會大眾對老人心理諮商服務的迷思：「老人需要心理諮商服務嗎？」、「心理諮商服務對老人有效嗎？」，需要更多相關諮商服務技巧的轉化。最重要的是引導大眾深入瞭解年長者的認知和心理特質，並從認知層次轉化為個人心智的改變與實踐。

　　由於不同領域、不同的學術專業背景，輔導、心理諮商、心理協助、心理治療等幾個名詞經常被混為一談，也讓人混淆不清。上述四個名詞都是一種助人的歷程，的確有許多重疊的範疇，但四者對當事人的服務深度有所差異。

一、輔導的意涵

　　無論「輔導」或「心理諮商」都譯自英文「counseling」。「counseling」是由指受過專業訓練者，應用精神健康、心理學或人類發展的理論和原則等，透過認知、情感、行為或系統性的介入方式，對當事人給予協助，並強調個人價值、個人成長、事業發展以及心理疾病。學者認為：輔導是一種教育的歷程，在輔導歷程中由受過專業訓練的輔導人員運用其專業知能，協助當事人瞭解自己、認識世界，引導當事人根據自身條件，例如能力、興趣、經驗、需求等，建立有益個人與社會的生活目標。並使其在教育、職業及人際關係各方面的發展上能充分展現其性向，從而獲得最佳的生活適應。輔導也是一種助人的方法，由輔導人員依據誠信原則，來協助

當事人探索自我與剖析環境，有效解決當事人所面臨的問題，並積極管理自我，建構美好人生的歷程（吳武典等，1990；周甘逢、徐西森、龔欣怡、連廷嘉、黃明娟，2003）。

輔導的目的在於當事人還沒有罹患精神疾病之前，協助當事人促進心理健康，預防心理疾病，是屬於預防層級的專業協助。輔導的意義主要是藉著「引導」來協助學員或當事人；輔導是要協助學員或當事人瞭解自己的知識、技能、個性、興趣，以及自己目前的處境及問題，協助其找出適當的解決方法。因此，輔導的目的可以簡單的歸納為三點：(1)協助當事人自我探索，增進自我瞭解；(2)協助當事人的自我成長與適性發展；(3)促進當事人的社會與環境適應。輔導過程中主要在協助當事人增加對自我的瞭解、自我悅納、生活適應、解決問題、維繫人際關係、進行生涯規劃、增進心理健康並發展個人的潛能（吳武典等，1990；周甘逢、徐西森、龔欣怡、連廷嘉、黃明娟，2003）。

二、心理諮商的意涵

心理諮商是指受過專業訓練的諮商人員，針對當事人個別化、情緒性的問題給予協助或建議，以尋找補救方法。心理諮商是有目的性的談話過程。諮商者透過對話，幫助求助者探索自身以去除成長的阻力、增進成長助力，也增進其問題解決能力、面對問題的能力。諮商的內涵包括「個人」與「關係」的專業協助。諮商的任務在於提供機會給當事人去探索、發現，同時協助當事人澄清該如何使自己的生活更令人滿意、更為豐富（徐西森，2011；鍾瑞麗譯，2012）。

台北市政府衛生局社區心理衛生中心，社區心理諮商服務的Q&A，說明心理諮商的功能：「當我們覺得心理有困擾，希望有專業的心理師可以幫我們一些忙的時候，心理師會藉由晤談或其他問題處理技巧，引導我們釐清問題、處理問題與增進面對問題的能力。」

鼓勵民眾只要有下列情形之一都可以透過心理諮商尋求協助：(1)想讓自己活得更健康、更好、更有活力；(2)有人際、心理、家庭、工作、生涯等問題，想找人談談，紓解心中的壓力與不滿；(3)有憂鬱、失眠、苦惱、焦慮等困擾；(4)有輕度精神官能症，穩定用藥中，需有別於藥物之心理支持，經醫師開具診斷及照會醫囑者；(5)周遭的家人、親友、重要他人有前述困擾，或行為偏差的狀況，但不知道如何協助或因應（台北市社區心理衛生中心，2014）。

整體而言，諮商和輔導的確有許多重疊之處，相對於強調預防特質的輔導工作，諮商可以說是比較個別化的專業助人工作，處理問題比較嚴重的人。諮商具有補救性、問題性和情緒性的特點，也就是說，尋求諮商協助者通常已經發生問題，需要給予補救性的協助。而且，尋求諮商的人的問題會比較偏重在處理情緒和行為方面的問題或困擾（吳武典等，1990）。

三、心理協助的意涵

至於最近開始受到重視的「社區諮商」，則是透過一個綜合性的服務架構與助人策略，可有效提升個人的發展及所有群體與社區的幸福感。社區諮商模式包括直接個人、間接個人、直接社區和間接社區等四個不同的服務面向，並且整合了脈絡、發展、生態、女性主義、多元文化、後現代主義等相關理論內涵，發展出具有前瞻、預防、多面向、環境覺察、賦權等特質的專業服務領域（何金針譯，2011）。社區諮商偏向「心理協助」，是一種社區型的心理協助模式。

以目前全國人口高齡化程度最高的日本為例，從1946年（昭和21年）起就開始的「民生委員‧兒童委員」制度，是一種典型的社區心理協助模式。隨著日本全國各社區人口快速高齡化，再度被重視和討論。2010年7月份東京足立區一位被發現已經死亡了三十二年，卻仍然支領老人年金的案例，再度引起日本政府對各社區民生

委員的重視，並呼籲社會工作人員和民生委員加強對社區年長者的生活心理協助。

我國由過去的國民健康局和目前國民健康署領軍，各縣市正積極展開的「高齡友善城市推動計畫」，以及2013年起推動的「高齡友善健康照護機構認證」（呂雪彗，2015），包括建築型式與戶外開放性空間、交通運輸、住宅、社會參與、尊重與社會包容、文化參與及就業、通訊及資訊流通、社會支持及健康服務，無論社會參與、社會支持、健康服務等，都和年長者的心理健康有關，因此，日本「民生委員‧兒童委員」制度非常值得我們借鏡。

事實上，筆者和研究同伴們在2012年承辦雲林縣高齡友善城市導入計畫時，曾經到雲林縣不同鄉鎮辦理六場「高齡友善城市World Café深度匯談」。每一場會談都由是當地65歲以上的長者參與深度匯談，在訪談和表達過程中發現，鄉村地區的年長者非常關心和年紀相仿，但是因為行動不便，無法走出家門的老年朋友，一再表達希望政府和有關單位能夠透過訪視或談話，給這些年長者一些關懷。這些都是未來社區老人心理協助應該努力的方向。

日本已推動多年的「生活相談員」也是一種社區心理協助模式，目前已證實，透過志工或社會工作服務人員透過談話，可以有效引導社區年長者走出心理的傷痛、走出陰霾（日本家族問題相談聯盟，2013）。「日本家族問題相談聯盟」是日本知名的NPO法人組織，主要服務內容為婚姻、家族、熟齡族群婚姻等各類心理諮商，也負責規劃、培訓生活相談員。為順應日本社區老化、健康促進等議題，日本家族問題相談聯盟長期辦理生活相談員的培訓，可免費提供老人面對面的諮商服務，或透過電話相談引導年長者走出傷痛、排除心理障礙，因此越來越多老人福祉機構服務或相關文獻，稱「民生委員‧兒童委員」為「生活相談員」或「老人相談員」。目前日本老人福祉和長期照顧機構都非常重視「老人相談員」對機構入住者的心理健康協助。

延伸閱讀：老人相談員

一、老人相談員的角色

　　日本的「生活相談員」是社會工作的一環，具體的工作包含：(1)入住機構時的面談：例如說明入住方法與機構中的生活型態、說明入住費用與相關諮詢等；(2)一般生活上的諮詢：例如購買用品時的諮詢、維護與修理照護用具、照護相關諮詢、與其他入住者間的溝通協助等等。生活相談員的角色是幫助入住者自立並快樂生活，不僅僅是聆聽抱怨，也必須站在入住者的立場，以同理心理解被服務者的困難，並適切地決定給予哪些協助。至於專門在高齡照顧機構內服務的生活相談員，通常稱為「老人相談員」。

二、老人相談員的資格

　　目前日本老人照護服務機構大致分為三類：介護老人福祉機構，例如特別養護老人之家（care home）；短期入住生活介護（short-stay）和通勤介護（day-service）。三類機構所要求的老人相談員資格都由法律嚴格規定。主要有以下三種任用資格：

　　1.社會福祉士。

　　2.社會福祉主事任用資格。

　　3.精神保健福祉士。

資料來源：摘自http://www.e-miyashita.com/shigoto/sg3.html

四、心理治療的意涵

　　相對於輔導、心理協助和心理諮商，心理治療（psychotherapy）是由經過受過心理治療專業訓練並通過考核的人員來提供當事人必要的服務。心理治療的服務提供者主要是心理師

以及接受心理治療訓練的精神科醫師。例如根據諮商心理學、臨床心理學和精神病學等理論，改善受助者的心理健康或減輕精神疾病徵狀。一般心理治療工作者普遍認為，心理治療應該包括下列的特質：（柯永河，1993；徐西森，2011；鍾瑞麗譯，2012）

1. 心理治療不同於一般人所說的「談話治療」；心理治療不單只是個人人生智慧的引導或智慧。

2. 心理治療必須建立在一種治療者和被治療者之間非常獨特的人際關係與互動基礎上；利用對話、溝通、深度自我探索，以及行為改變等的技巧，協助患者或當事人減輕痛苦經驗、處理心理問題、幫助個人成長，甚至治療當事人的精神疾病。

3. 心理治療是建基於心理治療理論及相關實證研究所建立起來的治療系統，這些理論和研究主要包括：諮商心理學、臨床心理學和精神病理學等。

第四節　老人諮商協助者應具備的條件

相較於一般的年輕族群，老人心理困擾的評估顯得格外的複雜，包括瞭解問題呈現的基準點、心理因素的關聯性分析、情緒表達的確認、處遇範疇的決定等等，都和年輕族群的諮商協助有所差異。以下將老人諮商或心理協助工作者應該具備的條件分為認知、情意和技能等三方面加以說明。

壹、認知方面的條件

以年長者為主要心理服務對象的工作者在認知上必須具備的條件包括：

老人學

一、有正確且與時俱進的老人學知識

　　導致老人心理障礙的因素非常多樣化，至少包括生理、心理和社會三類的因素（McDonald & Haney, 1997; Wacker & Roberto, 2008），因此諮商工作者必須對個體的生理老化過程、心理老化特質，以及老人社會形象對老人心理的影響，有完整且正確的認知。諮商工作者不僅要正確的引導老年當事人認識自己大腦在老化過程所做的各種努力，也同時可以透過有趣的練習，增加老人大腦彈性，重拾自信心。因此，越深入瞭解老人學或老人醫學的知識，越能產生對老年當事人的深度同理，對老人的諮商服務也越有信心。

　　例如，多數老人在日常生活中偶爾忘了鑰匙放置地方、停車位置、某些物品的名稱，是一種「語意記憶」（semantic memory）或「事件記憶」（event memory）的遺忘，都屬於「陳述性記憶」，是老人記憶衰退的主要部分，也是一種「正常的遺忘」（秦秀蘭，2012），不必過度擔心。如果因為過度擔憂，造成心理壓力，便可能對大腦老化造成二度的傷害。

二、對個體身心靈的老化歷程有完整的瞭解

　　人類是社會性的個體，個體所生活的社會、心理和物質環境都可能影響個體的身心健康。目前受到高度重視的「社會腦」（Dunbar, 2007）的概念提醒我們：社會文化因素對年長者認知功能的影響，超乎我們的想像。隨著歲月的累積，影響年長者的內、外在環境既複雜且多元，因此，年長者心理諮商服務人員不僅要深入瞭解年長者的社會性結構與角色，也必須瞭解個體在老化過程中的生理、心理和情緒的變化，才能真正掌握年長者的身心發展特質和需求。例如為了避免「記憶抱怨」對心理造成不必要的傷害，讓老年人對大腦認知老化有正確的瞭解，對年長者心理健康的維護非常重要。

貳、情意方面的條件

以年長者為主要心理服務對象的工作者在情意上必須具備的條件包括：

一、有一顆澄明、溫暖的心

由於老年當事人豐富的生活經歷、多樣化的人格特質，為了避免世代差異所造成的溝通障礙，諮商工作者更需要有澄明的心境，才能如實的反映出當事人的情緒，並給予適當的情感回應（McDonald & Haney, 1997），而不是要嘴皮子、賣弄自己的諮商專業技巧。根據心理分析學派的觀點，為了成為一位心理分析師，心理諮商者也必須有被分析、被治療的經驗，才能擁有心理分析治療的基本心態。如果諮商者的意識只是不斷地被壓抑，那麼諮商者和當事人之間的關係都只是一種個人式、水平式的移動，無法深化，諮商者本身則容易陷入精疲力竭的情境。

二、有開放的胸襟和謙卑的態度

在實際諮商工作中，老年當事人經常會懷疑年輕諮商工作者的能力，這是司空見慣、屢見不鮮的。面對年老當事人豐富的生命歷練、精彩的生命故事，諮商工作者必須以開放的心胸，並以同理心接納老年當事人的情緒，並表現出願意瞭解、傾聽當事人述說個人的歷史、過往的心情，減少世代差異的負面效應（Knight, 2004），試著去瞭解老人的社會情境，當事人自然會慢慢卸下心防。

心理諮商者的任務是要「盡力把自己放在過程中的悲憫中心，而不是教導當事人這個世界有多麼美好。」每一個人都或多或少有自己的心理問題，心理諮商者不是要把當事的問題當成問題來解決，而是要協助當事人將問題轉化成扣敲個人自性的「敲門磚」。

參、技能方面的條件

　　以年長者為主要心理服務對象的工作者在技能上必須具備的條件包括：

一、熟悉諮商基本理論與技巧

　　熟悉心理學各種典範、理論和諮商技巧是諮商工作者應有的基本素養，從心理動力典範、認知行為典範、存在人文典範，到多元文化典範，都有不同的理論架構和治療技巧。其中，「接納和傾聽」可以說是老人心理諮商服務最核心、基本的技巧。資深的心理醫師Helen Strauss即使到了老年時期仍然從事諮商服務工作。他表示，因為自己的年齡和老年當事人的年紀相近，對他們的自我概念、價值觀都有較多的瞭解，有很多時候，「純粹傾聽」就能緩解當事人的情緒，達到諮商服務的效能。他認為，即使當事人家人的關係良好，家庭美滿，老年當事人超高標準的自我要求，仍然會造成當事人某些心理困擾。如果老年祖父母還必須擔負教養孫子女的責任，老人的心理壓力和困擾將更嚴重，包括老年祖父母和中年子女教養態度的世代差異，對生活美德的不同界定等等，都可能造成老年祖父母和中年子女間的隔閡（Strauss, 1997）。

　　Helen Strauss醫師認為心理治療其實就是一種高度的同理，是一種傾聽的藝術，而且可以透過各種方式來進行的專注傾聽；而諮商者和當事人則是彼此的盟友或合作者（collaborator）。Helen Strauss醫師強調，由於老年當事人在諮商過程中的回應通常都有相當的特殊性，不僅反映出當事人的人際關係，也反映出當事人和諮商者的互動關係，這種「合作或同盟」的諮商關係，對老年當事人心理健康的支持作用是非常明顯易見的。

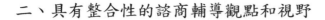

二、具有整合性的諮商輔導觀點和視野

　　在進行當事人評估時，老年當事人認知功能的退化程度、心理和情緒狀態、各種生理性疾病等，都是評估的重點，每一個面向的改變都可能造成老年人的心理障礙，因此以老年當事人為對象的諮商工作者，對老人醫學的專業認知是評估的基礎。老年醫學專業能力的需求，再加上諮商工作者和老年當事人年齡差距所可能造成的「世代差異」，讓老人諮商工作有更多的挑戰性與複雜性。因此「跨領域」的服務團隊，「整合性」的老年諮商服務將是未來的核心議題（Knight, 2004）。

問題與討論

1. 心理困擾、心理障礙和心理疾病有哪些差異？
2. 可能導致老年人心理困擾或障礙的因素有哪些？
3. 適當的評量工具有助於早期預防性介入，防止老年人憂鬱症惡化，目前有哪些重要的老人心理健康評量工具？請試舉一例說明。
4. 以老年人為對象的心理諮商工作者應該具備哪些能力？

參考文獻

一、中文部分

工業技術研究院（2015）。〈多維度心理壓力評估工具〉。2015年2月18日。取自https://www.itri.org.tw/chi/Content/MSGPic/contents.aspx?&SiteID=1&MmmID=620622504245344550&MSID=620631633561122320

內政部統計處（2013）。〈1999世界衛生組織（WHO）發布健康壽命報告簡析〉。2013年8月20日取自http://sowf.moi.gov.tw/stat/Life/preface5.htm

心理出版社（2015）。〈測驗館〉。2015年3月10日。取自http://www.psy.com.tw/product_desc.php?cPath=26

日本厚生勞働省（2013）。〈民生委員‧兒童委員〉。102年8月20日取自http://www.mhlw.go.jp/seisakunitsuite/bunya/hukushi_kaigo/seikatsuhogo/minseiiin/index.html。

日本相談員（2013）。2013年5月28日，取自http://www.city.higashimurayama.tokyo.jp/shisei/koho/sihou/23sihou/kouho20110501.files/higasimurayama110501_4.pdf）

日本家族問題相談聯盟（2013）。2014年8月20日取自http://www.nayami.cn/kaiin2.htm。

台北市社區心理衛生中心（2014）。〈社區心理諮商服務Q&A〉。2015年2月3日。取自http://mental.health.gov.tw/WebForm/MessageDetail.aspx?InfoID=a0a7cd124dce4f73a515dd441431a759

余民寧、劉育如、李仁豪（2008）。〈臺灣憂鬱量表的實用決斷分數編制報告〉。《教育研究與發展期刊》，4(4)，231-257。

余民寧、黃馨瑩、劉育如（2011）。〈「臺灣憂鬱症量表」心理計量特質分析報告〉。《測驗學刊》，58(3)，479-500。

李百麟（2014）。《老人心理12講》。台北：心理。

何金針譯（2011）。Judith A. Lewis等著。《社區諮商：多元社會的增能策略》。台北：湯姆生。

吳玉鈴（2003）。《女性情緒體驗與自我轉換之研究──以網際空間為

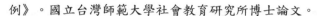

例》。國立台灣師範大學社會教育研究所博士論文。

吳武典等（1990）。《輔導原理》。台北：心理出版社。

呂雪彗（2015）。〈營造友善高齡城市創銀色GDP〉。《中國時報》，2015年3月14日工商及時。2015年3月12日取自http://www.chinatimes.com/realtimenews/20150312003278-260405

周甘逢、徐西森、龔欣怡、連廷嘉、黃明娟（2003）。《輔導原理與實務》。高雄：復文。

柯永河（1993）。《心理治療與衛生：我在晤談椅上四十年》。台北：張老師文化。

為恭紀念醫院（2015）。〈認識老人憂鬱症〉。2015年3月10日。取自http://www.weigong.org.tw/dept-info/psychiatric/info-detail.php?id=980616156（精神醫療中心）

徐西森（2011）。《團體動力與團體輔導》。台北：心理出版社。

高雄市立凱旋醫院心靈診所（2015）。《心身壓力評估》。2015年2月8日取自http://ksph.kcg.gov.tw/mindcenter/opd-2.htm

高雄醫學大學（2013）。〈老人心理特別門診簡介〉。2013/6/10。取自http://www.kmuh.org.tw/www/psychia/ns/mainf1-2.html。

財團法人董氏基金會（2015）。憂鬱症主題館。2015年5月26日。取自：http://www.jtf.org.tw/psyche/melancholia/overblue.asp

國際厚生健康園區（2015）。〈記憶方面的抱怨可能是腦力損失徵兆〉。2015年3月10日。取自http://www.24drs.com/professional/list/content.asp?x_idno=4148&x_classno=0&x_chkdelpoint=Y

張水金譯（2011）。Jean Carper著。《生活健腦100招──失智可以預防》。台北：時報文化。

陳李綢（2014）。《正向心理健康量表指導手冊》。台北：心理。

陳達夫（2015）。〈失智篇：輕度智能障礙〉。2015年2月10日。取自http://www.ntuh.gov.tw/neur/DocLib/本部簡介.aspx?PageView=Shared（台大醫院神經部）

陳麗光、鄭鈺靜、周昀臻、林沛瑾、陳麗幸、陳泓軒（2011）。〈成功老化的多元樣貌〉。《台灣老年學論壇》，9，1-12。（2011年2月出刊）。2014年1月20日。取自http://www.iog.ncku.edu.tw/comm1/pages.php?ID=comm

葉宗烈（2006）。〈「台灣老年憂鬱量表」簡介〉。2015年2月4日。取

自http://www.depression.org.tw/knowledge/know_info_part.asp?paper_id=51（台灣憂鬱症防治協會）

彰化縣衛生局（2014）。〈104年度免費社區心理諮商服務開始囉〉。2014年2月3日。取自http://www.chshb.gov.tw/news/?mode=data&id=10008

衛生福利部社會及家庭署（2015）。友善關懷老人服務方案第二期計畫（核定本）。2015年2月5日。取自：http://www.sfaa.gov.tw/SFAA/Pages/Detail.aspx?nodeid=383&pid=2005

劉珠利（2003）。〈台灣年輕女性的兩性關係。從「關係中的自我」理論觀點來探討〉。《台灣社區發展季刊》，101，57-69。

劉珠利（2006）。《女性性別角色與社會工作──以台灣年輕女性性別角色之研究為例》。台北：雙葉。

衛生福利部心理及口腔健康司（2014）。〈精神衛生法〉。2015年3月日。取自http://www.mohw.gov.tw/cht/DOMHAOH/

盧瑞芬、曾旭民、蔡益堅（2003）。〈國人生活品質評量（Ⅰ）：SF-36台灣版的發展及心理計量特質分析〉。《台灣公共衛生雜誌》，22(6)，501-511。

駱紳、朱迺欣、曾思瑜、劉豐志（2012）。《創齡：銀色風暴來襲》。台北：立緒。

聯合新聞網（2008/4/18）。2013年1月2日。取自http://udn.com/NEWS/mainpage.shtml。

鍾瑞麗譯（2012）。Gerard Egan著。《助人歷程與技巧：有效能的助人者》（中文第二版）。台北：雙葉。

權威醫學科普傳播網絡平台（2015）。〈心理障礙〉。2015年3月2日。取自http://baike.baidu.com/view/94370.htm

二、外文部分

Alzheimer's Association. 2010/12/7 Retrieved from: http://www.alz.org/research/video/alzheimers_videos_and_media_advances.asp

Dunbar, R. (2007). Evolution of the social brain. In Steven W. Gangestad & Jeffry A. Simpson (eds.). *The Evolution of Mind: Fundamental Questions and Controversie* (pp. 281-286). New York: Guildford Press.

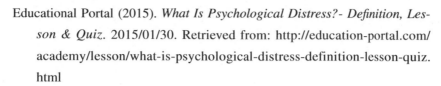

Educational Portal (2015). *What Is Psychological Distress?- Definition, Lesson & Quiz*. 2015/01/30. Retrieved from: http://education-portal.com/academy/lesson/what-is-psychological-distress-definition-lesson-quiz.html

Greene, R. R. (2008). *Social Work with the Aged and Their Families*. New York: Aldine Transcation.

Karin, C. & Walker, J. (2008). *Social Work with Older People* (2nd ed.). Learning Matters Ltd.

Knight, B. G. (2004). *Psychotherapy with Older Adults* (3rd ed.). CA: Thousand Oaks.

McDonald, P. A. & Haney, M. (1997). *Counseling the Older Adult: A Training Manual in Clinical Gerontology*. San Francisco: Jossey-Bass.

Park, D. C. & Reuter-Lorenz, P. A. (2009). The adaptive brain: Aging and neurocognitive scaffolding. *Annual Review of Psychology, 60*, 173-196.

Parkin, A. J., & Walter, B. M. (1992). Recollective experience, normal aging, and frontal dysfuction. *Psychology and Aging, 2*, 290-298.

Reuter-Lorenz, P. A. & Park, D. C. (2010). Human neuroscience and the aging mind: A new look at old problems. *Journal of Gerontology: Psychological Science, 65B*(4), 405-415.

Strauss, H. M. (1997). Reflections of a therapist and grandparent: Professional and personal. In Irene Deitch & Candace Ward Howell (eds.). *Counselling the Aging and Their Families* (pp. 51-61). American Counselling Association.

Voss, M. W., Erickson, K. I., Prakash, R. S., Colcombe, S. J., Morris, K. S. & Kramer, A. F. (2008). Dedifferentiation in the visual cortex: An fMRI investigation of individual differences in older adults. *Brain Research, 1244*, 121-131.

Wacker, R. R. & Roberto, K. A. (2008). *Community Resources for Older Adults: Programs and Services in an Era of Change*. Los Angeles: Sage Publications.

老人教育與學習

秦秀蘭

學習重點

1. 神經認知機制與個體學習
2. 老年期個體的認知特質
3. 認知老化對老人學習的影響
4. 老人學習課程規劃與設計

第一節　認知與學習

我們每天的食、衣、住、行、育、樂各類活動進行，包括對外在事務的感知、記憶、判斷、回應，對個人內心世界的覺察、處理等等，都需要大腦功能的協助，這些都是一種認知作用。例如，年節和家人一起逛街，看到五花八門的餐廳招牌，會討論該到哪一家餐廳用餐？哪一家餐廳曾經是家人們的最愛？這一次用餐預計花費多少錢等等。不管一家人決定在哪裡用餐，都會讓一些人感到滿意，有些人可能感覺有些失望。面對這樣的結果，是否皆大歡喜？是否有人會不歡而去？這些都是認知的過程和結果，這些認知過程都是個體根據過去的記憶、個人的信念，回應針對當下情境的結果，因此認知功能對個體的日常生活和行為適應非常重要。

壹、認知功能簡介

一、認知的界定

「認知」是一種知識的獲得和運用的歷程，目前老人的認知功能已成為全球高齡研究的重要議題之一。然而，不同典範的學者對於認知的界定仍然有不同的觀點。從最早的完形心理學、發展心理學、認知學習理論、訊息處理論、心理語言學，到現代的「行為心理」和「神經科學」的整合性觀點，學者們對認知的概念都有所不同，不同的認知觀點也決定認知研究的方向、內容和方法（陳李綢，1999；鄭麗玉，1993；Forster, Kochhann, Chaves & Roriz-Cruz, 2010; Reuter-Lorenz & Park, 2010）。簡要整理如下：

(一)完形心理學的觀點

完形心理學認為人類必須先有領悟才有學習。學習必須透過個體心理活動的運作，內在心理活動和外在環境交互作用的結果才能

產生學習。因此，「認知」是個人思考和解決問題的能力；認知歷程則包括遭遇困難、設定問題、形成假設、驗證假設等四個心理活動階段。從過去Dewey到目前各種「探究式」的教學概念，就是從完形心理學出發的認知觀點。

(二)發展心理學的觀點

發展心理學是心理學的分支，主要是研究人類隨著年齡的增長時在發展過程的心理轉變。因此發展心理學把「認知」視為個體心智的發展或成長，認為個體的認知是一種持續發展的歷程。經常使用「認知發展」來表示個人心智結構的成長，以及心智活動的發展歷程。Jean Piaget的「認知發展理論」（Cognitive-developmental theory）可為代表。

(三)認知學習理論的觀點

「認知學習理論」（Cognitive learning theory）由Jerome Bruner所提出，強調人類的學習是一種主動的反應，個體面對外界各種訊息時，會自動的透過內在模式或表徵系統加以轉譯，進而領悟、超越並獲得理解。因此，「認知」是個體求知及對外界訊息的解讀、辨識的過程。一般所說的「數學認知」、「語文認知」、「科學認知」等，就是一種認知學習理論的觀點。

(四)訊息處理論的觀點

受到電腦發展的啟發，訊息處理論從電腦擬人化的觀點來詮釋「認知」的歷程，主張「認知」就是個體對訊息的接收、處理和運用的過程。認知歷程則包括訊息的輸入、轉換、儲存、輸出、檢索或運用等過程。由於訊息處理論對認知歷程的完整描述，語言學研界學者因此提出「心理語言學」，其中，由於訊息處理論具體列出認知的媒介、過程與途徑，讓認知相關研究快速的發展。

(五)心理語言學的觀點

心理語言學（Psycholinguistics）的理論基礎主要是行為主義心理學，行為主義認為語言的學習就是不斷地刺激、強化。例如，兒童對符號表徵或語言的學習就是不斷地對環境刺激做出反應，反覆強化，形成語言習慣，從而形成語言行為。因此將「認知」界定為：個人獲得各種符號表徵或語言的綜合體。認知歷程則包括人類聲音或形象符號的意義化、抽象化及規則化等。

(六)現代整合性觀點

這些年來由於研究技術的發展，明顯地改變過去傳統心理學對於個體行為的詮釋，目前有關個體行為認知研究都是採取「行為心理」和「神經科學」整合性觀點，這種整合性觀點依據研究者所屬學門，有的稱為「認知神經科學」（cognitive neuroscience）研究，有的稱為「神經認知科學」（neurocognitive science）研究。

整合的觀點將「認知」解讀為人類智能活動與心理狀態交互作用的複雜歷程，同時延續「訊息處理論」的觀點，將針對認知訊息輸入、處理、檢索和運作的過程進行觀察與分析。這些觀點不僅讓醫學研究人員可以瞭解人類大腦認知功能在不同年齡階段的改變，也讓心理和教育工作者，更能夠掌握個體在學習過程中的心智模式改變。在神經生理學上的認知能力是指個體對於外在環境的刺激或內在環境的需求，產生專心、注意、辨識、確認、規劃和執行過程，而完成對個體生存有意義反應的能力（Zillmer, Spiers & Culbertson, 2008）

二、認知能力的內涵

整合性觀點，認為「認知」涉及大腦神經系統的運作，因此認知發展和個人的大腦和心智活動有關；肯定個人的身心發展是受到遺傳和環境的交互影響，因此認知的發展是個人內在認知結構和外在環境交互作用下的結果；認知的成長是個人心智能力的增加，也

是知識及經驗的增加，因此認知發展是認知結構量化和認知歷程質化的改變。

　　至於個體的認知應該包括哪些能力，研究者也有不同的看法；然而，隨著認知檢測工具的發展以及認知促進軟體開發，人們對於認知功能的界定越來趨於一致性。例如美國知名的Lumosity認知功能訓練遊戲軟體公司多年來設計了幾套認知促進的遊戲，其遊戲設計主要包括五個向度：注意力、大腦處理資訊的速度、問題決定能力、記憶和彈性（Lumosity, 2014）。另外也有遊戲軟體公司將認知訓練遊戲分為六個面向：記憶、注意力、智能、人名臉部配對技能、資訊處理速度、空間旅遊等（摘自李百麟，2014）。

　　至於臨床上最常用的認知功能評估工具——迷你心智狀態檢查（Mini-Mental State Examination, MMSE），共有十一個評估項目，也分成四個向度：定向感、語言、注意力及記憶。經常用來檢測失智症的「臨床失智評分表」（Clinical Dementia Rating, CDR），則有六個面向的測量標準，包括：記憶力、定向力、判斷與解決問題的能力、社區事物處理、家居與嗜好、個人照料來評估（台灣臨床失智症學會，2015）。上述這些面向都是認知能力的內涵，其中專注力、記憶、問題解決能力、認知處理速度，都是主要的認知功能。

貳、認知歷程與記憶

　　目前學者和研究者對記憶的分類多數採取「訊息處理論」的觀點，強調認知訊息處理的歷程。本節也從訊息處理論的觀點來說明個體的認知歷程與記憶類型。

一、認識大腦神經認知機制

　　人類的認知作用包括思考、注意力、記憶、語言表達及複雜的

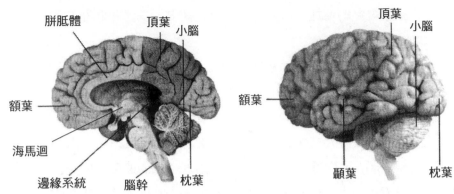

圖5-1 大腦皮質的主要結構

資料來源：洪蘭譯（2002: 27）。

知覺等高層次的心智活動，必須透過多個腦部區域聯合作用，整體合作才能發揮認知功能。

圖5-1和認知功能息息相關的功能區包括額葉（frontal lobe）、顳葉（temporal lobe）、頂葉（parietal lobe）、枕葉（occipital lobe）和邊緣系統的海馬迴等。

(一)額葉皮質區

人體的額葉大約占大腦皮質的三分之一，「額葉」一直被視為掌管最高智能的地方，包括各種重要的心理歷程，例如抽象思維、智力統整、情感、自知和先見之明等。總而言之，額葉負責認知的規劃和執行功能，也是人類情緒註冊的區域，其中，額葉的前方皮質更是負責智力和抽象能力的主要區域，通常稱為「前額葉皮質區」（prefrontal cortex）。

一般而言，額葉損傷對智商的影響不大，對學習則有很大的影響。額葉損傷者的學習結果較容易遺忘，也缺乏自我管理和檢討的能力。在情緒上則出現較多的冷漠、無情、較少關心過去所發生的事情以及未來可能發生的事。整體而言，額葉損傷者較常做出無目的、無意義的動作，不能有效規劃和執行，眼睛和頭部的動作會明

顯減少，臉上的表情較為貧乏，動作幼稚化，在學習過程中也很容易受到其他誘因的干擾而分心（林金盾，2004）。

(二)顳葉皮質區

「顳葉」在認知功能上主要和嗅覺、聽覺有關，但是因為和邊緣系統有緊密的聯繫，和緊鄰枕葉的主要視覺區。因此顳葉除了負責聽覺、記憶功能外，還包括臉部辨識、視聽覺訊息整合、情緒整合等認知功能。整體而言，顳葉的認知功能包括：(1)接收和詮釋聽覺，視覺訊息和其他感覺訊息的整合工作，使個體對外界有完整的認知；(2)長期記憶的儲存；(3)情緒訊息的整合。

(三)頂葉皮質區

「頂葉」占大腦皮質的三分之一，與其他區域都有相連，因此功能特別複雜和多元，也是認知心理學研究最關心的區域。包括前區的空間活動察覺、軀體感覺系統，以及後區高級皮質區的統覺認知。目前的研究都認為，頂葉與個體的專注程度與注意力（attention）表現功能、學習記憶中的短期記憶有關。頂葉障礙所導致的疾病包括：觸覺失認症、體覺失認症、空間定向障礙等。

(四)枕葉皮質區

「枕葉」是人體原級視覺皮質區，是視覺的整合中樞。

(五)海馬迴

「海馬迴」位於顳葉內，左右對稱，是組成大腦邊緣系統的一部分，在個體認知上主要是負責處理記憶以及空間定位。例如老年人經常出現的失智症和阿茲海默症，海馬體都是最早受到損傷的區域，因此主要的外表症狀為記憶力衰退以及方向知覺的喪失。

第二節　老年期的記憶與學習

壹、老年期的記憶

從學習到產生記憶的歷程類似神經的訊息處理過程，其中資訊的輸入和記憶的形成是影響學習最重要的歷程，包括：(1)訊息輸入：有效的刺激興奮感覺器官內的受器，才能讓個體感知環境訊息的輸入。因此這個階段包括「知覺」和「注意」兩個子階段：「知覺」是將感覺訊息組成有意義的對象，是在已儲存的知識經驗的參與下，掌握刺激的意義；(2)記憶的形成：記憶的形成主要和基底節內的杏仁核、視丘，以及邊緣系統中的海馬迴等重要結構有關。

根據認知資訊的處理程序，可以將記憶區分為「知覺記憶」、「短期記憶」和「長期記憶」。

一、知覺記憶

知覺感官（perception memory）又稱為「感官記憶」，感覺器官接受刺激後，最早形成的記憶，大約只有幾秒鐘的時間，訊息尚未參與腦部資料處理系統的運作。感官記憶是否能形成記憶的訊息並轉為短期記憶，受到個體「選擇注意」的影響。

二、短期記憶

當感官記憶被留意、保留，再經過大腦的處理系統轉變為有意義的概念時，就成為短期記憶（Short-Term Memory, STM）的一部分，可作為短時間的提取利用，並為達成預定的目標做準備。因此學者一般都稱之為「工作記憶」或「作業記憶」（working memory）。工作記憶是指大腦持續保存的一些線上（on line）訊息，以作為訊息處理或轉換等認知活動的基礎。這些訊息必須經過編碼才能成為一個事件，如果沒有適當且適時的成功編碼，當其他

新訊息進入意識流後,這些原有的訊息就無法再被提取。因此工作記憶是知覺記憶與長期記憶之間的通路。工作記憶的容量有限,通常只能暫存大約七個可供辨認的項目,如果沒有經過複誦,大約只能持續20～30秒的時間。

三、長期記憶

短期記憶如果能夠建立在舊有的經驗上,或者能與舊有的經驗相連結,就容易有記憶固化或重組的作用,在神經網絡上合成新蛋白質、修飾神經網絡的程式而形成長期記憶(Long-Term Memory, LTM)。長期記憶雖然可以終身不忘,但是記憶內容每天都會更新。長期記憶依功能可分為「程序性記憶」和「陳述性記憶」。其中,陳述性記憶又可以再分成「語意記憶」(semantic memory)和「情節記憶」(episodic memory),又稱「事件記憶」(event memory)兩種。語意記憶是掌管一般知識的儲存,資訊是以文字的方式記憶,如地址、電話號碼、檢查卡程序等。其形成歷程與海馬迴(與記憶空間有關)、顳葉內側組織和前額皮質有關,包括記憶固化、記憶重組等。當顳葉內側部位,特別是海馬迴的雙側性損害,就可能造成半永久性的陳述性遺忘症,也是老人較常發生的「記憶衰退」症狀。

至於程序性記憶又稱為非陳述性記憶,學習內容一旦習慣成自然後,較少變動或遺忘。程序性記憶內容包括技能記憶、情感和制約反射性記憶,例如熟練的開車技藝、彈琴等動作記憶。其相關運作區域為小腦、大腦皮質等。至於記憶的提取是依照階層和順序來提取的,例如對於事件的記憶性描述。事實上,我們任何感覺都是根據大腦記憶的臆測與預期的結果。

因此,我們可以將認知界定為「資訊的獲得、編碼、固化和提取的完整過程」,個體學習和認知的主要歷程可歸納如**圖5-2**。

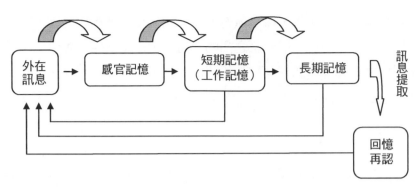

圖5-2　個體認知的主要歷程

資料來源：秦秀蘭（2012）。

貳、老年期個體的學習特質

正如美國哈佛大學醫學博士Reisa Sperling針對阿茲海默症神經成像的研究表示，人類的大腦生理結構一直非常努力地維持自己在神經傳導上的任務，因此，一旦生理結構上出現任何傷害或衰退，大腦都會「奮力」地啟動每一個部分，以確保認知功能的發揮。因此，即使是阿茲海默症的病患，在初期時間，個體的大腦仍然會努力克服澱粉斑的傷害，特別是「海馬迴」的奮力搏鬥情形更加明顯，當顳葉部分神經細胞出現類澱粉斑時，海馬迴會努力地想擺脫類澱粉斑的傷害（Alzheimer's Association, 2010）。

大腦老化是一個不爭的事實，為了規劃適合老人學習的課程或活動，必須先熟悉個體在老化過程中，大腦所呈現的各種神經生理特質，並針對這些特質給予增強或補救。

一、高齡大腦的認知老化機制

大腦因為老化所面臨的生理挑戰，例如大腦白質（white matter）的減少、類澱粉斑（amyloid deposition）的產生、大腦萎縮等，以及這些大腦硬體的改變所伴隨一些功能上的改變，包括上

述的大腦細胞特化的不足、網絡彈性的喪失等。其中，大腦白質的減少，以大腦「前額葉皮質區」最為明顯，對高齡者的情緒發展和認知功能影響也最大（Dickerson et al., 2009; Hedden & Gabrieli, 2004）。

(一)大腦生理上的改變

　　腦部的老化主要有兩個原因：腦神經自行衰亡和疾病造成腦部受損或血管病變造成大、小中風之腦退化。前者或稱為神經凋零，也就是腦萎縮；衰老導致腦細胞死亡和萎縮，腦細胞內的代謝產物（脂褐素）則會隨著年齡增長而日漸堆積，進而影響腦細胞的正常功能，例如記憶減退、睡眠欠佳、容易疲勞等。大腦在生理構造上的老化主要包括：大腦白質（簡稱腦白質）減少、大腦萎縮並逐漸產生類澱粉斑等，其中腦白質的退化情形，以前腦和後腦區域之間的腦白質退化最為明顯，因此減弱前、後腦之間的訊息聯繫，如圖5-3（蔡偉民，2008）。

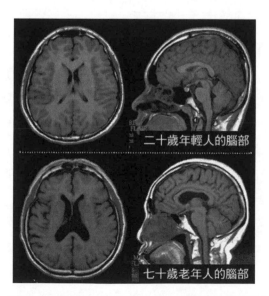

圖5-3　前腦和後腦間大腦白質退化的情形

資料來源：蔡偉民（2008）。

◆大腦白質的減少

　　大腦白質係由大量的髓磷脂（脂質）所組成，在裸視觀察下呈現白色。白質是由被髓鞘包覆著的神經軸突所組成，主要在控制神經元共享的訊號傳遞速度，協調不同腦區之間的正常運作。人類大約到20歲時，白質才會在不同腦區逐漸發育完全，其生長的時機與成熟程度會影響個體的學習、自我控制與精神疾病，例如，精神分裂、自閉症等都是因為白質未發育完全（維基百科，2015）。

　　目前醫學診斷發現大約從45歲開始就有可能發生腦白質逐漸退化，罹患「腦白質稀疏症」，腦白質稀疏症對影響神經傳導束，負責不同功能的各個區域之間的溝通就會出現障礙，導致大腦的正常功能無法發揮，其中影響最大的是認知能力與動作協調。與認知能力受損有關的影響包括計畫、設定優先順序、風險評估、專注與決策的能力，而與動作協調受損有關的則包括平衡與步態等。腦白質稀疏症的表現就和大腦退化幾乎一模一樣，包括容易搞不清楚方位或時間，平衡感或動作協調性會逐漸退步，情緒上比以前更容易陷入低潮等（汪國麟，2014；李百麟，2014）。

◆類澱粉斑的產生

　　儘管科學家至今仍無法肯定是什麼因素導致患有阿茲海默症患者的腦細胞死亡，但是可以肯定的是，與腦內的斑塊及壞死神經纖維纏結有關。科學家們從顯微鏡中觀察腦部組織發現，阿茲海默症患者的大腦組織和一般人不同。阿茲海默症患者除了腦神經細胞及神經突觸數目比一般人減少非常多，不同神經元之間也會有不正常的蛋白質碎片產生，類似斑塊（plaques），醫學上稱為「類澱粉蛋白」（amyloid protein），也稱為「類澱粉斑」。「類澱粉蛋白」的產生是一些壞死的神經細胞纏結在一起，形成一串串不規則的蛋白質塊，成為神經纖維纏結（tangles）；β澱粉樣蛋白（Beta-amyloid）則是來自神經細胞脂肪膜內的大分子蛋白質，β澱粉樣蛋白凝結一起便形成了蛋白質小塊（如**圖**5-4、**圖**5-5）。

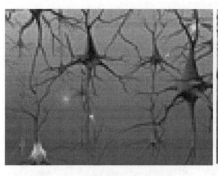 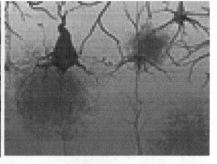

圖5-4　大腦神經元森林

資料來源：Alzheimer's Association (2015).

圖5-5　大腦神經元產生斑塊與纖維纏結

資料來源：Alzheimer's Association (2015).

　　β澱粉樣蛋白的化學特性是「黏性」和會逐漸累積並形成斑塊。因此，「類澱粉蛋白」中具有最大破壞力的是蛋白質小塊，而不是斑塊本身，因為蛋白質小塊會干擾細胞與細胞之間神經突觸所發的信號，目前醫學認為，這些蛋白質小塊也可能刺激免疫細胞並導致發炎，甚至會吞食已喪失功能的細胞（Alzheimer's Association, 2015）。

(二)大腦硬體退化所造成的改變

　　高齡大腦硬體退化後所造成的改變包括：細胞特化的不足、網絡彈性的喪失等，主要表現在幾個方面上：

◆老年人左右腦功能不對稱現象之遞減

　　一般人在處理文字、說話或辨識圖案時，通常都只使用半邊腦，例如從記憶中撿取一個字元時，通常都使用左腦，稱為「單側半腦運用」（unilateral hemisphere involvement），亦即，和語言相關認知活動主要由左腦皮質來處理，空間等認知則由左腦來處理。神經科學家們陸續地發現，熟年大腦與年輕人的大腦處理資訊的方式完全不同，老年人從記憶中提取資料，或進行臉部辨識時，在大腦的枕葉和額葉都有不同程度的活化情形。這表示老年人在認知過

程中，沒有「大腦側化功能」（localization of function），而是左右腦同時被激活，這種情形稱為「雙邊半腦運用」。研究者也稱這種現象為「老年人左右腦功能不對稱現象之遞減」（HAROLD）（Cabeza, 2002; Reuter-Lorenz & Park, 2010）。

◆前額葉皮質的認知補償功能

　　最近的認知神經科學家都發現，當記憶的量增加時，老年人和年輕人所激活的區域相類似，但是，除了顳葉皮質區以外，老年人在前額葉皮質的活化程度特別明顯。Reuter-Lorenz和Park認為這是一種前額葉皮質「過度活化」（overactivation）的情形，這種前額葉皮質區的過度活化是為了支援老年人在學習時「工作記憶」的認知作業，以提升工作記憶的效能。也認為這是因為老年人沒有將注意力妥善規劃，前額葉的激活是為了協助其他區域的認知功能，是一種認知的補償作用（compensation）。

　　前述前額葉部皮質補償作用會引起神經網絡彈性不足現象，這種彈性不足情形會隨著年紀增長而增加，而且在彈性不足的區域，會有神經連結不良的情形發生（Park & Reuter-Lorenz, 2009）。

◆專注力不足引發「回應性」的認知控制機制

　　個體的認知功能是一種「目標導向」的機制，隨著年齡增加，老年人在認知過程中的注意力規劃能力會降低，專注度會逐漸下降。因此，老年人對於外在刺激的認知反應，會從年輕時代的「積極性」（proactive）認知控制機制，轉變為「回應性」（reactive）的認知控制機制（Paxton and collaborators, 2008）。Paxton認為這種認知功能的轉變也是一種補償性的功能轉換，是造成老年人自我控制能力下降的原因之一。

二、大腦對神經老化的替代式回應

　　為了回應上述各種認知老化的神經生理特質，大腦會持續建構一種「補償式」的認知鷹架，其中，最著名的是Park、Reuter-Lorenz

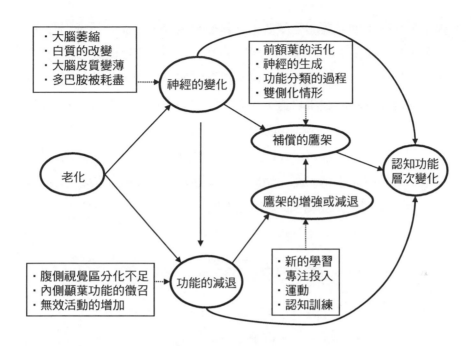

圖5-6　「老化與認知的鷹架理論」模式概念圖

資料來源：摘自秦秀蘭（2012）。

在2009年所提出來的「老化與認知的鷹架理論」（Scaffolding Theory of Aging and Cognition, STAC），如**圖5-6**所示。

　　STAC模式強調人類大腦在面臨老化時所扮演的主動性角色，強調個體「補償式」認知鷹架系統和個體的經驗的高度相關性。「老化與認知的鷹架理論」模式概念圖左上方首先呈現個體老化過程中大腦神經系統所面臨的挑戰，包括：大腦萎縮、大腦白質減少、大腦皮質變薄、神經傳導物質多巴胺逐漸被耗盡等變化。左下方則說明個體在認知功能上的退化情形，包括：認知學習時內側顳葉功能的徵召、腹側視覺區分化不足以及無效活動的增加等。

　　為了回應個體神經系統和認知功能的改變，大腦必須透過塑造一個替代的神經迴路（circuitry）或稱為鷹架（scaffolding），來彌補因大腦老化所引發的各種神經系統上的負擔，是一種「補償鷹

架」。包括：前額葉的過度活化、神經的生成、功能分類過程的改變、大腦雙側化的情形等等，都是大腦面對個體老化時必要的改變。至於老年人是否能夠透過這個補償鷹架提升個人的認知功能，或者任由認知功能逐年衰退，和老年個體的生活安排息息相關。例如，積極的學習、透過運動提升心血管功能、全心投入心智性活動、認知訓練等，都可以協助大腦重新建立一個有效的、新的認知鷹架，以維持高水準的認知功能，同時彌補因為大腦結構和網絡系統功能逐漸下降所造成的認知功能不足。

延伸閱讀：鷹架理論的概念

在維高斯基的認知發展論中，最受重視的是他所倡議的近側發展區（Zone of Proximal Development, ZPD）。所謂「近側發展區」係指介於兒童自己獨自表現所能達到的能力水準，與經由別人給予協助後可能達到的能力水準，此兩種水準之間的一段差距。在這種情形下，別人給予兒童的協助，包括成人的協助或互動等社會支持，對兒童的認知發展具有促進發展的作用。根據維高斯基的這種觀點，布魯納、羅斯和吳德（Bruner, Ross & Wood）在1976年將兒童得自成人或同儕的這種社會支持隱喻為「鷹架支持」（scaffolding），強調在教室內的師生互動歷程中，教師宜扮演社會支持者的角色，猶如蓋房子時鷹架的作用一樣。

換句話說，兒童在學習之初需要在成人或同儕的支持下學習。但是，當兒童的能力漸漸增加之後，社會支持就逐漸減少，而將學習的責任漸漸轉移到兒童自己身上，如同房子蓋好後，要把鷹架逐漸移開。因此，維高斯基的社會建構論主張有時可稱為「鷹架理論」（Scaffolding Theory）（國家教育研究院，2015）。

透過大腦成像技術，我們越來越瞭解老年人在大腦老化過程中所發生的變化，我們都相信大腦的神經迴路是可以改變的，因此相信透過早期的教育訓練介入，可以有效控制老年人認知功能的衰退情形。即使是失智症者，都可以透過學習和認知訓練，減緩認知功能退化程度，一方面減輕照顧者和家人的負擔，一方面提升患者的生活品質（摘自秦秀蘭，2012）。

例如，目前許多研究都已發現新事物的學習，甚至行為訓練、新行為的產生，都是一種大腦迴路的重組，能夠增加大腦白質，有

延伸閱讀：豐富的生活經驗提升老年人自主性

筆者101年和研究夥伴們針對雲林縣不同高齡活動場所的訪視中發現，不同鄉鎮區參與訪談的老人們對於所謂「高齡友善城市」（Aging Friendly）八個面向的需求表達截然不同。例如，居住在公共運輸系統規劃較完善的斗六市老人，強烈的表達對「公共運輸」的需求和期待，希望政府能提供更多交通訊息。但是居住在二崙、崙背等鄉村地區的老人，則完全沒有任何公共運輸的需求表達，因為當地從來沒有公共運輸系統的服務；老人們從來沒有想到這是他們可以擁有的權益，這就是老人缺乏對自身權益的自覺。

由此可見，老人的「生活經驗」深深地影響整體老人社群的價值觀，「限制性」的生活環境，不僅影響老人對自己和外在環境的觀點，也會間接影響老人的心智模式。因此當我們在討論老人教育規劃時，除了因著不同社區的老人特質，規劃符合他們需求的課程；如何提供老人們不同的「生活選擇」、擴展老人們不同的「價值觀」或「自我期待」，才是防止老人智能退化的根本之道。

效改善大腦內部的溝通機制。十二月份《神經元》（*Neuron*）期刊的一份研究報告指出，白質的主要作用是與大腦中負責訊息處理的灰質區塊進行聯繫，8～10歲的孩童經過一百小時的閱讀治療課程後，腦部掃描圖顯示腦中的白質大量增加，而白質本身的訊息傳遞效率也會因此提高，進而使孩童閱讀能力變好。一般而言，有閱讀障礙的大人或小孩腦中白質區塊面積都偏低。大約一百小時的閱讀課程能使實驗者腦中的白質恢復為正常水平，賈斯特表示，白質連結的腦部兩個區塊的頻寬上升了10倍（摘自湯光宇，2009）。這些研究可證實：大腦終其一生都在持續建構一種「補償式」的認知鷹架（Park & Reuter-Lorenz, 2009）。

第三節　老人教育課程的規劃與設計

壹、影響老人學習與記憶的主要因素

　　一旦瞭解高齡者在老化過程中，大腦神經系統所面臨的壓力，以及大腦面對這些壓力所做出的努力，我們就能真正理解個體在老化過程中許多神經認知機制的改變，其實是一種情非得已的回應機制。其中，逐漸老化的大腦在「記憶」功能上的改變，是影響老人學習的關鍵因素，也是影響老人自我信念、社會互動關係的主要因素。

　　高齡學習是全球高齡教育的顯學，學者們通常把影響老年人學習能力的因素分為幾類：(1)生理因素：包括大腦功能的自然老化、神經傳導物質的分泌量變少、大腦病變、個體的生活形態、教育訓練、體能運動、營養的攝取等；(2)心理因素：包括情緒調適、個體心理活動、自我概念和自我覺知等；(3)文化與社會因素：包括職業成就、社會參與、社會形象的影響等（彭駕騂、彭懷真，2012；Forster, Kochhann, Chaves & Roriz-Cruz, 2010）。

一、生理因素

影響老年人學習能力的生理因素包括：大腦的自然老化、大腦皮質的縮小或變輕、神經纖維的紊亂糾結與疾病衰老、因壓力或腦傷所造成的大腦神經細胞死亡等。大腦的生理結構就像電腦的硬體，隨著年紀的增加，大腦的生理結構會自然地衰退，例如上述所說的「腦白質稀疏症」、大腦皮質變薄、重量減輕等等，並接著出現各種功能的衰退。

至於影響個體學習的神經傳導物質（neurotransmitters），例如多巴胺（dopamine, DA）、乙醯膽鹼（acetylcholine, Ach）、血清素（serotonin, 5-HT）、性荷爾蒙（sex hormone）等，到了老年期都可能會被耗盡，因而影響老年人的學習。例如：多巴胺的分泌量不足，導致帕金森氏症（Parkinson's disease）。因為患者的大腦中製造乙醯膽鹼的細胞受損，致使乙醯膽鹼分泌不足，導致失智症者。個體到了老年期，負責大腦傳遞情緒、情感訊息的功能的血清素分泌量會明顯不足，此時腦部活動無法自然活化，自律神經無法處於平衡狀態，專注力、記憶力與想像力都會明顯下降，甚至產生恐懼、悲觀、失眠、憂鬱情形，都會影響學習。至於男女性荷爾蒙不僅影響男女的性慾、第二性徵等特質，對學習和認知、情緒發展都有相當重要的影響。根據研究，男性體內的睪固酮濃度和認知功能有高度的相關，最近幾年的研究發現，有許多老年退化相關及代謝症候群等，可能都與血液中睪固酮濃度偏低有關。目前也逐漸有臨床研究開始嘗試使用睪固酮補充治療在新的領域（楊玉齡譯，2010；王培寧、劉秀枝，2010）。

大腦是一個充滿蛋白質、需要大量氧氣和能量的地方，因此當身體的新陳代謝功能產生障礙時，或多或少都會影響大腦的認知功能。基因、病毒或有毒物質侵入、營養攝取、出生時受到傷害、個人生活經歷等，都可能影響老年人的學習能力，這些因素間的交

互作用，更可能造成大腦的結構和功能上的改變，包括腦功能的退化、引起腦內生化作用、個人的心智功能退化，因而影響老年人對外在情境的學習或適應（Wesnes, Edgar, Andreasen, Annas, Basun, Lannfelt, Zetterberg, Blennow & Minthon, 2010）。

此外，睡眠的品質也會影響老年人的學習能力，科學家根據不同類型的腦波活動將睡眠分為三類，每天晚上的睡眠都依照規律的週期進行著。包括：(1)清醒期；(2)快速動眼期（REM）；(3)慢波睡眠期（SWS）。其中快速動眼期是發生在個體從熟睡階段逐漸清醒的階段，又稱為「逆理睡眠期」，大部分的夢境發生於快速動眼期。快速動眼期通常出現在睡眠的後半夜時間，主要和學習、工作有關，不管一天中經歷過多少好或壞的景物，都要納入個體的長期記憶中，因此速眼動睡眠和個體日常新事物的學習、白天情緒的統整等有關。

一旦個體進入慢波睡眠期，全身肌肉都呈現放鬆狀態，生理狀態也會隨著改變。睡眠時體溫會下降，大腦會順利釋放出一種生長激素；相反地，日常生活中為了應付緊急狀態所產生的「腎上腺皮質醇」等內分泌激素也會降低。老年人因為生理和心理的改變，較常出現各種睡眠障礙，將影響慢波睡眠時的內分泌激素分泌情形，並轉而造成記憶力減退、學習專注力不足，甚至有較多的「記

「記憶抱怨」

是指老年人經常抱怨自己的記憶力明顯減退，甚至因此鬱鬱寡歡。目前已有研究者設計出「記憶抱怨量表」（Memory Complaint Scale, MCS）。該量表有兩個版本，一個版本是讓年長者自行填答，是年長者主觀的評判；另一個部分是讓陪伴對象填答，呈現陪伴者的觀察與評判（Vale, et al., 2012）。

憶抱怨」情形。記憶抱怨可能形成心因性的神經心理壓力，產生過多的腎上腺皮質醇（cortisol），因而降低認知功能。目前研究甚至指出，老人的記憶抱怨可能可以預測未來罹患失智症的機率（李百麟，2014）。

二、心理因素

生理老化對老年人心理和認知功能的影響因人而異，真正決定個體生理老化程度的因素是「個體的心理運作機制」情形。其中，老年人的「自我概念」更是決定老年人的心理運作機制的主要因素，也是決定老年人認知功能的關鍵因素。因此，一旦離群索居、孤獨生活，或被家人離棄，老年人的認知功能會快速的降低。

此外，當個體處於人體面臨壓力時，腦下垂體會刺激腎上腺分泌腎上腺素（AD）、正腎上腺素（NE）與腎上腺皮質醇。適度的皮質醇可以提高個體的注意力和警覺性，因此對學習和記憶有幫助。但是腎上腺皮質醇的量和記憶的關係呈一個「倒U」字型，因此，過多的壓力會讓身體增加腎上腺皮質醇，分泌太多或太少都對記憶的保存不好。長期處在慢性壓力情境下，不僅會造成海馬迴的萎縮，也會影響腦中能量的運輸效能。

三、文化與社會因素

文化與社會因素對老年人認知功能的影響，超乎我們的想像，1988年Byrne和Whiten提出「社會腦」（social brain）的假設。該假設認為：所有的靈長類的大腦進化是一個持續進行的過程，今日人類大腦的形態和構造是一種社會進化的結果，是為了更大範圍的群體生活而進化的，是經過一連串需求計算（computational demand）的結果。例如，人類的大腦容量和加大的前額葉部分，主要為了覓食和更大範疇的對話和互動，大腦的進化是為了適應日常生活（Dunbar, 2007）。

老年人由於生活閱歷豐富，因此老年人的認知功能受到經驗學習的影響程度比年輕世代明顯，也是目前研究老年人社會認知的核心議題。例如文化傳統對老年人的界定、社會對老年人的態度、老年人的信念、性別、階級等，對老年人生理認知功能老化的影響比生理因素的影響更大，這些老化因素被稱為「社會性老化」（social aging）因素（秦秀蘭，2012）。

延伸閱讀：避免老化從自我覺察開始

一位資深的老人養護機構負責人表示，老人的「自我覺察」是決定老人身體健康最主要的因素。例如喜歡熬夜打麻將的老父親，經過一次小中風以後，一邊手腳的末梢變得有些不靈活，儘管女兒一再提醒，絕對不能再熬夜，也多次就醫學護理觀點告訴他，熬夜所造成的傷害。但是父親的自我覺察力仍然不夠，即使身體累了也不知道要立刻休息，讓她非常擔心。因此她在照顧機構中的老人時，特別重視對老人們心智模式的改變，唯有改變老人對自己身體的覺察，改變老人的生活態度，才能減緩老人智能的退化程度。

貳、老年人認知記憶的改變

本文將認知界定為：「資訊的獲得、編碼、固化和提取的完整過程」，其中，資訊的編碼和固化就形成我們所說「記憶」。整體而言，與年齡相關的記憶衰退主要來自執行功能的退化，尤其是工作記憶或監控的注意力系統，這些能力與大腦額葉的功能關係密切，因此分為下面四個階段詳細說明（秦秀蘭，2012）：

一、感官記憶形成階段

在感官記憶形成階段，影響感官記憶認知功能的因素主要為老人感官敏銳度降低，以及專注力變差。隨著年齡的增加，老人的視、聽、觸、嗅覺都會明顯退化，因此感官對刺激訊息的接受力變差是不爭的事實。另一方面，老人在退休後，逐漸養成的鬆散生活常規和生活態度，會讓老人漸漸習慣對外界刺激訊息「視而不見」或「充耳不聞」，例如開著電視卻睡著了，越來越不在乎生活中的不滿情境等，都會降低老人對外界刺激訊息的專注力。

此外，晚近許多「神經認知科學」研究發現，隨著年齡的增加，老人的額葉對認知學習有明顯的「認知補償」功能。在情緒調適上則有所謂的情緒調適的「正向效應」，因此造成老人的專注力下降。

二、短期記憶形成階段

老人對於刺激訊息的編碼技巧通常不如年輕世代，此外，老人的認知處理速度也會減慢，特別是對於有關「速度」的學習都有相當的困難，因此老人的工作記憶（或稱為作業記憶）認知效能會明顯的降低。由於工作記憶的運作核心是中央執行（executive）系統，也就是個體的注意力監控系統，負責選擇短期儲存策略並協調各種訊息處理機制。因此，一旦個體的專注力減低，工作記憶的運作效能就會跟著減低。

個體中央執行系統是工作記憶的核心，然而中央執行功能處理訊息的速度與能量下降，是老化過程中最顯而易見的大腦功能變化。總結來說，與年齡相關的記憶衰退主要來自執行功能的退化，尤其是工作記憶或監控注意力系統下降，也是老人認知老化的主要特質。

三、長期記憶形成階段

個體的短期記憶主要是透過「海馬迴」的轉譯功能，轉化為長期記憶。由於海馬迴屬於大腦「邊緣系統」，因此個體的短期記憶是否能順利地轉譯為長期記憶，個體的情緒是非常重要的影響因素。此外，短期記憶轉化為長期記憶的過程就像數位影音的轉錄過程，需要有充足的轉錄時間和安靜的轉錄環境，因此個體的睡眠時間與品質、個體的身心狀態，都會影響轉錄的功能，使得認知功能無法充分發揮。此外，乙醯膽鹼分泌不足也會減低刺激訊息的傳遞功能，影響海馬迴的轉錄效果。

四、訊息提取階段

在回憶或提取訊息時，年齡對記憶提取能力（自由回想，如簡答題）的影響大於對再認（如選擇題）的影響。就不同記憶內涵而言，對事件記憶（情節記憶，如個人生活經驗）的影響大於對語意記憶（一般知識的記憶）的影響。隨著年紀增加，不僅個體在情節的記憶方面明顯降低，老人的預期記憶也會逐年降低，例如把車子送到修車廠去修理後，要記得在兩個星期以後取回車子。由於老人在預期記憶上的確不如年輕人，因此養成「日常記事」的習慣，對老人而言更具意義。不僅可以彌補自己在預期記憶上的缺失，更可以避免「記憶抱怨」情形。

參、老人教育課程的規劃原則

瞭解影響老年人學習的各種因素，瞭解個體在老化過程中所產生的認知功能改變，才能夠掌握老人教育的績效。本節主要是從神經認知研究的觀點，說明老人教育課程規劃上的原則：

延伸閱讀：如何延緩失智症發生

　　吃對的食物、做正確的運動，打理好生活作息，並有效控制
生理指標、調節心理狀態，就能降低失智症發生的風險。包括：

- 勤喝蘋果汁：可增加細胞的乙醯膽鹼，與一種失智藥品的成分相同。

- 多吃黃咖哩：薑黃素能澈底清除腦中已有的惡性斑塊。

- 堅持吃堅果：抑制大腦細胞中的氧化傷害，使腦細胞恢復活力。

- 訓練平衡感：平衡感變差代表前庭系統退化，試著張眼單腳站立三十秒吧！

- 預防高血壓：高血壓會導致早期記憶喪失，提高血管型失智的風險。

- 顧好你的眼睛：眼睛不僅能反映個體大腦健康與心血管健康，同時也會影響你的大腦作用。

- 鞏固你的牙齒：健康的牙齦將使大腦免於發炎的攻擊。

- 三不五時Google一下：上網漫遊可能比閱讀更能刺激老化中的腦部。

- 要運動，也要打坐：運動能預防細胞退化；打坐能活化大腦運作。

資料來源：張水金譯（2011）。

一、重視老年人專注力和感官訓練，協助老人形成短期記憶

　　老年人的專注力和情緒有高相關，因為一旦老年人養成不專注的生活作息或行為模式，學習或生活適應上的挫折感將接踵而來，

進一步傷害老年人的自信心，轉而導致認知功能快速下降。根據最近受到高度重視的「額葉老化假設」（frontal aging hypothesis），人類的注意力是有限的，因此個體可以自動排除各種非相關的干擾刺激，以幫助個體避免分散注意力，能夠專注於當下所進行的任務，形成一種中樞神經的認知機制。在這個過程中，「前額葉皮質」是最主要的角色，前額葉皮質執行「過濾」的功能，可以抑制個體對非相關因素的回應，讓個體可以排除外界的干擾，專注於學習或適應生活的危機（Rodriguez-Aranda & Sundet, 2006）。

個體的「決策能力」是額葉最重要的認知功能，因此額葉的認知決策功能隨著年齡增加而下降的情形也最為明顯，對個體日常生活的影響也最大。其中，「專注力」的維持更是預防高齡認知功能的關鍵因素（Isellaa, Mapellia, Moriellia, Pelatib, Franceschib & Appollonioa, 2008）。至於額葉皮質因為年齡增加所造成的損傷主要包括：個體在工作記憶的減退、專注力和注意力不足，以及額葉認知管理功能缺失。

人體「感官記憶」的形成通常只有幾秒鐘的時間，主要是受到個體注意力的影響。為了保留完整的感官記憶，確保老年人各種感官的敏銳度，首先必須「聽得清楚」、「看得清楚」才能記得住（王培寧、劉秀枝，2010）。除了一般的健康養護概念、定期運動，讓五官保持良好的狀態，還必須讓中老年人習慣於「專注」或「全神貫注」。例如一次做一件事、透過靜坐或閱讀發表培養大腦的專注力、加強目標導向的學習特質等，都是很有用的學習活動，可以減少學習時的挫折感，讓中老年人保持較佳的情緒，對身心健康都有益處。目前提倡的「社區讀書會」是一種很值得推廣的老人教育規劃，高齡社區閱讀不再追求外在知識的獲得，而是為了讓老年人養成專注的態度，維持敏銳的感官能力（Verhaeghen & Salthouse, 2010）。

邱倚璿、齊萁、張浩睿、王靜誼（2014）有關「注意力」影響

長者人臉記憶的研究表示，無效線索在中低負荷量時不會造成個體記憶的干擾，高負荷量刺激時，則會造成干擾。有效注意力可以提升年長者人臉圖片的記憶，證明只要能提供高齡者有效的線索，高齡者也能從事記憶負荷量較大的學習。因此認為注意力可扮演訊息維持複誦的功能。

二、強調學習和個體生命經驗的連結，有助於老年人學習效能的提升

在短期記憶訊息篩選過程中，個體喜歡或覺得重要的訊息會優先被篩選，其次是訊息和自己所熟悉的事務有關聯的。根據研究，老年人的工作記憶績效有隨年齡逐漸下降的特質，比較不容易將一般性事件的描述轉化為特別事件的記憶，也習慣依照過去的資訊來重組目前學習的資料（Zillmer, Spiers & Culbertson, 2008）。因此，許多老年人教學者喜歡透過「口述歷史」或「生命繪本」來引導老年人學習，重視老年人的社群參與和發表，都是在強調學習訊息對個體的意義性。

三、安排體驗式的團體學習，可維持老年人的生活自理能力

2000年諾貝爾生醫獎的得主Kandel醫生對神經的可塑性有很詳細的描述，他認為基因塑造我們，我們的心智也在塑造基因，因為當我們學習時，我們的心智會決定神經元中哪一基因要被轉錄，因此透過觀想和正向思維，都可能改變大腦的微細結構。目前受到身心靈研究高度重視的「細胞記憶」，即強調人類的記憶可以儲存在每一細胞裡，而每個細胞就變成了整個身體的全息圖像（黃漢耀譯，2004）。

掌控感和成就感可以讓老年人產生擁有力量的感受，提升老年人的免疫力，這種正面情緒可以增加T細胞和自然殺

手細胞（NK）。自然殺手細胞是免疫系統中用來殺滅細菌的細胞，可以攻擊腫瘤細胞和受感染細胞的白血球，T細胞則能指揮免疫防衛行動的白血球。新興的「心理神經免疫學」（psychoneuroimmunology）最新研究即表示，抽菸者血液中的NK細胞活性原本較低，如果抽菸者有嚴重的憂鬱症，NK細胞的活性就會大大地減弱（李淑珺譯，2007）。此外，外來的壓力會促使免疫系統的老化，免疫系統老化不僅使老年人容易罹患感冒、細菌性感染，也間接影響認知功能，終而影響其生活自理能力。因此，老年人照護者或家屬，萬萬不能輕忽長輩的心理照護或情緒引導。

四、協助老年人負向情緒的抒發，減少額葉的損傷

老年人情緒調適的正向效應是一種內在的認知衝突，也是一種認知控制的結果。對一般人而言，負向情緒會主動地吸引個體的注意力，因此「逃離負面情緒刺激」和「趨向正面情緒刺激」同樣需要個體認知機制的運作和控制，都是大腦前額葉皮質區認知抑制功能的展現，長期透過認知控制作用來減少個體對負向情緒的反應，容易造成大腦額葉的損傷（Carstensen & Mikels, 2005）。

為了避免老年人情緒調適正向效應對認知功能的負面影響，多位老化神經認知科學家都建議針對老年人的情緒調適能力給予引導。例如，以「寫作引導」來引導老年人學習處理生活中的負向情緒刺激，緩和負向情緒對老年人神經認知功能的損傷。這些引導是針對負向情緒刺激的多重再評估過程，包括：向下的社會性比較、外在歸因及變通性的目的。這些學習不僅有成效，也可以減少老年人對負向情緒刺激的愧疚感，改善老年人的睡眠品質。

老人教育的主要目的在減緩大腦在認知功能上的退化情形，維持老年人自主功能。其中，「自我覺察」是決定老人認知功能最主要的因素。在規劃老人教育課程時，必須特別重視老年人心智模式的改變，只有喚醒老年人對自己身體的覺察，進而改變自己的生活

態度，才能減緩心智功能的退化程度。

五、掌握教材的難易度，提升老年人身心的安適感

上述Reuter-Lorenz和Park（2010）在2009年所提出來的「老化與認知的鷹架理論」為老年期的認知與再學習的可能性提供了完整的支撐，該理論提醒我們：「新的學習」是否增強或減弱個體的認知鷹架，端視新的學習與個體原有認知補償鷹架是否取得平衡。適度的認知訓練的確可以激發個體壓力荷爾蒙，加速大腦的心智功能，轉而產生良好的自我控制感，情緒的安適感油然而生。然而，一旦認知訓練超過個體自我掌控的範疇，個體會立即啟動安全系統的能量來協助心智意義化系統，如果安全系統的補位無法竟其功，心智安全系統便會快速瓦解，或者完全關閉補位機制。因此，在進行高齡情緒引導策略規劃或教學設計時，必須同時兼顧「大腦前額葉的認知功能」、「心智安全系統」和「自我控制感」三者的完整性，以及相互補位時的有限性（摘自秦秀蘭，2014b）。

劉韋欣、邱立安、林維真、岳修平、楊燿州（2014）曾經針對老年人使用智慧藥盒的情形進行研究，該研究表示，不常接觸科技產品的老年人，傾向拒絕使用智慧藥盒。事實上，對受試長輩而言，接觸新科技就是一種新的學習，如果個體擔心自己無法掌握新的學習，必須動用前額葉活化的補償鷹架，甚至擔心過度補位造成挫折感，就會自然而然地拒絕新的學習。

六、鼓勵老年人參與社群學習，提升老人心理健康指數

學者都肯定團體或社群學習對老人的價值與功能，肯定透過團體服務或社群活動的參與，可以增強老人的社會心理功能。對老年人而言，與人對談不僅僅是一種補償，也是一種認知的重新架構。老年人記憶變差主要是因為不正確的聯想，或者缺乏將不同學習資訊有效連結的技巧。因此，老年人教育課程要經常使用「故事敘

述」、「生命對談」或「自傳寫作」來協助老年人持續的保持良好的記憶與生活品質。透過社群活動建立堅實的社會網絡，能讓年長者發展出更加穩定的情緒和知識，更具有創造力與表達力。

如本書第三章所述，日本介助服務協會（NCSA）多年前年將Gerontology的定義從「老人學」轉換為「創齡」，就是對高齡者再學習能力的肯定，也是人類對大腦形成新迴路的信心。

七、將身體活動列入老人學習，減緩認知功能衰退

一般人提到運動都會想到身體活動、體適能和健身運動三個名詞，其中「身體活動」是泛指任何藉由骨骼肌消耗能量；「體適能」則是指能夠有效且安全的應付日常生活一般性及緊急的情況，並有餘力從事休閒活動的能力。個體的體適能包括：身體組成、心肺耐力、肌力與肌耐力、肌肉柔軟度等四個成分。因此一般研究普遍將身體活動界定為「任何透過肌肉和骨骼的移動，達成個體所要完成的目的性移動」，至於健身運動則是以增進個體「體適能」為目的的任何運動訓練（李漢岳，2013）。

透過規律性的身體活動可以讓身體內的液體和養分可以快速的到達每一個深層細胞，一方面讓我們可以維持情緒的平衡，一方面有效增加體內許多神經傳導物質和荷爾蒙的分泌，包括生長激素、多巴胺、男女性荷爾蒙、血清素，並減少因為壓力所產生皮質醇，對個體的認知與學習非常重要。有關其中腦神經細胞的「氧化」和大腦「異側傳輸」（contralateral transmission）功能的維持，受到最多的重視。兩者都是能量醫學（Energy Medicine）概念的延伸（江漢聲，2013；許瑞云，2014；楊定一、楊永寧，2014；謝維玲譯，2014；Lee, 2008）。

能量醫學相信人類自體先天擁有自我療癒能力，個體面臨疾病時，只要擁有足夠的氧氣、水分、食物、營養和能量等，人體就可以自我療癒。異側傳輸則是指我們的大腦神經系統以交叉方式傳

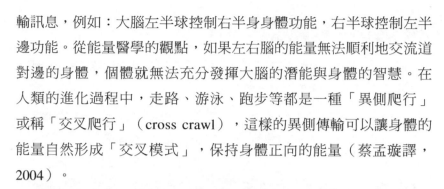

輸訊息,例如:大腦左半球控制右半身身體功能,右半球控制左半邊功能。從能量醫學的觀點,如果左右腦的能量無法順利地交流道對邊的身體,個體就無法充分發揮大腦的潛能與身體的智慧。在人類的進化過程中,走路、游泳、跑步等都是一種「異側爬行」或稱「交叉爬行」(cross crawl),這樣的異側傳輸可以讓身體的能量自然形成「交叉模式」,保持身體正向的能量(蔡孟璇譯,2004)。

研究者在實際進行交叉能量活動引導時,經常可以發現,智能發展緩慢的學童、學習障礙學童,以及開始衰老的年長者,在練習立姿交叉爬行時,經常都是同手同腳,無法異側爬行。這種發展遲緩或退化現象,都是個體腦部左右腦分化不專一,這也證實個體身體機構永遠遵循「後進先出」(last in, first out)的原則(秦秀蘭,2012)。事實上,在歐洲各國,「早療」與「老化」兩個領域經常由同一研究團隊負責,早療的目的在刺激個體的生理機能,及早進入正常的功能運作,減緩該生理機能的「退場」時間。

澳洲墨爾本「親親袋鼠嬰兒培育中心」(Toddler Kindy GymbaROO)的創始人Margaret Sassé博士,甚至鼓勵從嬰幼兒階段就應該重視「異側爬行」與能量的訓練,才能激發嬰幼兒的潛能。Margaret Sassé博士持續努力為各類障礙兒童發展許多嬰幼兒活動,都是採用異側爬行、穴位按摩等能量發展概念,已成功地幫助許多嬰幼兒透過五感律動,刺激大腦發展,協助這些兒童健康成長(謝維玲譯,2014)。

香港聖公會福利協會從2009年開始,由中文大學腦神經科研究學家黃沛霖教授指導,陸續發展高齡的健腦操,該研究已證實健腦操可提升長者認知功能。研究證明練習健腦操四週後,每週至少三次,每次至少十分鐘,長輩的專注力可提升兩倍(您好台灣網,2010)。該研究的健腦操主要內容是交叉爬行等多種能量醫學在高齡身體活動介入的運用。

老人學

問題與討論

1. 何謂「認知」？老人在認知老化過程中所展現的認知特質和年輕人有哪些差異？可舉例說明。

2. 多數研究都認為，經常性的「學習」可以延緩認知老化的程度，您可以從「神經生理學」的角度說明學習對認知的影響嗎？

3. 面對高齡人口比例快速攀升的社會，您覺得老人學習課程有哪些重要性？在規劃這些老人學習課程時，有哪些原則？

參考文獻

一、中文部分

王唯工（2013）。《以脈為師：科學解讀脈波曲線，以脈診分析治未病》。台北：商周。

王培寧、劉秀枝（2010）。《別等失智上身：瞭解它、面對它、遠離它》。台北：台灣商務印書館。

王釗鍔（2010）。《臟腑力革命》。台北：東佑。

王駿濠、蔡佳良（2011）。〈運動對改善大腦認知功能之效益分析〉。《應用心理研究》，50，191-216。

台灣臨床失智症學會（2015）。MMSE建議版2011。2015年5月26日。取自：http://www.tds.org.tw/html/front/bin/ptdetail.phtml?Part=mmse20110222&Category=121255

江漢聲（2013）。《客製化健康時代：健康樂活、精彩人生》。台北：張老師文化。

吳建霆、洪聰敏（2007）。〈不同技能水準者飛鏢投擲時腦波頻譜功率與連貫性之差異〉。《大專體育學刊》，9(2)，39-50。

李百麟（2014）。《老人心理12講》。台北：心理。

李淑珺譯（2007）。Gene D. Cohen著。《熟年大腦的無限可能》。台北：張老師文化。

李漢岳（2013）。《身體活動介入對執行功能影響之後設分析》。國立台灣師範大學特殊教育學系碩士論文，未出版，台北市。

汪國麟（2014）。〈拒絕大腦老化，你一定要認識的腦白質稀疏症〉。2015年2月20日。取自www.ettoday.net/news/20140321/337563.htm#ixzz3S9SFW8xu（2014/3/21/ETtoday消費新聞）

林金盾（2004）。《生理心理學：神經與行為》。台北：藝軒。

邱倚璿、齊磬、張浩睿、王靜誼（2014）。〈有效注意力可提升年長者人臉圖片的記憶〉。《應用心理研究》，60，161-217。

洪蘭譯（2002）。Rita Carter著。《大腦的祕密檔案》。台北：遠流。

洪蘭譯（2012）。Elizabeth Loftus & Katherine Ketcham著。《記憶與創憶：尋找迷失的真相》（2版）。台北：遠流。

秦秀蘭（2012）。《認知老化的理論與實務》。台北：揚智文化。

秦秀蘭（2014a）。《機構高齡活動設計理論與實務》。台北：揚智文化。

秦秀蘭（2014b）。〈專注？放鬆？加油？放下？高齡者情緒引導策略的兩難〉。《應用心理研究》，61，1-28（對話與回應）。

國家教育研究院（2015）。鷹架理論。雙語詞彙、學術名詞暨辭書資訊網。2015年6月20日。取自：http://terms.naer.edu.tw/detail/1315766/

您好台灣網（2010/3/10）。〈研究發現健腦操有助於長者提高專注力〉。2015年4月14日。取自：Arita, H. (2008). Brain Wave Vibration and Serotonin. Presented at the UN Brain Education Conference, New York. 2014/04/01. Retrieved from: http://bodyandbrain.ca/wp/?page_id=36.

許瑞云（2014）。《哈佛醫師心能量》。台北：平安文化。

陳李綢（1999）。《認知發展與輔導》。台北：心理。

彭駕騂、彭懷真（2012）。《老年學概論》。台北：威仕曼。

湯光宇（2009）。閱讀課程可改善孩童腦部組織。2015年2月10日。取自http://www.epochtimes.com/b5/9/12/25/n2766009.htm（大紀元）

黃漢耀譯（2004）。Sylvia Browne & Lindsay Harrison著。《細胞記憶》。台北：人本自然。

楊玉齡譯（2010）。Jonah Lehrer著。《大腦決策手冊：該用腦袋的哪個部分做決策？》。台北：天下文化。

楊定一、楊元寧（2014）。《靜坐的科學、醫學與心靈之旅：21世紀最實用的身心轉化指南》。台北：天下雜誌。

維基百科（2015）。〈白質〉。2015年5月24日。取自：https://zh.wikipedia.org/zh-tw/%E7%99%BD%E8%B3%AA

劉韋欣、邱立安、林維真、岳修平、楊燿州（2014）。〈高齡者使用智慧藥盒之聲音提示效果研究〉。《應用心理研究》，60，45-84。

蔡孟璇譯（2004）。Donna Eden, David Feinstein & Brooks Garten著。《能量醫療》。台北：琉璃光。

蔡偉民（2008）。〈你害怕老化嗎？談腦部的老化〉。《台安醫訊》，121。2015年2月10日。取自http://www.tahsda.org.tw/newsletters/?p=1941#.VOQl24v9kXx

鄭麗玉（1993）。《認知心理學》。台北：五南。

駱紳、朱迺欣、曾思瑜、劉豐志（2012）。《創齡：銀色風暴來襲》。
台北：立緒。

謝維玲譯（2014）。Margaret Sassé著。《聰明寶寶從五感律動開始》。
台北：遠流。

二、外文部分

Alzheimer's Association. 2010/12/7 Retrieved from: http://www.alz.org/
research/video/alzheimers_videos_and_media_advances.asp

Alzheimer's Association (2015). Inside the brain: Alzheimer's brain tour.
2015/04/20. Retrieved from: http://www.alz.org/research/science/
alzheimers_brain_tour.asp

Cabeza, R. (2002). Hemispheric asymmetry reduction in older adults: The
HAROLD model. *Psychology of Aging, 7*, 1070-1079.

Carstensen, L. L. & Mikels, J. A. (2005). At the intersection of emotion and
cognition. *Psychological Science, 14*(3), 117-121.

Dickerson, B. C., Feczko, E., Augustinack, J. C., Pacheco, J., Morris, J. C.,
Fischl, B., et al. (2009). Differential effects of aging and Alzheimer's
disease on medial temporal lobe cortical thickness and surface area. *Neu-
robiology of Aging, 30*, 432-440.

Dunbar, R. (2007). Evolution of the social brain. In Steven W. Gangestad &
Jeffry A. Simpson (eds.). *The Evolution of Mind: Fundamental Questions
and Controversie* (pp. 281-286). New York: Guildford Press.

Forster, L., Kochhann, R., Chaves, M. L., & Roriz-Cruz, M. (2010).
Neuropsychological aspects of cognitive aging. In Quentin Gariépy &
Raphaël Ménard (eds.). *Handbook of Cognitive Aging: Causes, Process-
es and Effects* (pp. 397-412). New York: Nova.

Hedden, T., & Gabrieli, J. D. (2004). Insights into the ageing mind: a view
from cognitive neuroscience. *Nature Reviews Neuroscience, 5*, 87-96.

Isellaa, V., Mapellia, C., Moriellia, N., Pelatib, O., Franceschib, M., &
Appollonioa, I. M. (2008). Age-related quantitative and qualitative
changes in decision making ability. *Behavioural Neurology, 19*, 59-63.

Lumosity (2014). Lumosity is a leader in the science of brain training.
Retrieved 02/20/2015, from: http://www.lumosity.com/

Park, D. C. & Reuter-Lorenz, P. A. (2009). The adaptive brain: Aging and neurocognitive scaffolding. *Annual Review of Psychology, 60*, 173-196.

Parmentier, F. B. & Escera, C. (2006). The effect of age on involuntary capture of attention by irrelevant sounds: A test of the frontal hypothesis of aging. *Neuropsychologia, 44*, 2564-2568.

Paxton, J. L., Barch, D. M., Bacine, C. A., & Braver, T. S. (2008). Cognitive control, goal maintenance, and prefrontal function in healthy aging. *Cerebral Cortex, 18*, 1010-1028.

Raz, N. (2000). Aging of the brain and its impact on cognitive performance: Integration of structural and functional finding. In F. I. M. Craik & T. A. Salthouse (Eds.). *Handbook of Aging and Cognition* (pp. 1-90). Mahwah, NJ: Erlbaum.

Reuter-Lorenz, P. A. & Park, D. C. (2010). Human neuroscience and the aging mind: A new look at old problems. *Journal of Gerontology: Psychological Science, 65B*(4), 405-415.

Rodriguez-Aranda, C., & Sundet, K. (2006). The frontal hypothesis of cognitive aging: Factor structure and age effects on four frontal tests among healthy individuals. *The Journal of Genetic Psychology, 167*(3), 269-287.

Scheibe S. & Carstensen, L. L. (2010). Emotional aging: Recent findings and future trends. *Journal of Gerontology: Psychological Science, 65B*(2), 135-144.

Vale, F. A. C. et al. (2012). Memory complaint scale (MCS): Proposed tool for active systematic search. *Dementia & Neuropsychology, 6*, 212-218.

Verhaeghen, P., & Salthouse, T. A. (2010). Meta-analysis of age-cognition relations in adulthood: estimates of linear and nonlinear age effects and structural models. In Patrick Rabbitt (ed.). *Psychology of Ageing: Critical Concepts in Psychology* (pp. 80-118). New York: Psychology Press.

Wesnes, K., Edgar, C., Andreasen, N., Annas, P., Basun, H., Lannfelt, L., Zetterberg, H., Blennow, K. & Minthon, L. (2010). Computerized cognition assessment during acetylcholinesterase inhibitor treatment in Alzheimer's disease. *Acta Neurol Scand, 122*, 270-277.

Zillmer, E., Spiers, M. & Culbertson, W. (2008). *Principle of Neuropsychology* (2nd ed). Thomson Wadswort.

Chapter

6

老人休閒與運動

秦秀蘭

學習重點

1.休閒與運動的意涵

2.休閒對老年期生活的發展意義

3.老年期休閒活動規劃的概念

4.運動與老年期健康促進

　　一個人日常生活中，除了工作、睡眠時間外，其他時間都可以視為個人閒暇時間。至於這些閒暇時間所安排的活動內容則因人而異，一般人則依據這些活動的時間安排、不同的強度和功能等，而有不同稱呼，例如稱這些活動為休閒活動、放鬆活動、身體活動、運動等等。不管是休閒或身體活動，個人在閒暇時間所從事的活動對身心健康都非常重要。

第一節　休閒的內涵

　　隨著個體自然老化的過程，個體在老年期所面臨的各種生理、心理和社會壓力是無法避免的。因此，如何透過團體活動的參與、社會資本的累積、個人生命與智慧的開展，才能增加老人面對壓力的調適能力，以減緩自然老化的速度，都是老年期休閒參與的終極目的。

壹、休閒的界定

　　一如我們很難界定「時間」對每一個人的概念或意義，同樣地，要為「休閒」下一個普世性或適當的定義並不容易，學者對於休閒的意義或界定也有不同的見解。「休閒」並不等於「空閒的時間」，對休閒而言，有些時間的體驗是超乎想像的。例如，同樣花十五分鐘沉溺在閱讀一本小說或觀看自己喜愛的棒球賽，或者在等待室裡等十五分鐘準備看牙醫，二者對時間的體驗是完全不同的。

　　休閒或遊憩的原文為「recreation」，其字根是「再創造」（re-create），有重新創造、重新開發的意思，意指：透過休閒，人類才有重新創造的可能。因此所謂「休閒時間」，必須是「由個人自己來支配時間，且是不受職責或拘束的自由時間。」休閒活動則是在卸下職責之後，透過活動，讓自己重新再來的一系列活

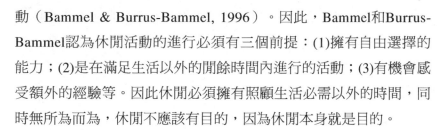

動（Bammel & Burrus-Bammel, 1996）。因此，Bammel和Burrus-Bammel認為休閒活動的進行必須有三個前提：(1)擁有自由選擇的能力；(2)是在滿足生活以外的閒餘時間內進行的活動；(3)有機會感受額外的經驗等。因此休閒必須擁有照顧生活必需以外的時間，同時無所為而為，休閒不應該有目的，因為休閒本身就是目的。

　　一般人通常把自由時間視為個人自由權的具體表現，在一個越來越民主的時代，休閒的機會、自由時間的擁有變成一種公民權。因此縮短的工時，代表的是自由權的具體需求，這樣的需求不只是免於工業化工作疲累的自由與單調無聊，更是讓自己免於面對可能增加的權威性環境。時間是休閒的核心要素，時間與文化之間，也有很高的相關，社會階層越低，其時間的目的取向越直接，且計畫與目標時間通常較接近，事實上，休閒生活形態一直是顯示社會階層的可靠指標。例如生產線工人的休憩活動，通常是有直接滿足感，現學現玩類的運動（Bammel & Burrus-Bammel, 1996）。因此，休閒是社會化的結果，休閒的選擇更是一種社會階層的再現。例如從賽馬、打高爾夫球等休閒活動，幾乎已成為高社經地位者的同義詞。

貳、休閒的多元面貌

　　隨著自由時間增加與生活品質的提升，休閒越來越受到重視，同時針對自己有興趣的活動深度投入。因此Stebbins（1992）將休閒分為兩類，即隨興休閒（causal leisure）和深度休閒（serious leisure），最近更提出計畫性休閒（project-based leisure）、炫耀性休閒（conspicuous leisure）的概念，休閒的類型和概念因此更加豐富。

一、隨興休閒

　　「隨興休閒」類活動是一種立即的、發自內在的、短暫愉悅的

活動，這類活動僅需稍加訓練或甚至無須任何訓練即可享受參與。隨興休閒是順其自然的，它可以是人生單純的樂趣之一。例如：打個盹兒、看看電視、逛逛街。因此隨興休閒也可以有幾種主要類型：玩樂、放鬆、被動性的娛樂、主動性的娛樂、社交性的對話或是感官的刺激（林珊如，2005）。

二、深度休閒

相較於隨興休閒，深度休閒則是指：「個體有系統地從事一項或多項業餘活動、嗜好或志願服務活動，讓休閒投入者覺得充實有趣，可在追求的過程中發展生涯，以及展現技巧與技能。」休閒的「深度」代表專注（concentration）與奉獻（dedication），不是嚴肅的意思，而是具有相當大的樂趣而非壓力（Stebbins, 2001）。Stebbins（2009）更將深度休閒細分為：嗜好類休閒（hobbies）、志願服務活動（volunteering）和業餘技藝的休閒（amateurism）等三類。例如，集郵、活動競賽的參與、藝術的追求等，都屬於「嗜好類休閒」；「志願服務活動」則多數是和人際互動、動物或植物的照顧等活動；「業餘技藝的休閒」則包括科學類、運動類、藝術類、娛樂類等專業性活動。

從Stebbins對休閒的分類可以發現，除了看電視或聊天，由於老年人的休閒參與多數屬於「深度休閒」的參與，例如擔任服務性質的志願工作者、從事藝術或娛樂類學習等，都是國內老年人較常參與的休閒類型。因此高齡教育工作者必須對深度休閒有更深入的瞭解。

三、計畫性休閒

2009年，Stebbins更從社會學的角度討論「休閒與消費」之間的關係，除了原有的「隨興休閒」和「深度休閒」外，提出「計畫性休閒」。「計畫性休閒」通常是偶爾為之的休閒性活動，例如參

加生日餐會、參加節慶活動等。

四、炫耀性休閒

Stebbins在2009年也以美國社會學家Veblen在1899年出版的《休閒階級理論》（*The Theory of the Leisure Class*）書中所提出的「炫耀性消費」（conspicuous consumption）觀念為基礎，提出「炫耀性休閒」的概念。「炫耀性消費」是指富人透過炫耀自己的悠閒生活，來表現出自己比其他人更為尊貴。Stebbins因此表示：休閒早已成為一種消費行為，休閒參與既是個人過去生活經驗的延續，也是一種社會地位的呈現，透過「炫耀性休閒」的活動參與，可以提供參與者個人化的獎賞和回饋，也提供參與者特定的社會獎賞與回饋。

從上述幾個休閒類型可以看出，人們對於休閒的界定趨向多元，且和社會文化的轉型和社會變遷息息相關。但不變的是，學者們普遍認為休閒是一種社會化的產物，既是個人過去生命的延續，也是社會階層和文化的再現。事實上，休閒活動的參與具有完整的社會性意涵。

第二節　休閒對老年期生活的意義

無論老化的理論如何多元或多樣化，老年人所面對的都是一種潛在性的挑戰，事實上，整個個體的老化歷程既是一種適應的過程，也是一種妥協（negotiation）。這種挑戰可能來自改變中的個人化期待，也可能會隨著個人所處社會的環境改變、社會期待的轉變，或者是兩者之間的交互作用而改變。因此，決定老年期生活品質的關鍵，就是個人對這些變化的控制能力或經營能力（McGuire, Boyd & Tedrick, 2009）。因此，如何瞭解休閒參與對老年人的意義？如何看待老年人參與休閒活動的動機？關鍵在於個人對老化過

程的認知。

壹、不同老化理論的休閒觀

目前國際學者對於老化的理論詮釋有許多不同的觀點，每一種觀點對老年期的休閒參與都有不同的看法（Johnson & Magnusson, 2001; Tornstam, 1992）。

一、強調老年期個人經驗的觀點

強調老年期個人經驗的觀點多數從個人化經驗切入，重視不同個體之間的差異性、獨特性和持續性。包括：高齡教育領域最普遍的社會撤退理論（social disengagement theory）或撤退理論（disengagement theory）、活動理論（activity theory）和持續理論（continunity theory）等。強調個人經驗的老化觀點主張：老年期的身心特質、休閒活動參與，既是個體過去生活和經驗的延續，也是個體過去經驗和社會文化的再現。

二、強調社會因素對老年期發展的觀點

強調社會因素的觀點認為社會因素是影響個人生活經驗的關鍵因素，個體在老化過程中的經歷，都受到該社會結構、社會階層的影響。例如個人如何獲得各種角色，並在不同時期適當扮演不同的角色。相關的老化理論包括：社會老化理論（theory of socialization to be old）、年齡階層理論（age stratification theory）和現代化理論（modernization theory）。就社會因素的觀點而言，老年期對休閒活動的參與自然也是受到個人社會地位、社會與人際關係涉入程度的影響。

三、強調老年期是一種妥協過程的觀點

　　1980年中期以後，學者對老化的觀點，從「老化特質」的描述，轉變為對「老化過程」的描述。認為個體老化受到社會因素和各種機會的影響，因此老化過程基本上是個體與所處社會，以及個體所遭遇的各種挑戰和機會之間的妥協過程。相關的老化觀點或理論包括：生命全程（life course）的觀點、老年動力學（gerodynamics）的觀點、補償性最佳選擇（selective optimization with compensation）的觀點，以及最近受到最多研究者重視的「社會情緒選擇理論」（socioemotional selectivity theory）和「超越老化」（gerotranscendence）的概念。

　　國內張俊一（2008）即曾經從社會互動的觀點探討老年人在運動休閒互動中所建構的社會意義，該研究表示：運動休閒成為老年人社會化的代理人，透過運動的參與過程，產生了社會化的結果。因為，老年人長期持續參與的運動休閒團體，為老年人提供另一個社會化或再社會化的舞台，透過團體中的社會角色扮演，老年人可以擁有一個與平時生活不同的經驗，透過角色的扮演與團體其他成員互動，對於老年人形塑他（她）在社會中的自我具有重要的功能。

　　張俊一的研究表示，以老年人為主要成員的運動休閒團體，會形成一種特殊的休閒階層化現象。例如，一般常見的運動休閒團體就是一種典型的社會次系統，藉著成立如「班」、「隊」、「委員會」等名稱的團體，成員們建立一套彼此之間認同的行為模式與團體規範供大家遵行。運動休閒的參與不僅被老年人視為達到「成功老化」的重要途徑。參與運動休閒活動，也是老年人挑戰一般人對老年人刻板印象的手段之一。

貳、深度休閒與老年期生活

一、深度休閒的基本內涵

　　由於「深度休閒」是一種個人化經驗，因此目前很多人仍然還在質疑：深度休閒到底是不是一種休閒活動？對此，Tinsley和Tinsley（1986）彙整許多學者的觀點認為，「具有自由選擇」和「內在動機」是個人對休閒活動的最重要覺知。Ellis和Witt（1991）及Iso-Ahola（1979）也都認為，個體能否從活動中覺察到自由，是深度休閒的操作性定義。至於「內在動機」則是個體是否能覺察自由度的關鍵因素。根據Witt和Ellis的研究，休閒量表（Leisure Scale）中對自由的覺察程度，受到個體內在動機的影響最大。Witt和Ellis表示，休閒量表測量出來個體在活動中的自由覺察程度，可以決定某種深度休閒活動是否擁有不同的休閒經驗特質。

　　深度休閒者剛開始時，必須兼具內、外在的參與動機，是否能持續有成，則有賴內在因素，這些因素包括個人的內控性、自主性、自我挑戰、追求完美的共同特質等學習內部因素。至於在投入深度休閒的過程中，內在增強經驗與休閒團體社會的支持動力才是促成參與者持續投入的關鍵因素。深度休閒者的學習歷程通常為自我導向學習型，透過深度休閒，對於個人、家庭、工作、人際互動與社會的發展都有幫助（周秀華、余嬪，2005）。因此，深度休閒和個人團體參與和社會資本的累積，有密切的關係。

　　整體而言，個體在從事「深度休閒」類活動時，則通常具有三個內涵，從事深度休閒者通常擁有純熟的技術、知識和經驗。深度休閒的參與通常可以獲得一種深層的滿足感及存在感，通常參與者不單單只是參與，而是將休閒視為生活的一部分，以自由自在的心情去參與休閒，卻認真的向目標前進（劉虹伶，2005）。透過深度休閒，參與者可以有非常充實及有趣的感覺。換言之，所謂深度

休閒的「深度」代表專注與奉獻，然而，這種專注和奉獻不是嚴肅的、不是一種壓力，而是具有相當大的樂趣。

二、深度休閒與成功老化

(一)深度休閒者的六種特質

此外，Stebbins（1992）認為深度休閒具有明顯的「自我導向學習」特質，他認為自我導向學習和深度休閒的品質之間有高度的連結，二者之間有一種概念性的連結。他認為自我導向學習者通常包括六種主要特質：(1)堅忍的毅力（preservance）；(2)生涯導向（careers）；(3)主動的努力（effort）；(4)持久性的利益（durable benefits）；(5)獨特的性格（unique ethos）；(6)認同感（identification）；這六種特質和深度休閒所具有的六種特質幾乎相同。

Stebbins（2001）認為，深度休閒參與者所追求的有六個基本的特質，包括：(1)深度休閒需要先備的知識和技能，例如知識和資源的求取；(2)深度休閒需要堅持的毅力；(3)深度休閒可以成為畢生的職志；(4)深度休閒所獲得的利益是持久的，並且可以得到個人和社會性的報酬；(5)深度休閒的參與者對於他們的社群有強烈的認同感，例如同樣的穿著風格；(6)深度休閒領域裡可能會有某種獨特的精神或文化。例如，愛好釣遊者所追求的不只是漁獲，更在乎垂釣的樂趣，以及過程中的心靈洗滌與自我滿足感，垂釣者不僅享受大自然、觀賞自然生態環境、讓自己融入大自然之中、體驗戶外的休閒活動，更具有向大自然挑戰的知識和毅力，這些都是深度休閒者所擁有的特質。

其中，「有持久性的利益」是深度休閒最重要的特色之一，主要內容包括幾種心理特質：自我實現、自我強化、恢復及修養身心、成就感、提升自我形象、自我表達、社會互動，以及持久心理效益、自我滿足或純樂趣等（Stebbins, 1992）。林欣慧（2002）

歸納國內外學者的觀點,將休閒效益根據對象,分為個人及社會兩類。個人層面的休閒效益稱為「個人效益」,包括心理效益及生理效益;社會層面則稱為「社交效益」,包括對家庭、人際關係和社會服務三方面的效益。其中,心理效益上,例如自我實現、自我充實、自我表現、自我形象的提升等,都是深度休閒者因為「持久性的利益」所產生的心理效益,也就是Stebbins所說深度休閒者最重要的特質之一。

(二)老年期自我概念與深度休閒

對於逐漸喪失經濟掌控權、逐漸喪失社會地位的年長者,因為深度休閒所產生的持久性利益,亦即深度休閒所產生的心理效益,格外的重要。從事深度休閒可以說是老年人成功老化的關鍵因素。劉虹伶(2005)根據Stebbins對參與深度休閒者的六個特質,進一步將從事深度休閒者的六個特質分為「心理特徵」和「社交特徵」兩大類。心理特徵包括:堅忍不拔的毅力、像追求終身志業般的努力、個人的持續努力、有持久性利益等四者;社交特徵則包括:團體中會形成獨特的文化、參與者具有強烈的認同感等。例如,深度休閒的參與者對於自己所參與的活動會有特殊的價值觀、道德標準,自然而然的形成深度休閒者的特殊精神,或稱為團體的「次文化」。深度休閒者對於所選擇的活動不僅有強烈的認同感,對於自己喜歡的活動也會很樂意與他人分享。至於這種「樂於分享」的特質,正是老年人參與休閒活動的主要目的。

顏伽如(2003)曾經以深度休閒的概念研究台北市立圖書館「林老師說故事」的志工參與歷程與相關因素的研究,總計訪談八位志工,並將結果與Stebbins的理論進行學術上的比較,其研究成果除了幫助以志工為重要服務人員的機構,對志工內在價值與動機有更深一層的認識與瞭解,有助於志工的招募與經營;也證實了投入深度休閒對中老年人的自我價值和自我概念有相當程度的幫助。

Stebbins(2001)進一步根據個體對深度休閒活動涉入的

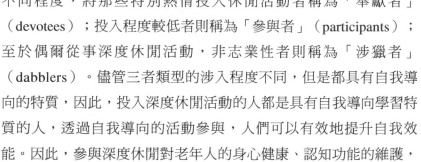

不同程度，將那些特別熱情投入休閒活動者稱為「奉獻者」（devotees）；投入程度較低者則稱為「參與者」（participants）；至於偶爾從事深度休閒活動，非志業性者則稱為「涉獵者」（dabblers）。儘管三者類型的涉入程度不同，但是都具有自我導向的特質，因此，投入深度休閒活動的人都是具有自我導向學習特質的人，透過自我導向的活動參與，人們可以有效地提升自我效能。因此，參與深度休閒對老年人的身心健康、認知功能的維護，都有相當的助益。

 延伸閱讀：休閒達人與深度休閒

　　近年，東方社會流行文化中有所謂的「達人」，指的是精通學問的技藝之士；任何行業冠上「達人」，即對某一方面有專精的造詣者，如麵食達人、烹飪達人、名牌達人等，他們擁有深度專注加上毅力的「達人精神」。網路與書（2004）所出版的《去玩吧！》一書，也提及以全部生命投入去玩的休閒境界。這種以興趣為導向，深度地投入休閒或擴延出具有深度的休閒，可以培養出類似第二專長或第三專長，一方面可調適個人情緒，另一方面也可增加社會人力資源。

資料來源：摘自顏伽如（2003）。

三、深度休閒與心流經驗

　　深度休閒者在安排自己的休閒活動是積極、有主題與目標導向的，同時在過程中要追求不斷地自我挑戰。所以具深度休閒特質的活動參與者是在一種適當、熟悉又能在心靈上獲得控制感的場地環境從事該活動；過程中經常面對自我挑戰，挑戰個人所具備的知識技巧，同時獲得無法言喻的流暢體驗回饋（Stebbins, 2009）。

這種流暢的體驗和Csikszentmihalyi（1997）所說的「心流經驗」（flow），完全相同。

Csikszentmihalyi認為，心流經驗是高度投入某一種工作活動的心理狀態，它混合著專注、愉悅、忘我和勤奮，他認為，當工作活動的挑戰性配合個體的問題解決能力水準時，最容易達到這種高度內在動機狀態。所謂「內在動機」則是指：個體對工作活動本身感到興趣，因為喜歡該項工作而工作，而不是為了獎品、讚賞、金錢、名聲、害怕懲罰等外在因素而工作。這也是為什麼深度休閒的參與過程中，非常強調「內在增強經驗」與「休閒團體社會的支持動力」。

Csikszentmihalyi描述自我和心流經驗的關係時表示：一方面強調人際互動中的「意識的秩序感」（order in consciousness），以取代「精神能趨疲」（psychic entropy）的心靈經驗，重視個體學會和他人相處，在共同完成任務過程中獲得心流經驗，鼓勵個人要減少對陌生人的冷漠感，恢復社區關懷意識，樹立未來社區的典範。一方面強調個體必須學會獨處，擁有自由的自我，「自我」在最優經驗中和心流的產生過程裡，扮演最重要的角色。學習「獨處」是掌握快樂和幸福的基礎，這種「獨處」的樂趣也是老年期重要休閒特質之一。

在日常生活中能夠產生心流經驗的行為或活動，通常都有幾個特徵：(1)全神貫注；(2)面對具有挑戰性的工作；(3)以解決問題為導向；(4)發現某種新的事物；(5)有明確的目標；(6)明確的規範；(7)有即時的回饋，有明確的外部需求可以吸引我們的注意力；(8)活動內容和我們的能力、技巧相符。這些行為特徵都不是個體在閒暇時間（free time）所從事的活動特徵。因此Csikszentmihalyi強調，產生心流的活動在樂趣產生之前，必須有一種「專注力的最初投資」（initial investment of attention），個體在享受複雜性活動之前，必須有這種可支配性的「活動能量」（activation energy）產

生，他認為這些休閒活動是一種「主動的休閒」和一般閒聊、看電視等「被動的休閒」（Csikszentmihalyi, 1997）。其概念和Stebbins將休閒區分為隨興休閒和深度休閒的概念完全相符，其中，主動的休閒和深度休閒都需要個體相當高的專注和身心投入程度，參與者具有極高的主動性和自我掌控能力，因此可以產生獨特的心流經驗或獨特的文化或價值。

動機的內涵通常包括兩個部分：「內在」和「外在」，Csikszentmihalyi也特別強調內在的動機，強調主動休閒是心流經驗產生的必要條件，內在動機是個人創造力的基礎。一種工作活動的外在因素，就如同一顆良藥或毒藥的「糖衣」，個體如果是為了外在因素而工作，那就是擁有「外在動機」。如果人們能夠享受某一段學習的過程和內容，終其一生都可以有很好的回憶，不管任何年紀、性別或人種，不管是下棋、爬山、閱讀或和嬰兒嬉戲，都有相同的心理特質，也就是說，這種享受學習趣味的現象似乎具有終身不變的特質。

整體而言，參與深度休閒對老年期生活的正面影響包括：滿足團體參與的學習需求；累積個人的社會資本；產生獨特的心流經驗或獨特的文化或價值；透過自我導向的活動參與，可以有效地提升老年人的自我效能；參與深度休閒有助於老年人的身心健康和認知功能的維護。

例如，目前台灣有一群人不僅愛好喝茶，努力去學習怎樣泡一杯好茶，甚至投入社團完整學習，並以通過社團檢定的「泡茶師」或成為茶道老師的為目標。這群泡茶師，多數具有傳承茶文化的使命感，有股堅忍不拔的毅力，而且能透過學習泡茶過程，達到自我實現與修養身心目的，獲得自信與成就感，也拓展自己的社交圈。這群泡茶師有很多都是公職人員退休後，積極的透過第二專長的學習，為自己開拓第二個事業，不僅累積個人的社會資本，也為自己找到退休後的自我價值。

延伸閱讀：粒線體與老化

粒線體在細胞中是能源製造中心，是細胞的發電廠，猶如汽車引擎一般。身體攝取的食物，經過酵素分解，再與呼吸得到的氧進行氧化（類似體內緩慢燃燒）及酵素反應，食物提供的氫，製造負氫（H-），會供給電子，最後在粒線體製造了儲存能量的ATP，隨時可以放出能量供身體之需。然而細胞中的粒線體會受到活性氧或自由基的攻擊而耗損，粒線體的數目也會隨著歲月的流逝而下降。因此目前有關老化的生理研究，都努力在尋找可以減緩粒線體消耗的機制，以減緩個體的老化速度。

第三節　老年期的運動規劃

壹、身體活動、運動與體適能

一般人提到「運動」（exercise）都會聯想到「身體活動」（physical activity）和「體適能」（physical fitness），其實三個名詞有不同的界定與內涵，對不同年齡層的民眾而言，三個名詞的意義也不盡相同。身體活動是指任何一種由肌肉收縮而產生能量消耗的活動；「運動」也是身體活動的一種，並定義為一種設計過、較具結構性及重複性的身體動作，以增進或維護某些成分體適能；至於體適能則是指具備身體機能正常，不生病，能勝任日常工作，可以應付突發的緊急情況並能享受休閒娛樂生活的身體能力（王駿濠、蔡佳良，2011；林漢岳，2013；教育部健康體適能網站，2015）。

一、身體活動

「身體活動」是指任何一種透過肌肉收縮而產生能量消耗的活動，包含家務、工作、交通及休閒時從事的活動；從事身體活動時，能量消耗的大小程度即稱之為身體活動量。身體活動量由四大要素組成，分別為活動的類型、活動的頻率、活動的強度與活動的持續時間，這四大要素決定身體活動量的多寡（衛生福利部國民健康署，2015）。此外，也有研究者將身體活動區分為：休閒身體活動（leisure physical activity）和生活型態的身體活動（lifestyle physical activity）兩大類（Pender, Murdaugh & Parsons, 2002）。因此，對非運動選手的一般人而言，身體活動也休閒的一種方式。

事實上，國民健康署95年開始即使用「國際身體活動量量表」（IPAQ問卷）針對台灣民眾進行身體活動量的調查。該量表「以代謝當量」（Metabolic Equivalent, MET）作為運動強度的單位，由相對於休息時的代謝速率（Resting Metabolic Rate, RMR）計算，一個代謝當量MET定義為安靜坐著時的能量消耗，大人平均為每分鐘每公斤消耗3.5mL的氧氣，或者每小時每公斤體重消耗一仟卡。而此量表身體活動強度區分為中等費力（moderate）及費力（vigorous）的身體活動。中等費力的身體活動，係指從事3-6METs的活動（走路則為3.3METs）；費力的身體活動，係指從事大於6METs的活動（衛生福利部國民健康署，2015）。可見，身體活動對個人身心健康的重要性。

二、體適能

「體適能」則是指能夠有效且安全的應付日常生活一般性及緊急的情況，並有餘力從事休閒活動的能力。一般研究普遍將身體活動界定為「任何透過肌肉和骨骼的移動，達成個體所要完成的目的性移動」（李漢岳，2013）。教育部健康體適能網站（2015）也明白的指出，所謂體適能是指個體擁有四種身體能力，包括：(1)身體

機能正常，不生病；(2)能勝任日常工作；(3)可以應付突發的緊急情況；(4)能享受休閒娛樂生活。因此體適能至少應該包括五個要素：心肺耐力、肌力、肌耐力、柔軟度和身體組成。

三、運動

運動既是由基本生活需要延伸到滿足精神寄託所做的行為，所以小至散步、眨眼，大到激烈的摔角競技，皆屬於運動的範圍。衛生福利部國民健康署（2015）則是根據運動的能量消耗量，將運動分為：走路、跑步、騎腳踏車、做家事、工作以及其他運動（舞蹈、瑜伽等等）。也有人認為「運動」是專指一種經過設計、較具結構性及重複性的身體動作，以增進或維護某些成分體適能，因此對於運動的分類也相當分歧。有人根據運動對個人生活的功能，將運動分為：健康運動、競技運動、有氧運動、球類運動、田徑運動、休閒運動、表演運動和其他類型；有人分為熱身運動、整理運動、伸展運動、有氧運動等（王駿濠、蔡佳良，2011；林岳漢，2013）。

貳、身體活動與個體身心健康

很明顯地，運動可不完全都是「休閒」。對一般人而言，運動可能是日常生活中唯一的休閒活動；對業餘或專業的訓練者而言，運動則偏重以競技為目的、運動訓練或比賽，都不是一種休閒活動。

一、老年期身體活動對身體機能影響

不管是身體活動、體適能或運動，對身體健康都有很多好處，越早養成定期運動的習慣越好。對身心機能逐漸弱化的老年人而言，適當的身體活動和運動對老年人而言非常重要，身體運動對老

年人身體機能的助益，包括：改進心肺功能、促進新陳代謝，並提升促進身體機能；改進肌耐力與體力，並改善體型及姿態。其中，運動對於老年「體態」的影響較常被忽略。

(一)運動對心肺功能、新陳代謝和身體機能的助益

養成定期運動的習慣可以改善個人心肺功能和新陳代謝，促進身體的機能；運動有益健康已是不爭的事實。然而，國人定期做運動的人口仍然不夠普遍，對整體國民健康而言是一項警訊。根據民國95年國民健康局（現為國民健康署）（2015）委託陽明大學辦理「國際衛生組織身體活動量表監測系統」成果說明，透過三年的研究，共有5,069人參加。該研究發現：

1. 與2006年國際的分析資料比較，18～65歲台灣地區民眾身體活動量足夠的人占38%，與國際之40%相去不遠；但仍有38%的人是活動不足，遠高於國際17%的平均值。

2. 13歲以上國人，有33.3%國人達到每週費力活動六十分鐘之活動量，50.2%民眾達到每週中等費力身體活動一百五十分鐘之活動量，不過仍有39.2%民眾活動不足。

3. 台灣地區男女兩性從事活動類型不同，從事費力活動之比率，男性高於女性，從事中等費力活動之比率，女性高於男性；26～45歲工作人口活動不足的情形相當嚴重，每天久坐不動的時間平均高達七小時，特別是白領階級與初入社會的年輕人活動量明顯不足。

4. 台灣地區45歲以後的中年族群，身體活動量隨著年齡增加緩步上升，至退休前（61～65歲）約有65%的人達到每週中等費力活動一百五十分鐘，這是我國獨特的現象，顯示國內中高齡的教育推廣有相當大的績效。

5. 居家環境的規劃對身體活動有明顯的影響，例如住家附近有無民生場所、大眾捷運系統及住家附近治安等因素，但對於

身體活動高者影響不大。以台灣七大生活圈而言，高身體活動量比率最高的為高屏澎地區（20.6%）、身體活動量足夠比率最高的為台北市（53.4%）、身體活動量不足比率最高的為雲嘉南地區（42.7%）。

(二)運體對肌肉組織強度、身體姿態的助益

◆運動可降低肌質疏鬆症的發生

　　一般人對運動的認識通常僅止於運動對血液循環和新陳代謝的

延伸閱讀：身體活動強度與活動量的認識

一、身體活動強度

(一)中等費力活動

　　是指持續從事10分鐘以上身體活動時，還可以舒服的對話，但無法唱歌，這些活動會讓您覺得有點累，呼吸比平常快一些，流一些汗，心跳快一些。例如：健走、下山、一般速度游泳、網球雙打、羽毛球、桌球、排球、太極拳、跳舞（不包括有氧舞蹈、慢舞、國標舞、元極舞）、一般速度騎腳踏車。

(二)費力活動

　　是指持續從事十分鐘以上身體活動時，會讓你無法一面活動，一面跟別人輕鬆說話，這些活動會讓您的身體感覺很累，呼吸比平常快很多，流很多汗，心跳加快很多。例如：跑步、上山爬坡、持續快速地游泳、上樓梯、有氧舞蹈（運動）、快速地騎腳踏車、跆拳道、攀岩、跳繩、打球（如籃球、足球、網球單打）。

二、每週身體活動量分為三個等級

(一)高身體活動量

　　根據國際身體活動量研究委員會參考美國疾病管制局與美國

運動醫學會提出之身體活動建議量，進一步依國際身體活動量表特性，提出身體活動量分類標準，其中定義符合下列條件之一則為高身體活動量。

1. 費力活動達到三天以上，共225分鐘（相當於累計費力活動消耗能量達一週1,500 MET-minutes）。

2. 費力活動、中等費力活動與走路天數加總達到七天以上，共900分鐘（相當於累計加總消耗能量達一週3,000MET-minutes）。

(二)身體活動量足夠

符合下列條件之一則為身體活動量足夠。

1. 費力活動達三天以上，且每天至少費力身體活動時間20分鐘。

2. 中等費力活動或走路達五天以上，且每天至少活動30分鐘。

3. 費力活動、中等費力活動與走路天數加總達到五天以上，且三項累計加總消耗能量達一週600MET-minutes。

(三)身體活動量不足

身體不活動或活動未達高身體活動量與身體活動量足夠標準者，即為身體活動量不足。

資料來源：摘自國民健康局（2015）。

功能，尤其是年輕時期沒有運動習慣的老年人，退休後通常將運動目標設定為：氣血循環佳、打發時間、結交新朋友等，卻忽略了運動對個體骨骼和肌肉組織層級的功能。人體的每一個身體活動必須透過骨骼和肌肉的配合才能順利完成（簡志龍，2013），但一般老年人通常只留意顧「骨本」，卻忘記要兼顧「肌力」。例如，很多

健康的高齡者到了75歲以後，會逐漸覺得兩腳無力，甚至無法走路必須以輪椅代步。此時長輩四肢骨骼的骨質密度通常會逐漸降低，甚至有骨質疏鬆情形，稱為「骨質疏鬆症」（osteoporosis）。在此同時，包覆在骨骼四周的肌肉組織，也會逐漸變得鬆垮，嚴重者會造成「肌質疏鬆症」。因為人體每一個身體活動都須骨骼和肌肉兩者的相互配合才能完成。但是，目前一般老年人都懂得透過食物和藥物來彌補骨質的流失，但對於肌肉組織的疏鬆化仍然缺乏正確的概念。

一般而言，人類的「肌質」大約從25歲開始，就會隨著年紀逐漸疏鬆，一般人進行臉部保養都屬於肌肉表層的護理，至於關係到運動的深層肌肉護理，則必須透過全身性的運動。因此對老年人而言，定期做運動不僅僅是增加血液循環、促進新陳代謝，還必須留意該運動是否能夠協助肌肉組織強度的維護。值得慶幸的是，目前已有很多網站和高齡養生規劃機構都已開始設計各類適合老年人的肌肉訓練體操，鼓勵中老年人提早留意自己肌肉組織的強度訓練（李漢岳，2013；張喬菀編譯，2014；簡志龍，2013）

根據目前骨科和復健醫學的研究，我們每個人的肌肉組織（或稱肌質）大約占體重的30～50%，肌質的密度大約在25～30歲之間達到高峰。30歲以後身體的肌質每年以0.5～2%的速度逐漸流失；40歲以後流失的速度會更快，每年大約消失3～8%。所以老人家走不動的真正原因，主要是因為肌肉量太少（曾鈺庭，2015）。目前政府、醫療機構和一般民眾都大力倡議「保命防跌」，非常重視「骨本」的維護，卻忽略了身體「肌質」的保存，對高齡健康照顧是不夠的。筆者目前協助南部某縣衛生局進行健康體能檢測和宣導，發現高齡民眾多數缺乏肌力鍛鍊的機會和興趣，手部握力的表現普遍不好。其中，高齡男性者衰弱的速度比女性明顯，會導致高齡照顧社會成本的增加。因此，建議縣市政府在進行社區健康促進時，要多提倡高齡者手部和足部的伸展訓練、重力訓練和張力訓練。

　　骨科醫師蔡凱宙即主張：避免骨鬆，要先練肌力，才是根本之道。因為個體骨骼中的骨質必須仰賴肌肉組織輸送水分和微量元素，如果肌質緊密生長，骨骼中的礦物質含量就會增加，會自然減緩骨質疏鬆化的速度。此外，強壯的肌力可以輕鬆地帶動關節，減少骨頭所承受的壓力，才能真正保護骨質。換句話說，肌肉強，骨骼才會強（盛竹玲，2015）。

◆運動可促進骨質母細胞的增生

　　事實上，因為人體內「間葉系幹細胞」（mesenchymal stem cells）是造骨細胞和脂肪細胞兩株共用的母細胞，如果能夠誘導「間葉系幹細胞」分化為造骨細胞，就可以避免脂肪細胞的增生（簡志龍，2013）。因此，定期運動和訓練肌肉，一方面可以增加骨質密度，增加肌肉的強度，預防跌倒，也大大降低因跌倒所導致的骨折機率；一面可以避免脂肪細胞的增加，可以有效降低中老年人因肥胖引發慢性疾病的機率。

◆運動可提升手部握力，減緩老年人衰弱速度

　　此外，老年人的運動規劃也必須留意「手部握力」的訓練，根據最新的研究，為導致人類衰老的因素包括：(1)體重快速改變；(2)經常表示自己身體有疲倦感；(3)活動力減低；(4)手腕握力明顯變差；(5)動作變得緩慢。其中「手腕握力」被認為與人體的衰弱相關最高，當男性手腕握力≦30KG、女性手腕握力≦20KG，就表示個體有明顯的衰老情形（秦秀蘭，2012），建議老年人運動規劃者加入手部握力的訓練。事實上，目前各大醫院在進行老年健檢時，也都會加上握力檢測；各類公職考試也都加入握力測試的項目。

◆運動可減緩腰臀比的上升，降低死亡率

　　此外，根據10月份的*Annals of Epidemiology*期刊有一篇由加州大學洛杉磯分校（UCLA）Karlamagnla博士研究團隊透過十二年資料的追蹤，針對1,189名70～79歲高齡者進行分析，比較三種肥胖測量指數：BMI、腰圍（Waist Circumference, WC）及腰臀比（Waist-

to-Hip Ratio, WHR）與高齡者全死因死亡率的關係。研究團隊發現，只有腰臀比與全死因死亡率有關聯，女性腰臀比的增加與全死因死亡率呈正比，而男性則是在腰臀比大於1.0之後才與全死因死亡率呈正比。

研究團隊認為，中腹部分脂肪除了會增加代謝症候群及糖尿病風險外，也會增加身體末梢的周邊阻力，釋放促發炎細胞激素，造成心血管疾病。因此認為，用來測量腹部脂肪量的「腰臀比」比BMI更能準確地預測個體罹患心血管疾病的風險。腰臀比不僅能測量軀幹肥胖，也能反應出內臟脂肪（visceral fat）和肌肉的分布狀況，因而能顯示與老化所衍生的肌肉流失和局部脂肪分布的改變情形（張喬菀編譯，2014）。

二、老年期身體活動與認知功能

(一)運動有助於大腦神經傳導物質的分泌

身體活動和運動不僅可以維持身體的健康，對個人心智功能的促進功能更是不容忽視。早期的相關研究發現，體適能較好的老人在簡單的認知測驗之表現，往往較同年齡但體適能較差的老人好，最新的研究則採取橫斷性和介入式研究，探討老年時身體活動對大腦認知功能老化的影響作用關係。目前許多研究都已證實，經常從事身體活動，除了對身體健康有許多好處之外，對減緩大腦認知功能的衰退老化也有良好的作用（王駿濠、蔡佳良，2011；石恒星、洪聰敏，2006；李岳漢，2013；Bartley & Fatoye, 2012; Doctor's House Call, 2015; Gómez-Cabello, Ara & González-Agüero, 2012）。

透過運動或有氧運動導致大腦神經傳導物質的分泌，有助於個體的認知執行功能已是目前高齡研究的顯學。美國健康與人類服務部門（U. S. Department of Health and Human Services, USDHHS）在1996年發表的大型研究「身體活動與健康：衛生局報告」指出，身體運動能促進多項身體健康，其中對心血管系統和肌肉骨骼系統

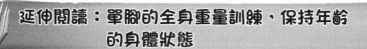

延伸閱讀：單腳的全身重量訓練，保持年齡的身體狀態

目前許多抗老化的醫療網站都在提倡全身重力訓練和單腳平衡運動，練習步驟和太極拳的金雞獨立類似。包括：

1. 從預備姿勢開始，把全身重心移向右腳，輕輕轉動右腳跟，膝蓋保持放鬆狀態。
2. 舉起左手並往上伸直（保持握拳姿勢），接著左腳抬起至臀部的高度，同時把左手手肘往下拉向左側臀部。
3. 慢慢把左腳放下來到地面，同時把左手握拳向上舉到最高點，此時右腳要保持平衡。
4. 繼續進行左腳和左手上下伸直，直到自己覺得有點喘。
5. 接著換邊練習。

資料來源：摘自Doctor's House Call (2015/02/20).

的幫助最大，其次則是對代謝功能、內分泌和免疫系統的幫助。該報告指出，維持正常肌肉和骨質密度可有效預防關節炎和骨質疏鬆症（摘自李漢岳，2013）。長期維持中度的身體活動，例如一週數天、一天十五至三十分鐘的慢跑、騎腳踏車、快走或散步，可以維持較佳的身體機能，減少醫療照顧成本，對於生理機能原本較弱的智能障礙者或年長者更為重要（王駿濠、蔡佳良，2011）。

(二)運動可降低「腦白質稀疏症」的發生機率

目前醫學診斷發現，人體大約從45歲開始就有可能罹患「腦白質稀疏症」，腦白質稀疏症主要是由於大腦內微細血管的血流不足所導致，目前研究發現可能引起腦白質稀疏症的原因包括：罹患高血壓、腦部血流量不足、血液過於黏稠、生理代謝物「同半胱胺酸」過高、有睡眠呼吸障礙情形，其他如肥胖、糖尿病等都可能造

成腦白質稀疏症（汪國麟，2014）。

　　腦血管血流不足是腦白質稀疏症的主要原因，許多醫學研究和醫療人員都認為腦白質稀疏症是一種慢動作的腦中風，對大腦功能的影響非常深遠，因此鼓勵一般人從中年期開始，除了維持適當體重、攝取足夠的水分外，一定要養成規律的身體運動習慣，不僅可以維持較佳的血液循環，更可以擁有好品質的睡眠，一方面避免腦白質稀疏症太早發生，一方面維持身體的自我免疫力。

(三)運動有利於形成新的大腦迴路

　　根據最近的研究，人類的大腦白質的確有重組的可能性，但是這種重組不可能自然發生，必須透過特定介入以便形成新的大腦迴路。過去多年來用在特殊學生的「行為介入」（behavioral intervention）的治療課程不但能增強認知能力，還能改變白質的細微結構。透過神經生理學的觀察技術，讓我們更加瞭解個體的發育性問題，是智能障礙者治療的重大突破，也將為閱讀障礙、發育障礙以及自閉症的治療帶來重大的影響（林雅玲譯，2014，郭乃文，2014；湯光宇，2009）。這些研究可證實：大腦終其一生都在持續建構一種「補償式」的認知鷹架，也就是Park、Reuter-Lorenz在2009年所提出來的「老化與認知的鷹架理論」（Scaffolding Theory of Aging and Cognition, STAC）（秦秀蘭，2012）。

　　綜合上述老年期運動的相關研究，中年期開始的身體運動介入，是高齡期健康的基礎工作。建議老年人的運動規劃，都必須包括放鬆訓練和重力訓練：

1. 放鬆訓練：例如靜坐冥想、瑜伽、全身律動、逐漸放鬆的肢體運動，引導老年人學會處理壓力，讓大腦恢復彈性，減緩認知功能的退化。
2. 重力訓練：例如伸展、單腳站立訓練、太極拳、外丹功、瑜伽，協助老年人維持肌肉的強度和骨質密度。

延伸閱讀：單腳站立一分鐘，預防骨質疏鬆症

　　科學實驗儀器的進步讓我們更瞭解自己的身體，也學會如何讓身體或細胞保持年輕化。其中如何讓細胞充分氧氣、減少細胞粒線體的耗損、減緩身體肌肉和骨骼質量的流失，延緩發生「肌質疏鬆症」和「骨質疏鬆症」症狀。例如最近全日本流行「單腳站立」，宣稱單腳站立可以克服「運動障礙症候群」（Locomotive Syndrome），改善下半身的健康。

　　骨質疏鬆是中老年人常見的問題，如果一不小心跌倒就會發生髖骨骨折，甚至造成失能。我們的骨頭中有兩種細胞，分別是負責移除、吸收老舊或受傷的骨頭的「蝕骨細胞」；負責製造新骨頭的「造骨細胞」。大約在30歲左右時，一般人的骨質密度會達到一生的高峰，之後蝕骨細胞的活性會大於造骨細胞，也就是說骨頭被吸收、移除的速度，會大於新骨頭的生成，骨質便悄悄地每年流失1%，更年期早期的婦女，骨質流失的速度2～3%。

　　自古以來，中醫就非常強調下半身的鍛鍊。根據調查目前全世界每年有200萬人因久坐而導致疾病纏身，甚至招來死亡。到了2020年，將有70%的疾病是由於坐太久及缺乏運動引發。例如高血壓、便祕、憂鬱症、偏頭痛等等，都和下半身的健康有關。

　　只要每天在辦公室、等車時進行「單腳站立一分鐘」訓練，就可以遠離骨質疏鬆症，也可以降低罹患失智症的機率。因為單腳站立所負擔的重量，是雙腳站立的三倍；單腳站立一分鐘，就能帶給骨骼刺激，彷彿外出走了三分鐘，可以有效幫助累積骨本。

資料來源：摘自林文玲（2013）；《早安健康特刊》（2015）。

第四節　老年期的休閒運動規劃

壹、老年期的休閒和運動參與

一、老年期參與休閒與運動的特質

　　根據內政部公布的「台灣地區2009年老人狀況調查結果」，65歲以上老人日常生活主要的活動依序為：「與朋友聚會聊天」、「從事養生保健」、「從事休閒娛樂活動」，有28.75%的老人回答沒有固定的日常生活活動。其中，南部地區老人以「從事養生保健」為主；高雄市、中部和東部地區的老人認為「與朋友聚會聊天」最重要；台北市等北部地區的老人則以「從事休閒娛樂活動」為主（內政部統計處，2012）。儘管這份調查報告對休閒的分類相對的粗略，但是這些數據顯示，國內老年人的日常生活不僅呈現多元性，不同地區老年人對「休閒」的內涵也有相當分歧、多元的認知。

　　國內外對於老年人休閒參與的研究通常將老人較常參與的休閒進行歸類，例如，林勝義（1993）將退休者經常參與的休閒活動分為五種類型：(1)消遣性休閒：例如看電視、散步、聊天；(2)嗜好性休閒：例如看戲、集郵、養寵物；(3)運動性休閒：例如登山、打擊、游泳；(4)知識性休閒：例如閱讀、寫文章、聽演講等；(5)服務性休閒：例如志願服務、照顧兒孫等。朱芬郁（2012）則是根據國內外的研究，把老年人對休閒的規劃分為六項：(1)從事旅遊活動；(2)參與志願性服務工作；(3)參加活腦益智活動；(4)持續閱讀；(5)網路學習；(6)獨處等。

　　Bammel和Burrus-Bammel（1996）的研究則將老年人的休閒活動類型分為「擴張型」與「收縮型」兩種，其中收縮型的人數是擴張型的兩倍以上。「擴張型」的休閒活動多數屬於團體類型活動，展現的是老年人喜歡和他人分享的特質；「收縮型」則傾向自我成

長和獨善其身，通常都是個體過去生活的延續。不管學者對老年人休閒參與的分類如何，讀者可以發現：上述老年人的休閒活動，都具有「自我成長」和「與人分享」的特質，這就是老年人休閒參與的主要特質。

二、影響老年期休閒與運動參與的因素

(一)有利於老年期休閒與運動規劃的因素

一般而言，休閒活動的參與是個體能力感的提升和維持，「休閒」代表另一種行動力，一種從工作中逃走或放鬆的覺察。然而，對老年人而言，休閒的意義不再只是休息、放鬆或追求一種自在的感覺。參與休閒活動對老年人而言，具有特殊的意義，包括：滿足個人的成長動機、自我挑戰、培養自己的能力、找到可以陪伴自己的忠實夥伴，甚至可能為自己找到一份固定的工作（McGuire、Boyd & Tedrick, 2009）。只有真正深入瞭解老年人參與休閒活動的動機和影響因素，才能掌握老年期休閒活動規劃的策略。

根據研究，性別和年齡都不會影響老年人對活動參與的自由度覺知（Baack, 1985; Witt & Ellis, 1985）。但因為休閒所具有的社會化特質，因此工作和職業、人際關係、經濟條件等社會性因素，都有可能影響老年人對休閒活動的選擇和參與狀況。其中，個體的「工作傾向、職業與退休狀態」是影響老年人休閒參與的主要因素，其次為經濟條件、健康情形與動機性、家人與親友的關係、時間自由度、生活形態以及目前的休閒形式。

(二)限制老年人安排休閒與運動的因素

至於影響老年人參加休閒活動的不利因素則包括：(1)缺乏能力；(2)缺乏伴侶；(3)缺乏時間；(4)交通問題，其中，交通問題的不利因素，主要是肇因於經濟能力不足，以及身體機能的退化。因此，如何在原有的活動中求變求新，並供給嶄新的活動經驗；如何提供可親性、近便性的休閒活動和服務，是老年期休閒活動規劃者

的首要任務。

不管是過去強調「個人經驗」的觀點，或者是目前社會情緒選擇理論，這些老化理論和觀點都在強調老年期的異質性、多元性。強調為了瞭解個體老化的過程，我們必須對個體過去生活史、遭遇、所處社會背景有完整的瞭解，才能避免「世代差異」（Knight, 2004）對老人身心健康和認知功能所產生的負面影響。在規劃老人休閒或運動時，除了一般的生理、心理老化因素、身心發展成熟因素之外，也必須考慮「世代差異」的因素。

Vaillant和Mukamal（2001）因此提醒我們：老化的過程既是一種退化和改變，也是一種發展的歷程。透過個人的意志，同樣的個體生理機能與社會環境妥協，可能導致不同的結果。個體會根據妥協的結果，重新選擇自己的生活重心、生活目標，並為生命尋找出口。因此老年生活的確具有發展的可能性，老年生命期的發展除了延續過去的生命和智慧，也有重新定位和擴展的意涵。Vaillant和Mukamal認為，如何能夠適度、妥善的規劃老年期的生活和社會參與，的確需要透過適當的課程、具有經驗的高齡教育工作者加以引導。

貳、新高齡者的休閒運動生活觀──尤里西斯生活

「尤里西斯生活」（Ulyssean living）是McGuire、Boyd和Tedrick（2009）所提出來的概念，尤里西斯生命之旅所要描述的成功老化，不是主張老人在生理功能退化的同時，有多麼好的防禦機制或抗衰老機制；而是強調：老年人在漫長的老年後期也能夠持續的自我探索，在生理和心理上為自己尋找各種「發展」的機會，因為他們相信：任何人在任何階段都有生長和發展的可能性。McGuire、Boyd和Tedrick所提出的尤里西斯生活，讓我們對老年人的老化過程、休閒參與程度、參與的類型、老年人參與運動的意義

等，都有不同的觀點和認識，對高齡教育工作者有很大的啟示。以下分別說明。

(一)尤里西斯生活的老化觀點

老化理論中的「超越老化」（Tornstam, 1992）概念認為，西方所謂「活動是好的、不活動是壞的」的觀點是一種偏見，他們認為：把人們對生產性的範疇侷限在具有展演導向（performance-oriented）的人類活動，是一種窄化的觀點。Tornstam、Johnson和Magnusson對生產性有變通性的觀點，認為休息、放鬆性活動、舒適的慵懶活動、遊玩、創作和智性活動等，都是一種生產性的展現（Johnson & Magnusson, 2001: 38）。簡而言之，「超越老化」的過程是一種觀點的轉換，強調從一種物質狀態，過渡到另一種更寬廣、超越的狀態。擁有「超越老化」的個體對世界有一種全新的視野，對個人職位和物質的占有慾逐漸減少；相反地，和前一個世代之間的連結卻增強了。個體與社會成員間的互動對個體的重要性正逐漸減低，個人的隱居特質和利他心卻越來越顯得重要。

面對全球高齡社會的發展趨勢，儘管許多健康老人陸續證實成功老化的可能性，也樹立了許多成功老化的典範，但是整體社會對老人們持續增長的後期生活，仍然有一種矛盾的刻板印象。例如，我們通常認為老人擁有高成就的老人個體，但是卻常常虐待長期照顧中心裡的老人們，在經濟上排斥老人，在飲食上糟蹋他們，讓他們遭受不平等的待遇等，這是一種極其矛盾的社會態度。因此，McGuire、Boyd和Tedrick等人以「尤里西斯生活」來描述所謂成功老化的老人所應該有的生活模式，強調尤里西斯生命之旅所凝視的是「生命的目標」。

(二)尤里西斯生活的休閒觀點

休閒對個人的利益是多方面的，包括：生理、社交、放鬆、教育、心理、美學等等。隨著年齡的增長，休閒在老年人生活中所

扮演的角色因此越來越重要。由於已經從職場退休,擁有沒有負擔的生活,老年人的年齡和休閒之間的連結更加清晰。事實上,如果我們詢問老人團體中的成員:「什麼是休閒?」答案必定分歧且多元。休閒不等於自由時間,也不等於娛樂、遊戲或活動,但是從事休閒活動以後,必須擁有一種享受的感覺、擁有身心自在感、可以自由加入或退出,同時擁有放鬆感、有成就感和滿足感。由於個人經驗的差異性,因此,「可以滿足個人個別化的需求」,可以說是休閒活動非常重要的基本內涵(Stebbins, 2004)。

「尤里西斯生活」的休閒觀點認為,老年人的休閒參與不只是娛樂、旅遊或放鬆。老年人參與休閒活動除了讓自己覺得知道自己是有用的,更重要的是提升自己的「妥協能力」和「復原力」(resilience)以調適生活的壓力。因此,如何讓老年人和團體中的朋友或家人分享參與休閒活動的經驗,是老人休閒活動規劃的關鍵。例如,根據筆者多年來帶領高齡自主學習團體的經驗,參與學習的最大動機是:「與人分享」、「有更多的主題和他人分享」、「有更多的知識和家人分享」,學員參加自主性學習後,最大的回饋和喜悅是:「到公園裡說給別人聽」、「說給孩子們聽」。

McGuire、Boyd和Tedrick的「尤里西斯生活」休閒觀點,特別呼籲長期照顧機構必須重視高齡入住者的休閒規劃,他們認為,不管是坐在輪椅或長期臥床的長輩,只要用心規劃,都能夠為他們安排一些個人化的休閒活動。透過這些休閒活動,讓他們知道自己是有價值的,同時提升他們的「復原力」,調適因退休或失去原有的生活掌控能力所導致的壓力,對他們的生理和心理健康都有極大的助益。例如,McGuire、Boyd和Tedrick所提到的例子:一位推銷員因為中風住進養護中心,幾個月來悶悶不樂。有一天,工作人員發現她的語言能力逐漸好轉且口齒伶俐,一天到晚翻閱著一本電話簿,這才發現她擁有豐厚的街坊人脈。因此找來一部電話給她使用,從此她透過每天不停的電話拜訪,不僅臉上開始展現燦爛的笑

容，也成功的幫忙推銷其他高齡入住者的畫作，並一起捐款幫助其他機構的老人。

延伸閱讀：休閒代表什麼？

如果我們詢問一個年長者團體中成員：「休閒是什麼？」回答可能包括：「沒有目的地運用時間」、「擁有想做什麼就做什麼的時間」、「沒有既定活動的時間」、「可以放鬆或遊玩的時間」、「做一些和我必須做的事相反的事情」、「在沒有任何壓力下做自己想做的事」、「不被限制的時間」、「做些重要事情以外的事」、「在結束任務後所做的事」、「做自己想做的事」、「不需要向任何人解釋的事」、「不是既定行程的事」……

反之，如果我們詢問一個年輕人團體，可能會有哪些回答呢？回答內容可能會有哪些差異？為什麼呢？

(三)尤里西斯生活的運動觀點

「尤里西斯生活」的運動觀點認為，個體因為老化所造成的改變都可以透過休閒和運動進行改善，因此具有「發展」的潛能（McGuire, Boyd & Tedrick, 2009）。例如：老化過程中大腦氧氣量的減少，可以透過運動來提升；肌肉組織的減少和肌肉彈力的衰退，可以透過運動來減緩退化的速度；老年期脊柱間會產生的擠壓現象，則可以藉由伸展運動來改善；不得已必須以輪椅代步者，懂得讓脊柱保持挺直，就可以避免進一步的內臟傷害；因為瞭解日光對老化所造成的傷害，在選擇休閒和運動參與時，能夠適切地選擇等等。

　　McGuire、Boyd和Tedrick主張，藉由對自己生理和心理的正確瞭解，才能夠避免運動對生理老化造成另一種壓力。因此，老年期的休閒和運動，都必須給予適當的教育指導，才能夠協助老年人接受老化的事實和現況，並減少老化所帶來的舒適感覺，以保證生理和心理的自然發展。事實上，老年期的運動參與和休閒參與之間，無法完全的劃分界線，兩者都是身心健康的預防、保健或復健的概念，其目的則是老年期生活的開展和發展。

　　無論人們對休閒的界定如何，「有選擇的自由感覺」和「有強烈的內在動機」，一直都是休閒的核心概念。對這一波老人潮（aging bloomers）所產生的，教育水平較高、經濟能力較佳的新一代老人們而言，休閒的界定更加寬廣、多元。無論是否從工作職場中退出，只要是出於個人自由意願，在非強迫時間內參加任何活動，因此可以獲得一種成就感、滿足感，或者產生一種享受的覺察，就是一種休閒活動（Iso-Ahola, 1980）。

　　Caudron提醒我們，對於嬰兒潮的老年人而言，退休已經有不同的界定，退休和工作之間的分野已不再截然劃分。退休可能只是從一種工作轉到另一種工作；退休可能結束全時工作，轉而從事部分時間工作。因此，休閒對他們而言，通常和過去的「職場工作」或未來生活計畫的擬定有關，亦即，休閒類型通常和他們的職業有某種關係存在。嬰兒潮老人所追求的一種截然不同的個人生命計畫，這些自主性高的老年人所追求的是一種具有發展性的退休和休閒生活，重視休閒參與的歷程，所展現的是個人化的休閒經驗。

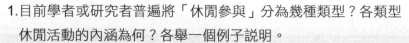

問題與討論

1. 目前學者或研究者普遍將「休閒參與」分為幾種類型？各類型休閒活動的內涵為何？各舉一個例子說明。

2. 運動對老年人有哪些益處？請針對生理、心理兩方面加以解釋。

3. 對老年人而言，透過「深度休閒」的活動參與，可能產生哪些助益？可舉例說明。

4. 何謂「尤里西斯生活」的觀點？尤里西斯生活的休閒觀點對高齡教育規劃者有哪些啟示？

參考文獻

一、中文部分

內政部統計處（2012）。98年老人狀況調查結果。2015年4月21日。取自：http://sowf.moi.gov.tw/stat/week/list.htm

朱芬郁（2012）。《退休生活的經營：概念、規劃與養生》。台北：揚智。

李漢岳（2013）。《身體活動介入對執行功能影響之後設分析》。國立台灣師範大學特殊教育學系碩士論文，未出版，台北市。

汪國麟（2014）。〈拒絕大腦老化，你一定要認識的腦白質稀疏症〉。2015年2月20日。取自http://www.ettoday.net/news/20140321/337563.htm#ixzz3S9SFW8xu（2014/3/21/ETtoday消費新聞）

周秀華、余嬪（2005）。〈深度休閒者學習經驗之研究〉。《國立政治大學教育與心理研究》，28(2)，297-324。

林欣慧（2002）。《解說成效對休閒效益體驗之影響研究——以登山健行為例》。未出版之碩士論文，國立台灣師範大學，台北市。

林珊如（2005）。〈深度休閒與資訊行為研究〉。《圖書資訊學刊》，3(1)，15-22。

林禹良，顏伽如（2003）。〈將終身學習當作認真休閒〉。《大專體育》，65，90-95。

林勝義（1993）。〈退休後生活和社會參與的規劃〉。《成人教育》，16，24-27。

林雅玲譯（2014）。Ann M. Graybiel & Kyle S. Smith撰。〈從腦養成好習慣〉。《科學人》，150，53-57。（2014年8月號）

張俊一（2008）。〈老年人運動休閒互動建構的社會意義〉。《體育學報》，41(4)，105-118。

張喬菀編譯（2014）。〈高齡者的身型比體型更能預測死亡率〉。《國家衛生院電子報》，327，健康知識。2015年2月20日。取自：http://enews.nhri.org.tw/enews_list_new2_more.php?volume_indx=327&showx=showarticle&article_indx=7438

教育部健康體適能網站（2015）。〈體適能〉。2015年2月28日。取自http://www.fitness.org.tw/

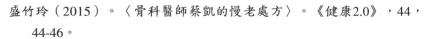
盛竹玲（2015）。〈骨科醫師蔡凱的慢老處方〉。《健康2.0》，44，
　　44-46。

郭乃文（2014）。〈積習可改〉。《科學人》，150，58-62。（2014年
　　8月號）

曾鈺婷（2015）。〈肌力＝青春、30歲的肌肉開始流失〉。《健康
　　2.0》，44，28-31。

湯光宇（2009）。〈閱讀課程可改善孩童腦部組織〉。2015年2月10
　　日。取自http://www.epochtimes.com/b5/9/12/25/n2766009.htm（大紀
　　元）

網路與書（2004）。《去玩吧！》。台北：網路與書出版。

劉虹伶（2005）。〈深度休閒者之休閒效益〉。《大專體育》，78，
　　116-122。

衛生福利部國民健康署（2015）。〈健康體能〉。2015年6月10日。取
　　自：http://health99.hpa.gov.tw/GoogleSearchList2.aspx?q=%E8%BA
　　%AB%E9%AB%94%E6%B4%BB%E5%8B%95%E9%87%8F&cx=0
　　12225246974651610409%3Aye0kaa2mkyu&cof=FORID%3A10&ie=U
　　TF-8（健康九九網站）

簡志龍（2013）。《律動療法》。台北：遠流。

顏伽如（2003）。《深度休閒之參與歷程與相關因素之研究——以台北
　　市立圖書館「林老師說故事」之志工為例》。國立體育學院體育研
　　究所碩士論文，未出版。

二、外文部分

Baack, S. (1985). *Predictors of Perceived Freedom in Leisure of Baptist Church Members*. Unpublished doctoral dissertation. Denton: North Texas State University.

Bammel, G. & Burrus-Bammel, L. (1996). *Leisure & Human Behavior*. Madison: Brown & Benchmark.

Bartley, J. & Fatoye, F. (2012). Good vibrations: Improving clients' health and fitness. *Learning Disability Practice, 15*(9), 25-29.

Csikszentmihalyi, M. (1999). Implications of a systems perspective for the study of reativity. In Sternberg, T. J. (Ed.). *Handbook of Creativity* (pp. 313-338). New York: Cambridge University Press.

Csikszentmihalyi, M. (1997). *Finding Flow: The Psychology of Engagement with Everyday Life*. Basic Books: A Member of Perseus Books Group.

Doctor's House Call (2015). Muscle Means Youth. Retrieved 02/20/2015, from: http://www.alsearsmd.com/catalog

Ellis, G., & Witt, P. (1991). Conceptualisation and measurement of leisure: Making the abstract concrete. In T. Goodale & P. Witt (eds.). *Issues in An Era of Change*, 377-393. State College, PA: Venture.

Gómez-Cabello A., Ara I., González-Agüero A. (2012). Effects of training on bone mass in older adults: A systematic review. *Sports M., 42,* 301-325.

Iso-Ahola, S. E. (1980). *The Social Psychology of Leisure and Recreation*. Dubuque, Iowa: W. C. Brown.

Johnson, H. & Magnusson, J. A. (2001). A new age of old age? Gerotranscendence and the re-enhancement of aging. *Journal of Aging Studies, 15*, 317-331.

Knight, B. G. (2004). *Psychotherapy with Older Adults*. CA: Thousand Oaks.

McGuire, F. A., Boyd, R. K. & Tedrick, R. E. (2009). *Leisure and Aging* (4th ed.). IL: Sagamore Publishing.

Pender, N. J., Murdaugh, C. L. & Parsons, N. A. (2002). *Health Promotion in Nursing Practice* (4th ed.). Upper Saddle River, NJ: Prentice Hall.

Stebbins, R. A. (1992). *Amateurs, Professionals, and Serious Leisure*. Montrel & Kingston: McGraw-Queen's.

Stebbins, R. A. (2001). *New Directions in the Theory and Research of Serious Leisure*. Lewiston: Edwin Mellen Press.

Stebbins, R. A. (2004). Fun, enjoyable, satisfying, fulfilling: Describing leisure experience. *LSA Newsletter, 69,* 8-11.

Stebbins, R. A. (2009). *Leisure and Consumption*. London: Palgrave Macmillian.

Tinsley, H. E. A., & Tinsley, D. J. (1986). A theory of attributes, benefits, and causes of leisure experience. *Leisure Sciences, 8*(1), 1-45.

Tornstam, L. (1992). The quo vadis of gerontology: On the scientific paradigm in gerontology. *The Gerontologist, 32*, 318-325.

Vaillant, G. E. & Mukamal, K. (2001). Successful aging. *American Journal of Psychiatry, 158*(6), 839-847.

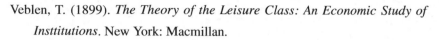

Veblen, T. (1899). *The Theory of the Leisure Class: An Economic Study of Insttitutions*. New York: Macmillan.

Witt, P. A. & G. D. Ellis (1985). Development of a short form to assess perceived freedom in leisure. *Journal of Leisure Research, 17*, 225-233.

三、心身靈修網站

http://www.awakening360.com/

http://sacredcenters.com/

http://theshiftnetwork.com/

http://www.psygarden.com.tw（心靈工坊）

老人福利與老人社會工作

梁慧雯

1.福利權發展與老人福利

2.台灣老人福利服務現況

3.老人社會工作實務

第一節　社會福利發展背景

壹、公民權與社會福利的興起

　　社會福利（social welfare）是十九世紀才開始發展的概念，其內涵大致指涉促進社會整體的幸福與利益，美國社會工作人員協會（National Association of Social Workers, NASW）對於社會福利之解釋為：社會福利一般而言是指政府與民間機構為防止、減輕與解決社會問題，或是改善個人、團體及社區之福利的各項有組織的活動，其以協助人民獲得基本社會、經濟、教育和健康需求之滿足為目的，以方案、給付及服務之提供為手段的國家制度。因此，社會福利可視為一個國家的政策，透過國家與社會團體的力量，以滿足社會整體福祉及個體需求為目的，所採行計畫性與系統性之政策及方法。

　　由於民主政治中福利權意識的興起，加以社會經濟快速發展、家庭型態多元化，並且社會問題日益多元而複雜，傳統以家庭（家族）為依賴的社會支持系統，功能逐漸薄弱，為了維繫社會中個人、家庭及社區穩定發展，社會福利制度的推展成為各國促進社會安定與安全重要策略。

　　社會福利的興起與社會快速發展息息相關，在封建社會，國家對於人民遇到天災、貧困施予救濟（施粥、放糧）的措施，被視為是國家君主的「恩賜、施恩」行為，是一種上對下的權威式救濟措施；然而在工業快速發展與資本主義社會中，社會逐漸走向個人式功利主義，社會經濟制度更為複雜，人民需承擔之社會風險相對提高，加上貧富差距與社會問題層出不窮，國家為了穩定社會秩序、提升社會整體安全，相關社會救助、社會保險及生活津貼等政策陸續提出，形構成一社會安全網，以保障社會穩定發展。

　　社會福利除了是政府政策作為之外，其發展也與公民社會理

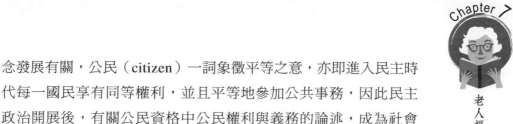
念發展有關，公民（citizen）一詞象徵平等之意，亦即進入民主時代每一國民享有同等權利，並且平等地參加公共事務，因此民主政治開展後，有關公民資格中公民權利與義務的論述，成為社會福利推展的助力，Mashall針對公民資格權利提出三項基本要素：(1)公民權（civil right），即確保成員個體自由享有的權利，如人身自由、言論自由等，需有司法制度來保障；(2)政治權（political right），即成員得以行使政治權利，需有政治體系來保障；(3)社會權（social right），成員得以分享社會遺業及文明進步成果的權利，個體得以獲有符合當前社會標準的文明生活權利（蔡漢賢、李明政，2011）。其中，政治權與社會權的倡導，有助於社會弱勢者享有平等公民資格權利，促使其公民地位不再處於被「施捨」的底層地位。時至今日，社會福利不僅於「慈善」的概念，而是一種積極性的公民權利概念，提供人民在社會中安身立命之依靠。

西方早期以救濟為主的助人工作，教會的社區睦鄰工作扮演重要角色，英國1601年通過之「伊莉莎白濟貧法案」可謂國家推動社會福利具體措施之重要里程碑，當時之社會背景，英國政府關注到日益嚴重之貧窮問題，修正過去以救濟為主之經驗，在強調家庭與親屬責任之基礎上，該法案將國家介入救濟的對象區分為三類：

1. 有工作能力且體力健全之貧民，禁止給予救濟，而是以工作取代施給，要求有工作能力之貧民至矯治之家或勞役所（working house）工作。
2. 老人、兒童、身心障礙者等無工作能力者，給予院內救濟（入住救濟院）或院外救濟（實物補助）。
3. 失依兒童或是家庭無力撫養之兒童，採取免費家庭安置。

英國濟貧法案明確訂定救濟條件與責任範圍，且以教區為實施單位，是今日全球社會救助工作之先驅。然而面對工業社會日益複雜之社會問題，及當時社會階層造成之族群問題，加以勞役所提供

之待遇及環境極差,引發社會議論,爾後濟貧法案歷經多次修正,尤其在如何避免家庭依賴、降低社會對貧窮偏見、增進勞工賦權等議題上,多有著墨,直到1948年,英國廢除濟貧法案,改以社會救助法施行。

除了對抗貧窮的政策,為了讓民生穩定,預防社會崩解,社會福利的型態仍有其多元服務內容,一般而言,國家辦理社會福利可區分為殘補式及制度式社會福利兩種,殘補式社會福利是依照各族群特別之需求,以問題需求為核心,針對個別需要協助者的問題,提供必要之福利服務,如美國社會福利制度提供貧困兒童生活津貼(AFDC);制度式福利則是一種普及式的預防制度,為了避免社會問題發生,預先進行預防性政策,如英國的公醫制度(NHS)。各國的社會福利政策發展,在1990年代以後,紛紛面臨福利緊縮的問題,政府開始邀請民間參與福利供給,也開啟福利多元主義的新世代,政府經由委託契約的方式,將服務外包由非營利組織執行,政府的角色從傳統福利服務唯一供給者,轉為服務守門員角色,並且在新公共管理主義與社區治理理念的影響,社會福利服務的提供,走向多元而彈性、重視績效與強調對利害關係人的服務責信。

貳、我國社會福利政策內涵

綜觀各國社會福利的辦理內涵,社會福利主要內容可以分成所得維持、健康醫療、就業政策、住宅政策及福利服務等面向(李易駿,2011),我國現階段之社會福利政策,參酌國際社會福利制度發展趨向,考量人口結構高齡化及少子女化帶來之衝擊,除了強調排除社會不公與賦權(empowerment)弱勢族群之外,並且以積極性福利的理念,著重家庭與社區功能之彰顯,進而培力公民社會責任。準此,行政院在2012年訂頒之「中華民國建國一百年社會福利政策綱領」即以「邁向公平、包容與正義的新社會」為主軸,作為

社會福利政策規劃及福利服務實施之依歸，其中「公平」係以保障弱勢為出發，減少因制度性或資源分配造成之社會不公；「包容」則立基於消除社會制度、偏見或多元發展下產生之社會排除，保障國民參與社會的權利，尤其尊重多元文化差異，營造友善包容的社會環境；而「正義」則關注於國民平等的發展機會，著重積極性福利，藉由社會投資累積人力資本來促進經濟與所得的穩定成長，建構健全的社會安全制度，以社會救助與津貼維護國民生活尊嚴，以社會保險維持國民基本經濟安全，以福利服務提升家庭生活品質，以健康照護維持國民健康與人力品質，以就業穩定國民之所得安全與社會參與，以居住協助與社區營造協助國民在地安居樂業。基於上述公平、包容與正義三項主軸，分別以社會救助與津貼、社會保險、福利服務、健康與醫療照護、就業安全、居住正義與社區營造等六大項目作為實施社會福利政策之策略。

第二節　我國老人福利

我國「老人福利法」明定，國民65歲以上界定為老人，台灣在1993年底，65歲以上的老年人口超過總人口數之7%，達到聯合國世界衛生組織所訂之高齡化社會指標，在步入高齡化社會之後，老人醫療及照顧需求、多元家庭型態（隔代家庭、重組家庭、獨居等）、老年經濟生活保障等議題受到高度關注，由於社會結構與發展，高齡化的「銀浪」潮流並且也帶動社會產業與服務的改變，成為政府及民間關注的焦點，因而也需要有相對的規劃及因應對策。

壹、經濟安全

老人的經濟安全保障首重預防性規劃，退休面臨的首要問題即是經濟收入中斷，有關老人經濟來源，而65歲以上老人之經濟來源

有42.00%的老人係由「子女奉養（含媳婦、女婿）」，其次是來自「政府救助或津貼」占17.12%，再其次為來自「自己退休金、撫卹金或保險給付」者占16.40%，在少子女化及高齡化人口趨勢之下，老人平均餘命延長，對於健康照顧及生活消費需求增加，勢必對於青壯年族群造成經濟上之負擔，因此，各先進國家積極推動勞工及職業保險或社會保險對於退休後年金之給付，以作為老化生活之基本經濟保障。大體而言，老年經濟安全制度可區分為：社會保險、社會救助及社會津貼。其中，社會保險採預防性、自助互助的精神；社會救助則是以維持家庭基本生活功能，是社會安全最後一道防線；社會津貼則是以特定資格人口為對象，基於社會尊嚴為前提，所提供的補貼。以下分別與老人相關之社會保險、社會救助及社會津貼相關政策做說明：

一、社會保險

國家辦理社會保險，其目的是希望能透過保險制度協助國民不會因為年齡、疾病、身心障礙或職業傷害等因素，導致個人或家庭陷入危機，作為社會安定之基礎，因此，社會保險因其保險對象及目的性不同而規劃有異，目前台灣的社會保險除了勞保、公保、軍保等類別外，尚包括職業災害保險、健康保險、國民年金保險、就業保險、長期照顧保險（法案審查中）等。

我國之「國民年金法」歷時十四年之規劃，於2008年10月1日起開始施行，其主要納保對象是年滿25歲、未滿65歲，在國內設有戶籍，且沒有參加勞保、農保、公教保、軍保的國民。有關勞保、軍公教保等現有社會保險納保者，其退休年金給付上已與國民年金保險做合併規劃擇一申領方式，以減輕保費繳交負擔，其保險給付項目包含「老年年金」、「身心障礙年金」、「遺屬年金」、「生育給付」與「喪葬給付」等保障，所謂年金，即指一種定期而持續性的給付方式，比如目前65歲以上老人，每人每月可領老年年金給

付3,500元,由於是採保險方式辦理,不會因請領者經濟狀況而影響請領資格,國民年金之開辦,也讓我國社會安全網更加落實全民經濟安全之保障。

除此之外,為免老人因失能及需長期照顧,而造成家庭龐大經濟與照顧壓力,我國自2008年即開始規劃長期照顧保險法,將身心障礙者及老人等需長期照顧作為保障之對象,該法案刻正於立法院審理中,長期照顧保險法之推行象徵我國在老年經濟保障制度上更趨完整。

二、社會救助與社會津貼

社會救助是政府的公共救助政策,其目的在維持國民最低(基本)生活水準所需的所得,因此,社會救助給付需要經過資產調查的程序,透過對於低收入戶及中低收入戶的經濟補助,作為維護經濟安全最後的一道防線,這是一種所得再分配的概念,透過稅收將所得分配於社會相對弱勢的族群,各國在社會救助政策上,長期以脫貧為目標,在服務方案上,力求協助弱勢族群賦權與自立,在老人的社會救助措施上,則是在生活扶助之外,針對老人及照顧者給予津貼或補助。

(一)中低收入老人生活津貼

針對未有接受政府公費收容安置之經濟弱勢老人,所提供之經濟援助措施,該項措施發放標準:家庭總收入按全家人口平均分配,未達最低生活費用標準1.5倍者,每人每月發給生活津貼7,200元,達1.5倍以上2.5倍以下者,每人每月發給生活津貼3,600元。

(二)中低收入老人特別照顧津貼

為了體恤家庭照顧者因照顧老人無法工作,針對領有中低收入老人生活津貼且未接受機構收容安置、居家服務、未僱用看護(傭)、未領有政府提供之日間照顧服務補助或其他照顧服務補助

者，其失能程度達日常生活活動功能量表評估為重度以上，且實際由家人照顧，補助家庭照顧者中低收入老人特別照顧津貼每月5,000元，以彌補因照顧家中老人而喪失的經濟來源。

(三)其他相關補助

老人健康檢查保健服務、中低收入老人裝置假牙補助、中低收入老人重病住院看護補助、補助低收入戶及中低收入戶老人參加全民健康保險之保險費等。

貳、健康與生活照顧

一、健康促進

老年期健康狀況會影響其生活品質、心理及社會功能及幸福感，世界衛生組織（WHO）在1986年「渥太華憲章」中首先提出健康促進的概念：「健康促進是使人們能夠對自身的健康及其決定因素加強控制，並從而改善其自身健康的過程。」並且提出五大行動綱領，包含建立健康的公共政策、創造支持性環境、強化社區行動、發展個人技能及重新定位健康服務等（陳雪芬，2013），為個人、社區及國家在健康議題上之行動，提供新的行動取向。

參酌各國推動經驗，國民健康署於2009年提出我國「老人健康促進計畫（2009-2012）」，落實從中央到社區，整合政府及非營利組織相關方案，構築我國老人健康促進體系，其計畫目標包含維護老人獨立、自主的健康生活，降低老人依賴程度；主要工作項目包括：促進老人健康體能、跌倒防制、健康飲食、口腔保健、菸害防制、心理健康、社會參與、老人預防保健及篩檢服務等八大項工作，以社區為單位，鼓勵老人自主參與，並且賦權個人健康促進行動，進而影響社區健康促進能力。

然而，面對健康及身體功能逐漸失能的老人，生活照顧的支持

性與補充性福利措施，顯得格外重要。

二、長期照顧十年計畫

考量老人身體健康與生活自理能力退化狀況是連續而漸進式，照顧工作勢將成為家庭與社會沉重的負擔，加上各類照顧服務機構功能與服務提供未見整合，行政院於2007年4月3日核定「我國長期照顧十年計畫」，規劃我國老人及身心障礙者未來生活照顧之政策方向。長期照顧十年計畫整合現有的社會福利資源，以符應老人及身心障礙者照顧之需求，其具體目標為：建構完整長期照顧體系、保障身心功能障礙者能獲得適切的服務，增進獨立生活能力，提升生活品質，以維持尊嚴與自主。準此，此計畫規劃之原則：(1)普及化；(2)連續性照顧；(3)鼓勵自立；(4)支持家庭照顧責任；(5)階梯式補助原則；(6)地方化；(7)夥伴關係。

(一)服務對象

長期照顧服務對象包含下列四類：(1)65歲以上老人；(2)55歲以上山地原住民；(3)50歲以上身心障礙者；(4)僅工具性日常生活活動功能（IADL）失能且獨居之老人。再依服務對象之失能程度分為輕度、中度、重度三級，採補助服務使用之方式，訂定不同補助比率：

1.低收入者由政府全額補助。

2.中低收入者補助90%。

3.一般戶之補助比率為70%。

4.超過政府補助額度者，則由民眾全額自行負擔。

(二)服務原則

1.給付型態以實物給付（服務提供）為主，現金給付為輔，並以補助失能者使用各項照顧服務措施為原則。

2.依民眾失能程度及家庭經濟狀況，提供合理的補助；失能程

度愈高者，政府提供的補助額度愈高。

3.失能者在補助額度內使用各項服務，需部分負擔經費；收入愈高者，部分負擔的費用愈高。

　　我國長期照顧十年計畫整合現有衛生及社會福利有關老人照顧相關福利措施，以單一窗口便利國人申請，內容包含居家服務、日間照顧、老人營養餐飲服務、輔具購買租借、居家無障礙環境改善服務、長期照顧機構服務、居家護理、社區及居家復健及喘息服務等福利服務措施。若針對老人生活照顧模式，可區分為居家照顧、社區照顧及機構式照顧服務，具體補助項目內容如**表7-1**。

　　為了便利整合各縣市資源，各縣市政府均設有長期照顧管理中心，以單一窗口申請方式，協助人們依照需求申請服務項目，此乃兼顧個案自主性及選擇性需求，並且提供資源整合與福利服務訊息，透過政府部門及民間單位協力方式，長期照顧十年計畫將更有效提供具可近性、便利性、整合性之照顧服務。

參、老人社會參與

　　Erickson認為老年時期不斷在積極生活與憂懼不再存在的交錯整合中，發展生命的智慧，因此，以社會心理學的觀點，老人重新評價過往、找尋生存的意義，是通往圓融人生的必經途徑（周怜利、2000）。活躍老化採取活動理論的觀點，透過積極的生活態度，可克服年齡帶來心理和身體帶來的困境，為了悠遊於在老年生活，高齡者必須保有主動性，不斷找尋新的興趣來代替工作（Lemon, Bengtson & Peterson, 1972）。因此，活動理論提到兩個老年生活的重要議題：(1)參與社會活動的經驗；(2)在活動參與中之學習與潛能激發。

　　成功老化的三個關鍵因素：降低疾病或失能的風險、高度的心理與生理功能、積極的投入生活，其中積極地投入生活可以達到與

老人福利與老人社會工作

表7-1　長期照顧十年計畫補助內容

項次	服務項目	目的	補助內容
1	照顧服務（居家服務、日間照顧、家庭托顧）	以日常生活活動服務為主	1.依個案失能程度補助服務時數： (1)輕度：每月補助上限最高25小時；僅IADLs失能且獨居之老人，比照此標準辦理。 (2)中度：每月補助上限最高50小時。 (3)重度：每月補助上限最高90小時。 2.補助經費：每小時以180元計（隨物價指數調整）。 3.超過政府補助時數者，則由民眾全額自行負擔。
2	喘息服務	用以支持家庭照顧者	1.輕度及中度失能者：每年最高補助14天。 2.重度失能者：每年最高補助21天。 3.補助受照顧者每日照顧費以新台幣1,000元計。 4.可混合搭配使用機構及居家喘息服務。 5.機構喘息服務另補助交通費每趟新台幣1,000元，一年至多4趟。
3	居家護理	維持或改善個案之身心功能	除現行全民健保每月給付2次居家護理外，經評定有需求者，每月最高再增加2次。補助居家護理師訪視費用，每次以新台幣1,300元計。
4	社區及居家復健	維持或改善個案之身心功能	針對無法透過交通接送使用健保復健資源者，提供本項服務。每次訪視費用以新台幣1,000元計，每人最多每星期1次。
5	輔具購買、租借及住宅無障礙環境改善服務	增進失能者在家中自主活動的能力	每10年內以補助新台幣10萬元為限，但經評估有特殊需要者，得專案酌增補助額度。
6	老人營養餐飲服務	協助經濟弱勢失能老人獲得日常營養之補充	服務對象為低收入戶、中低收入失能老人（含僅IADLs失能且獨居老人）；每人每日最高補助一餐，每餐以新台幣50元計。
7	交通接送服務	協助中重度失能者滿足以就醫及使用長期照顧服務為主要目的交通服務需求	補助中重度失能者使用類似復康巴士之交通接送服務，每月最高補助4次（來回8趟），每趟以新台幣190元計。
8	長期照顧機構服務		1.家庭總收入未達社會救助法規定最低生活費1.5倍之重度失能老人：由政府全額補助。 2.家庭總收入未達社會救助法規定最低生活費1.5倍之中度失能老人：經評估家庭支持情形如確有進住必要，亦得專案補助。 3.每人每月最高以新台幣18,600元計。

資料來源：衛生福利部網站 http://e-care.sfaa.gov.tw/MOI_HMP/HMPa001/begin.action

他人持續維持關係，並且參與有意義及目的性之活動，將有助於老人社會關係的建立與自我評價功能的進行，Fisher（1993）研究發現由於高齡者對社會化的需求有日增的趨勢，其中個別化或是同儕支持的需求，對於高齡者學習轉化居關鍵角色；而高齡者與他人之互動、社會參與和高齡者學習及生活滿意度上均有相關，友誼和支持關係的建立與高齡者的人際網絡和社會參與意願有關聯（Ashida, 2006）。

我國老人福利服務工作中，有多項與社會參與相關之服務項目：

一、長青學苑

增進老人退休後生活安排與適應，鼓勵老人積極參與社會，以提升自我實現與自我價值，長青學苑課程內容兼具益智性、教育性、欣賞性、運動性等動靜態性質，尤其在增進老人數位科技能力與新知等課程，有助於老人融入社會生活。

二、老人服務中心

老人服務中心係提供老人活動與服務的場所，透過定期與計畫性方案，促進個人社會參與，維繫社會關係，並且發展社會性角色功能，充實老人精神生活。因此，老人服務中心除了休閒與服務提供的功能外，透過社團活動、心理衛生服務、志願服務計畫等，鼓勵老人積極在參與中提升內在價值，發展正向心理。

三、行動式老人文康休閒巡迴服務

內政部於2004年啟動「推展行動式老人文康休閒巡迴服務實施計畫」，以行動服務車之概念，結合民間團體定期定點辦理社區巡迴服務，取代定點補助興建老人文康活動中心功能，擴大服務輸送管道，讓偏遠地區因資訊不足、交通不方便之長輩明瞭政府提供的福利服務，將相關資訊遞送至有需求之家庭，甚至當場提供協助。

此項巡迴關懷專車提供福利服務、健康諮詢、生活照顧、休閒文康育樂等服務，協助鄉村地區老人就近接受服務、鼓勵社區老人走出家門與社區居民互動，學習關心公共議題，參與活動並瞭解各項社會福利服務措施。

行動式老人文康休閒巡迴關懷專車

四、休閒育樂活動

(一)辦理各項老人福利活動

透過辦理研習（討）會、觀摩會及敬老活動等項目，滿足老人休閒、康樂、文藝、技藝、進修及聯誼等需求，提升銀髮族身心靈快樂，達到健身、防老的雙重效能。

(二)各類優待措施

為鼓勵老人多方參與戶外活動，對於老人搭乘國內公、民營水、陸、空大眾運輸工具、進入康樂場所及參觀文教設施等，於「老人福利法」明定應提供半價優待。

此外，我國在2006年公布「邁向高齡社會老人教育政策白皮書」，強調老人教育的四大遠景——「終身學習」、「健康快樂」、「自主與尊嚴」和「社會參與」。教育部於各縣市成立樂齡學習資源中心，推動各項樂齡學習方案，除了強調多元化、精緻化

與在地化之外，鼓勵老人關心健康與社會參與，透過樂齡方案的實務，提升老人的自我價值和激發潛能（黃富順、黃明月，2006）。

肆、友善關懷老人服務方案

　　2009年行政院核定「友善關懷老人服務方案」，以「活力老化」、「友善老人」、「世代融合」為主軸，推動全方位的服務措施，透過加強弱勢老人服務，提供關懷照顧保護；推展老人健康促進，強化預防保健服務；鼓勵老人社會參與，維護老年生活安適；健全友善老人環境，倡導世代融合社會等四大目標，整合各單位資源，以建構有利於老人健康、安全與活躍之友善社會。

　　該方案以現有老人福利業務為基礎，特別關注失智症老人照顧議題、老人健康促進與營造友善環境主題，在活力老化的前提下，倡導友善環境建構與世代共融，我國的老人福利政策推動的策略已從法制改革，轉向對於邁向成功老化支持性環境之建構，試圖以老人自主與活力取代弱勢關懷之觀點，作為整合跨部會老人政策之共同推動目標。

一、友善關懷老人服務方案執行策略與工作項目

(一)加強弱勢老人服務，提供關懷照顧保護

　　1.對經濟弱勢或偏遠地區老人提供適當的服務，維護他們的尊嚴並保障其權利：

　　　(1)中低收入老人：補助免費裝置假牙；提供租屋補助或協助改善居家環境、強化居家環境無障礙修繕。

　　　(2)偏遠、離島或原住民地區老人：保障其就醫權益，加強辦理遠距照護、長期照顧資源連結。

　　2.發展失智症的照顧資源，提供多元連續照顧服務：

　　　(1)加強失智症的教育宣導。

(2)辦理失智症早期篩檢相關服務。

(3)加強失智症家庭照顧者支持體系。

(4)建構多元連續性之失智症照護模式。

3.建置保護網絡，對獨居或可能被疏忽、遺棄、虐待之老人提
　供適當的服務：

(1)建置老人保護資訊平台。

(2)加強教育宣導負責老人保護通報責任的人員。

(3)匯聚警政、衛生、社政、民政及民間力量，建置老人保護
　網絡體系。

4.宣導財務規劃對老人的重要性：

(1)推廣老人財產信託，協助老人管理與規劃財務。

(2)宣導商業性質年金保險或長期照護保險等。

(3)研議房屋淨值轉換抵押貸款產品之可行性。

(二)推展老人健康促進，強化預防保健服務

1.加強健康促進與預防保健，維護老人身心健康：

(1)強化老人對健康維護的知識與能力。

(2)推廣慢性病高危險群之預防保健及健康促進服務。

(3)宣導、推廣老人防跌計畫，辦理老人口腔保健服務。

2.強化初級預防照顧服務，加強轉介連結其他服務體系功能：

(1)加強社區照顧支持體系，發展社區初級預防照顧服務。

(2)充實農村社區照顧設施，強化農村社區服務。

(3)增進原住民部落老人日間關懷站服務功能。

3.落實在地老化，鼓勵機構發展居家及社區式照顧服務資源：

(1)鼓勵老人機構發展多層級照護服務模式。

(2)鼓勵老人機構參與外展服務，支援居家式及社區式照顧。

4.加強老人服務相關人力培育與運用：

(1)增強培育老年健康維護及促進之人力。

(2)勉勵原住民及農村地區居民參加培訓。

　　(3)招募並定期辦理相關訓練，鼓勵學生、社區人士、企業員
　　　工加入老人志願服務工作團隊。

　　(4)規劃相關獎勵和配套措施，鼓勵專業人員，如醫療及社工
　　　等，投入照顧服務。

(三)鼓勵老人社會參與，維護老年生活安適

　1.建構高齡教育體系，保障老人學習權益：

　　(1)整合各式資源，提供老人多元終身學習管道。

　　(2)鼓勵學校、相關機構開設適宜老人之推廣教育課程，並鼓
　　　勵老人參與。

　2.促進老人社會參與，建立正向生活態度：

　　(1)鼓勵、推廣老人參與志願服務。

　　(2)宣導屆齡退休研習活動、加強老人休閒設備。

　3.協助老年生活調適，維護老人生活安適：

　　(1)增進老人退休後的家庭生活和社會調適能力。

　　(2)宣導老人自殺防治之預防措施，加強老人憂鬱症篩檢。

　4.加強老人生活及福利等資訊的教育和流通管道：

　　(1)設置「服務單一窗口」，提供老人醫療、保護、福利服務
　　　資訊及資源。

　　(2)協助老人取得輔具資訊，提供二手輔具維修及租借服務。

　　(3)提供教育訓練，提高老人得到所需服務資訊之相關知能。

　　(4)推廣老人及其家屬正確的就醫觀念和安全用藥。

(四)健全友善老人環境，提倡世代融合社會

　1.提供友善交通運輸環境，降低老人行的障礙：

　　(1)進行人行道空間改進，降低老人外出之阻礙。

　　(2)提高辦理交通接送服務，提供失能老人就醫及使用長期照
　　　顧的服務資源。

　　(3)規劃友善老人交通運輸通用設計。

2.加強無障礙環境改良，提供友善活動空間：

(1)檢討無障礙環境相關法規，加強建築物無障礙設施設計規範的實施。

(2)協助公共建築物及活動場所的無障礙設施及設備設置。

3.加強閒置空間增設老人福利服務場域：

(1)檢視公共建築物閒置空間之活化計畫。

(2)擬訂閒置空間之運用與管理辦法，輔導其作有效利用。

4.營造悅齡親老社會：

(1)經由學校及社會教育等活動，推廣正確認識老化，進而敬老親老。

(2)辦理認識家庭價值、世代互助之活動。

(3)宣導法定扶養義務者應善盡奉養老人之責任觀念。

(4)辦理薪傳活動，增進文化傳承、代間互動。

第三節　老人人力資源運用

依據內政部2009年老人生活狀況調查，有11.17%之老人仍有工作，其中以從事以農林漁牧業者為多，其次為服務工作人員及售貨員，近年民間團體倡導老人退休後可以運用所長投入事業第二春，勞動部鼓勵企業善用老人人力資源，提供彈性與適性工作職缺，有助於老人在退出專職勞動主流市場後，仍保有工作機會、經濟自主的尊嚴，在面對我國人口在高齡化及少子女化趨勢下，勞動部於2014年成立「銀髮人才就業資源中心」，以因應2016年後勞動市場將開始面臨世代交替下發生之人力缺口，因此銀髮人力資源開發與運用，對於勞動市場而言，老人退休轉職彈性勞動市場，有助於延緩勞動力市場人力不足的落差問題。

至於老人人力資源運用方法，需以人力發展的方向，先建置老人人力開發與運用模式及鼓勵企業進用老人人力之相關措施。老人

多擁有豐富的人生歷練與智慧，具備專業知識和技能，雖然因為老化因素，流體智能退化較快，對於需長期投入、體能性等相關的工作較無法勝任，但若工作設計做適當的調整，針對老人專長做職務再設計、工作流程、內容、彈性工時等安排，仍可發揮老人的職場優勢。

另一種老人人力運用的策略是志願服務，也是老人退休後投入社會主要策略，以志願服務作為老人人力資本累積的目的，在於透過社會參與，老人可以學習新知、維繫及發展社會關係，同時，團體關係中獲得社會性與心理支持，達到老人社會資本的累積。

第四節　老人社會工作實務

社會工作的發展脈絡與國家的福利制度息息相關，早期社會工作從事社會救助工作，針對社會相對弱勢者、遭受困境者或是因為社會結構遭致受壓迫者，提供直接與間接服務，運用專業助人方法，協助案主克服困難解決問題，透過社會倡議、充權、社會行動等方式，協助案主爭取權利或平等地位。

社會工作是一門助人的藝術，其對人的基本價值，認為人具有各種潛能、人具有實踐潛能的義務及發展的權利，因此，人對於自我及社會都具有權利及義務；社會工作必須要能掌握服務對象個人的潛能，以協助個人自我激發與自我實現（曾華源、胡慧嫈、李仰慈、郭世豐，2013）。

老人社會工作係以「全人、全程、全方位」的專業為目標（陳燕禎，2009），在老人的權益促進、安全維護、自主與尊嚴兼顧的前提下，老人社會工作必須掌握老人的需求與問題型態，運用於社區及機構老人輔導與服務方案上。尤其是當老人面對逐漸消退的身體健康與社會關係，如何適應晚年的種種悲傷與失落，然後又再以不斷前進的生命觀點，重新評價人生、發展人生智慧，進而邁向成

功老化，此乃助人工作者在投入老人服務工作的首要目標。

以復原力為取向之老人社會工作

　　復原力（resilience）是指個人在困境中，能運用資源與策略，因應問題並且突破困境，在面對挑戰與風險時，個人忍耐、自我修正及積極成長的過程，因此，復原力是一種動態的心理內在調整過程，個體的因應過程及表現結果必須是積極正向（Luthar, Cicchetti & Becker, 2000；白倩如、李仰慈、曾華源，2014）。有別於過去以問題及病理觀點看服務對象的困境，復原力觀點則關注案主所處環境及個人與環境系統互動的過程、結果及對服務對象產生的影響。

　　復原力核心概念包含逆境、風險因子及保護因子，逆境最常見的類型為重大創傷事件的經驗、個人長期的身心行為困境與環境長期壓迫造成的困難；風險因子是所處環境對個人產生威脅或負面結果之項目，如老人虐待、疾病或貧困生活的挑戰；保護因子則與個人面對逆境時，可以減緩、調節或修補的項目，保護因子又可區分為內在及外在保護因子，內在保護因子是個人在壓力環境中發展出來的能力，如問題解決能力、希望感、自我效能等，外在保護因子則泛指可以協助對抗逆境的社會支持與機會，如正向依附關係、支持網絡、社會參與機會等。

　　Folkman（2008）認為個體在壓力情境中，「有意義的因應」（meaning-based coping）對於負向事件的影響會產生調節作用，有意義的因應包含正向重新評價、修正目標、正向的活動及精神上的信念等，因此，因應的過程是創造一連串正向情緒的成果。不論壓力或逆境因應的過程，個人內在情緒的復原力的發展，在生命歷程中會不斷在進行（引自Allen, Haley, Harris, Fowler, Pruthi, 2011）。復原力觀點應用於老年期面臨不同生活困境時，首先，社會工作介入時須先從老人所處生活情境瞭解，分析其在困境中風險因子與保

護因子作用情形；其次，當壓力產生時，老人內外在保護因子如何啟動，保護因子對於壓力的因應方式，是否有抑制或減緩風險因子的作用？第三，在壓力因應的過程中，老人如何重新評價自我，並且對於困境事件產生經驗性意義，而在促進保護因子之作用時，例如：老人的依附關係、同儕支持、問題解決技巧，是否也增進了老人的自我效能？最後，老人能否從壓力因應中產生生命智慧，以幽默的態度來回顧復原力作用的歷程。

在此過程中，希望感可以成為啟動復原力作用的階段性目標，Snyder（2000）認為希望感是一種認知思考的歷程，個體會根據所設定的目標，反覆推演自己是否有足夠的方法達成目標，以及自己是否有足夠的意志力去運用這些方法（引自唐淑華，2010），因此，希望感理論認為必須要由服務對象提出可達成的目標，社工員與服務對象共同研議多種可達成目標的方法，接著影響希望達成的關鍵因素在於個人保有彈性的思維及意志力，當克服困難而達成希望目標後，個人的自我效能、復原力也會跟著提升。

社會工作者不論在機構式照顧、社區式或居家式照顧工作上，都是老人接受服務的決定角色，同時也是老人依靠的對象（Sung, Dunkle, 2009），在介入的歷程中，若能提升老人自我評價及問題解決能力、促進環境及個人保護因子運用，並且以陪伴者的角色協助老人目標的達成，在一定程度上，老人在面對接續而來的問題時，定能再重新啟動保護因子，以人生智慧化解困境難題。

問題與討論

1. 你所知道家中長輩享有的社會福利有哪些？長輩如何運用社會福利資源？

2. 訪問一位參與志願服務的長輩，請教他（她）志願服務吸引人的特質有哪些？

3. 在友善關懷老人服務方案中，你認為哪些項目是立即可以達到的？哪些項目是較困難的？為什麼？

參考文獻

一、中文部分

內政部（2009）。《98年老人生活狀況調查》。台北：內政部。

李易駿（2011）。《社會福利概論》。台北：洪葉文化。

白倩如、李仰慈、曾華源（2014）。《復原力任務中心社會工作——理論與技術》。台北：洪葉文化。

周怜利譯（2000）。E. H. Erikson, J. M. Erikson, H. O. Kivnick著。《Erikson老年研究報告》。台北：張老師文化。

唐淑華（2010）。《從希望感模式論學業挫折之調適與因應——正向心理學提供的「第三種選擇」》。台北：心理。

陳雪芬（2013）。〈健康促進基本概念〉。載於陳雪芬、黃惠瑩、黃雅文、黃純德、許維中、林志學、張宏哲、林文元、陳嫣芬、魏大森、姜逸群及王靜枝編著，《老人健康促進》，頁3-22。台北：華都。

陳燕禎（2009）。《老人服務與社區照顧：多元服務的觀點》。台北：威仕曼。

曾華源、胡慧嫈、李仰慈、郭世豐（2013）。《社會工作專業價值與倫理概論》。台北：洪葉文化。

黃富順、黃明月（2006）。《邁向高齡社會老人教育政策白皮書》。台北：教育部。

蔡漢賢、李明政（2011）。《社會福利新論》。台北：松慧。

衛生福利部（2013）。《102年老人生活狀況調查》。台北：衛生福利部。

二、外文部分

Allen, R. S., Haley, P. P., Harris, G. M., Fowler, S. N., & Pruthi, R. (2011). Resilience: Definitions, ambiguities, and applications, In Barbara Resnick, Lisa P. Gwyther & Karen A. Roberto (Eds.), *Resilience in Aging: Concepts, Research, and Outcomes* (pp. 1-13). New York: Springer Science & Business Media.

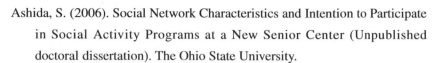

Ashida, S. (2006). Social Network Characteristics and Intention to Participate in Social Activity Programs at a New Senior Center (Unpublished doctoral dissertation). The Ohio State University.

Fisher, J. C. (1993). A framework for describing developmental change among older adult. *Adult Education Quarterly, 43*(2), 76-89.

Lemon, B. W., Bengtson, V. L. & Peterson, J. A. (1972). An exploration of the activity theory of aging: Activity types and life expectation among in-movers to a retirement community. *Journal of Gerontology, 27*(4), 511-523.

Luthar, S. S., Cicchetti, D. & Becker, B. (2000). The construct of resilience: A critical evaluation and guidelines for future work. *Child Development, 71*, 543-562.

Sung, Kyu-taik, Dunkle, R. E. (2009). How social workers demonstrate respect for elderly clients. *Journal of Gerontology Social Work, 52*(3), 250-260. doi:10.1080/01634370802609247.

老人社區與居家照顧

梁慧雯

學習重點

1.社區照顧概念與發展

2.社區照顧服務內涵

3.社區關懷據點服務現況

4.社區照顧服務輸送

5.老人居家照顧

根據我國老人生活狀況調查，老人居住偏好仍以居住在家為多，65歲以上老人認為理想的居住方式以「與子女同住」為最多，其次為「僅與配偶同住」（衛生福利部，2013）。不只是台灣，在國際社會福利去機構化、福利多元主義的聲浪下，各國推動老人福利服務及照顧上，以鼓勵老人在地老化、福利服務社區化為目標，尤其高齡化社會隨之而來的沉重照顧工作，長期照顧的責任，究竟是由國家或家庭與社區共同承擔，社區照顧模式成為在國家與家庭間取得平衡點的重要政策。

傳統農業社會時期，由於家戶人口數較多，老人照顧工作多由家人輪流分攤，照顧的責任落於家族群體身上，老人在家中自然老化的生活，可以保有家庭關係、家人互動、社區生活，甚至農業社會中的老人在身體健康及行動能力允許之下，在家仍可保有共同承擔部分家務與知識傳遞的責任及機會，比方協助照顧兒童、執行較不耗體力之農務工作、口述傳遞家族故事與家族習俗等，因此，農業社會的老人沒有退休的問題，而是角色從生產者轉而成為協助者的漸進式轉換，若老人需要照顧，社區鄰里與親友成為家庭系統中的支持者，鄰里互助的模式，可以協助老人保有在家照顧的自主選擇與個人尊嚴。

然而，工商社會中家庭型態多元，退休老人的生活規劃，則不若農業生活般以關係網絡支持生活的照顧，由西方引入之社區照顧模式，則重啟農業社會互助照顧的功能，同時提供社區專業照顧服務，並且強調社區資源網絡整合應用，兼顧社區需求與政策落實之效。

第一節　社區照顧的理念

從社會福利發展的脈絡分析，政策是由上而下的推演模式，而社區工作由下而上的工作模式，則成為政策效能的關鍵因素。社區

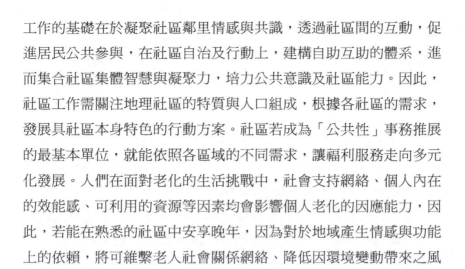

工作的基礎在於凝聚社區鄰里情感與共識,透過社區間的互動,促進居民公共參與,在社區自治及行動上,建構自助互助的體系,進而集合社區集體智慧與凝聚力,培力公共意識及社區能力。因此,社區工作需關注地理社區的特質與人口組成,根據各社區的需求,發展具社區本身特色的行動方案。社區若成為「公共性」事務推展的最基本單位,就能依照各區域的不同需求,讓福利服務走向多元化發展。人們在面對老化的生活挑戰中,社會支持網絡、個人內在的效能感、可利用的資源等因素均會影響個人老化的因應能力,因此,若能在熟悉的社區中安享晚年,因為對於地域產生情感與功能上的依賴,將可維繫老人社會關係網絡、降低因環境變動帶來之風險。

社區照顧包含「社區」及「照顧」兩個概念,簡單來說,照顧工作是由社區內成員共同參與實施,此處之「社區」不只是地理人口聚集的區域單位而已,社區工作向來是推動國家政策方案最基本策略,而社區工作(community work)的定義,是透過社區的集體行動,協助人們促進社區提升的過程(Twelvetrees, 2002),社區工作的基礎在於社區關係及凝聚力的建構,運用居民集體行動的方法,讓居民有自助、互助及自決的精神,結合當地居民與社會資源,達到改善居民生活的目標與培養社區人力的效果(李易駿,2011),因此,社區工作的主體在於社區居民而非政策,如此透過社區居民公共參與,促成社區自治與民主能力,這是一種由下而上的工作過程,強調社區發展須由社區內居民、志願組織或政府部門等共同完成,因此,社區照顧的理念,需要透過社區內的正式及非正式組織,合作協力建構照顧的工作模式。McDonald(2010)以社會資本觀點來分析,社區照顧工作是鑲嵌在老人的社會資本及支持他們的集體力量,必須發展出鄰、里關係與社會參與,才具備社區照顧的意義。

壹、社區照顧的概念

社區照顧可以簡單區分為「在社區內照顧」及「由社區照顧」兩個概念：

1. 在社區內照顧：由社區內正式組織或機構提供專業服務，讓社區成員就近使用所需照顧相關服務，如社區老人中心提供日間照顧、送餐服務、交通運輸等。
2. 由社區照顧：由社區中非正式單位所提供，以促進老人與社區產生連結及互動，如生態系統中鄰居、親友間之互助網絡、互助行動等。

綜合以上兩個概念，社區照顧運作模式同時落實了社會福利社區化及在地老化之精神，並且降低環境變動對於老人心理會產生適應上的壓力。中國人向來重視家族與親情，雖然家庭型態已不若過去傳統大家庭生活模式，核心家庭、重組家庭及新興家庭型態影響著老人居住安排，若能落實社區照顧的理念，社區中的老人將能在家或鄰近地區獲得正式及非正式組織的照顧服務，同時也兼顧老人可以維持原來生活模式及保有生活選擇的自主權。

貳、社區照顧的核心內涵

黃源協（2000）及林萬億（2002）分析社區照顧的核心內涵：

1. 長期照護：相對於急性或短期照顧需求，社區照顧的對象是以需長期照顧者為主要對象。
2. 去機構化：世界各國在推展社會福利工作上，去機構化是主要趨勢，以機構外的照顧替代機構式照顧，避免機構內統一固定的服務模式，機構的組織和照顧的提供應是開放、富彈性、非結構式的，且不能以一套固定的模式為之。

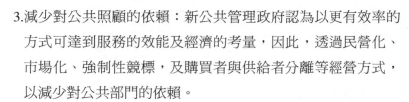

3. 減少對公共照顧的依賴：新公共管理政府認為以更有效率的
   方式可達到服務的效能及經濟的考量，因此，透過民營化、
   市場化、強制性競標，及購買者與供給者分離等經營方式，
   以減少對公共部門的依賴。

4. 非正式照顧：鼓勵或增強有照顧需求者的親屬、鄰居和朋友
   等非正式網絡加入提供照顧的行列。除了強調家庭與社區的
   照顧有助於照顧者與被照顧者的關係外，比起專業又昂貴的
   專業照顧服務，家人及親友的照顧較能符合被照顧者的選擇
   偏好。

5. 參與和選擇的增加：由於社區照顧可以透過參與服務提供的
   設計，以讓人們有選擇的自主權，因此，被照顧者讓人們有
   權為自己的生活作選擇。

6. 需求導向的服務：除了上述可選擇性，由於每個人都有不同
   的生活形式，為了讓老人在自己家裡過著獨立的生活，因
   此，提供照顧服務之單位需要依照服務對象的個別需求，提
   供符合期待及有品質的服務。

7. 抑制成本：社區照顧最初倡導的原因，除了基於人道的考量
   外，經濟的考量亦為重要因素。社區服務方案的選擇，會以
   成本利益作為服務購買的決定因素。

　　對於政府而言，社區照顧無疑可以減少公共支出，增進社區及
家庭對於照顧的責任，尤其是政府財政緊縮，帶來福利供給減少的
問題，1980年代之後，社區照顧成為英國地方政府主要責任，在台
灣，1994年全國社區發展會議福利社區化理念的提出，亦引導社會
福利政策轉向以社區為落實福利的主體（李易駿，2011），然而，
社區照顧強調家庭照顧責任的同時，也引發家庭照顧者為何多為女
性的社會歧視或偏見、家庭照顧者照顧壓力延伸的社會問題等議題
的討論；而在服務管理上，家庭雖然可以選擇服務項目，採取項目

購買方式,然而,社會弱勢者之購買能力、照顧專業人力之養成、照顧輸送成本效益評估方式、照顧品質如何管控等議題,成為現階段政府及照顧輸送單位面臨的挑戰。

第二節　台灣的社區照顧

壹、社區照顧政策發展歷程

　　台灣的社區照顧政策是以福利社區化為前提,社區照顧方式為策略,陳燕禎(2009)分析台灣社區照顧政策的發展,分成萌芽期、形成期、實驗期及照顧產業期等四階段,而發展的趨勢是從社區工作到社區照顧工作、從老人照顧邁向產業化與市場化方向。從四個階段政策發展內容,可瞭解國家在老人社區照顧工作上,仍以政策為主體,社區照顧政策反而成為輔助社區發展的要項。

一、萌芽期(1986-1990年)

　　以「民生主義現階段社會政策」為起點,強調社區發展在社會福利推展的重要性。

二、形成期(1991-1995年)

　　1992年「台灣省現階段社區發展工作實施方案」明定以社區為中心,建構社會福利體系,成立社區老人長壽俱樂部、建設社區及老人文康活動中心。1994年訂頒之「社會福利政策綱領」提出多項社區照顧的服務項目;1995年全國社區發展會議提出「福利社區化」之概念,開啟社區照顧里程碑。

三、實驗期（1996-2000年）

　　1996年內政部核定「推動社會福利社區化實施要點」，強調社區照顧與家庭和社區的資源網絡在提供老人照顧工作上，具有相輔相成重要性；1998年核定「加強老人安養服務方案」，強調社區照顧的方式提供老人照顧服務，並且各鄉鎮區設置居家服務支援中心，提供居家服務。2000年為整合社政及衛生體系長期照顧供需資源，提出「建構長期照護體系先導計畫」。

四、照顧產業期（2001年起）

　　2001年衛生署訂定「新世紀健康照護計畫」，提出居家護理及居家服務整合模式；2001年提出「照顧服務福利及產業發展方案」，照顧工作開始轉向產業化發展；2005年「健康社區六星計畫」為發展社區照顧服務策略，建立以「社區照顧關懷據點實施計畫」及「長期照顧服務社區化計畫」為推動重點，並且同時進行「失能老人及身心障礙者補助使用居家服務計畫」，居家服務內容包含家務、日常生活照顧及身體照顧服務，以減輕家庭照顧之負擔。2006年提出「大溫暖社會福利套案」，提出以在地人服務在地人，運用社區照護人力，落實社區在地老化的目標。2009年行政院提出「友善關懷老人服務方案」，以「活力老化」、「友善老人」、「世代融合」三大核心理念，在「推動老人健康促進」項目，提出廣設社區照顧關懷據點，結合在地資源提供老人關懷訪視、電話問安、餐飲服務、健康促進等四大服務項目。

　　從政策的發展脈絡中，老人社區照顧從早期的社區工作轉向社區照顧，進而以長期照顧觀點，整合政府部門社會福利及衛生醫療單位功能，並且鼓勵非營利組織與志願部門協力投入推動。產業化及商業化的服務供給，促使照顧產業朝向專業化發展，諸如照顧人力培育及繼續教育、照顧服務員國家證照制度、照顧輔具開發與租

借、多元創新照顧服務方案等,但社區鄰里間如何凝聚互助意識,成為老人社會支持與資源的網絡,則有待社區行政、社區組織及社區照顧關懷據點整合與協力,實務上,台灣的社區發展行動,由於社區系統間的政治競合,往往成為社區工作成敗的關鍵,因此,若要發展具社區特色、從下而上的社區照顧系統,社區領導者與社區組織之間的長期合作,顯得更為重要。台北市忠勤里南機場社區即是以里長為主、社會資源連結服務的社區運作模式,忠勤里中低收入戶超過三百戶,老年人口比例也超過15%,其「南機場樂活園區」採複合式社會福利關懷據點方式辦理,服務內容包括老人共餐、兒少關懷、弱勢家庭服務及食物銀行等,社區服務由里民組成志工隊,互助關懷,讓社區內老人享有服務、也擁有服務他人的機會,成為台北市推動未來社區照顧關懷據點的示範社區。

 ## 南機場公寓社區老人的故事

　　每週三和週五上午,台北市南機場夜市還靜悄悄的,藏身巷弄間的忠勤里樂活園地卻充滿歡笑聲。阿公阿嬤們緊盯投影螢幕,一場保齡球體感遊戲正開賽,只見銀髮阿公單腳穩穩站立、俐落滑動手臂,姿勢一百的同時,「哇!全倒!」螢幕上的球瓶應聲倒光。

　　中午時間到,幸福廚房端出營養均衡的飯菜,76歲志工鄭阿嬤忙著布菜,大夥兒共進午餐,嘰嘰喳喳聊得不亦樂乎。見記者來訪,老先生老太太更來勁,還嚷嚷:「我們社區超幸福!」沒法出門的老人家也不怕餓著,志工會逐一把和平醫院量身訂做的盒餐送到老人手裡。

◎離家而居　老人意願低

　　我們能不生不婚,但無法不變老。試著想像,你的老後生活

是什麼模樣？跨縣市移居到子女家？在安養院終老？2018年起，台灣老年人口將達14%，正式進入高齡社會，衛福部最新《老人狀況調查報告》卻顯示，近八成「準老人」（55～64歲）尚未規劃老年生活。

老化海嘯即將襲捲台灣，專家學者頻頻呼籲，應努力延長健康老化的過程，「在地老化」與「活力老化」正是最佳應變策略。據衛福部調查，當生活可自理時，高達86%的老人不願入住老人公寓、老人住宅等機構；即使生活無法自理，仍有近57%的老人不願移居長照機構或護理之家，最大原因都是「無認識親友同住」。進一步觀察，老人自認日常生活中最重要的活動則是「與朋友聚會聊天」。

◎99歲奶奶　樂當志工

等不及政府的社區規劃，南機場社區早已開始自救。南機場公寓是北市最早最先進的現代化國宅，五十年過去，南機場不再是先進的代名詞，忠勤里約萬名居民中，老人超過15%。但他們可沒閒著，每週一打高智爾球，週三、週五是「美魔女與美魔男」強筋健骨作戰時間。

忠勤里老人家活力十足，社區提供老人送餐、老人共餐、健康促進、生活復健、借書工作站等服務，從老到少的志工隊名單高達一百多人，82歲的陳華虎是巡守隊總幹事，是一尾活龍，99歲的徐儲惠如奶奶是固定班底，身子硬朗時就串門子送餐去，遺憾的是，奶奶7日過世。

◎日本藝術家　進駐創作

今年10月，南機場還成為日本藝術家北澤潤的創作基地，社區居民和藝術家合力打造「太陽旅館」，將社區據點變身一日旅館，床單染布、燈罩製作、伙食都由志工一手包辦，別上可愛領

結的阿嬤志工化身服務生，領著旅客推太陽能車認識南機場，收集的電力則供給客房用。

55歲的方荷生任忠勤里里長長達十六年，他觀察，社區人口密度高、弱勢族群比例多，社區缺什麼就辦什麼，今年還開辦「食物銀行」，集中外界捐贈的物資，居民則可透過弱勢免費點數或社區志工點數兌換需要的用品，米、奶粉、尿布、棉被等民生物資通通有。

台大健康政策與管理所兼任教授吳淑瓊指出，北歐多年前率先喊出「在地老化」，透過社區外展服務，強調健康、安全與社會參與，讓長者在生活圈自然老化，「變老是人生必經階段，為何老後卻得離開熟悉環境？」

◎國家政策　應重新思考

社區支持網絡是在地老化的重要關鍵。老人健康時，社區有合適策略可促進社會參與、維持健康，讓長者成為「活力老人」。當老人逐漸衰弱，社區則提供照護復健等支援，延緩進入失能失智階段。但台灣面臨雙重困難，政府社區規劃不足，老人自我意識也不足，許多宅公宅嬤仍宅在家。

面對巨大的人口結構改變，吳淑瓊提醒，國家政策必須重新思考，眼光也要往前看，確實暸解「未來老人」的需求，有「健康老人」才能減少後端長期照護。

吳淑瓊建議，社區支持系統應以生活圈為劃分，再透過社區據點外展服務，提供可近性高的硬體以及可享性高的軟體（如活動、課程）。「每個社區特質都不同，政府要因應在地需求去量身打造社區網絡，才能落實老人參與。」

資料來源：中時電子報，2014年12月17日，http://www.chinatimes.com/newspapers/20141217000435-260102

貳、社區照顧服務內涵

　　社區照顧包含正式照顧體系及非正式照顧體系，正式照顧體系對於受照顧者提供有組織、具專業、有目標的服務，並且此種服務有些需要付費，根據老人身體健康狀況及需求，提供高齡教育、志願服務、健康促進、陪同就醫、居家服務等，老人服務中心並且還擔任社區老人的資訊中心，提供老人諮詢、服務轉介與申請等服務。

　　非正式照顧體系則以家人、親友及鄰居為主要照顧者，非正式照顧體系通常是老人主要依靠及支持對象，按照關係親疏，首要是配偶及子女，其次為兄弟姊妹，再其次為朋友及鄰居，不同的關係連帶的照顧項目也有不同，配偶及子女提供的個人照顧、家務協助、情緒支持比例較高，手足及朋友在提供情緒支持及自我價值的在確認上較多，根據102年老人生活狀況調查發現（衛生福利部，2013）：65歲以上老人日常生活起居有困難時，最主要照顧者依序為「兒子」、「媳婦」、「配偶」。家人在照顧工作分量上最多，呂寶靜（2001）針對非正式照顧體系所提供的照顧服務項目分述如**表8-1**。

　　在照顧工作以家人為最主之現況下，加以受到傳統文化價值影響，若非家庭無力照顧，才會入住長期照護機構，因此，社區照顧政策提供家庭支持性與補充性服務功能顯得更為重要。整體而言，社區正式照顧體系之提供係以小型養護機構及日間照顧機構為主，其服務內涵包含居家式及社區式服務，包括照顧服務（含居家服務、日間照顧、家庭托顧服務）、居家護理、社區及居家復健、喘息服務、營養餐飲服務、交通接送服務及輔具服務等；而為了促進社區老人互動，可以於社區內獨立生活，社區照顧關懷據點之設置成為台灣社區照顧之特色項目。

表8-1　老人非正式照顧體系的內涵

支持要素	基礎	協助項目	限制
配偶	婚姻的誓約	・個人服務 ・家務協助 ・生病照料 ・情緒支持	・配偶本身也年老體衰，甚難擔任照顧的重任 ・寡婦比鰥夫多，故女性較少有配偶可提供支持 ・照顧者承擔過重的負荷與壓力
子女	回饋、責任、依附	・感情支持 ・交通接送 ・財務管理 ・家務協助	・有互相競爭的角色衝突 ・照顧老年父母，又要養育子女 ・照顧者與就業者的角色衝突
兄弟姊妹	血親	・情緒支持 ・交通接送 ・住宅修繕 ・協助出院後的照顧	・兄弟姊妹本身也是老人，較難提供工具性的協助 ・若不住在鄰近，不便就近提供實質上的協助
朋友	共同的生活經驗 共同的興趣	・情緒上的支持和相互作伴 ・工具性支持（協助購物、交通接送、辦雜事） ・老人自我價值的再確認	・老人的行動力受限，會阻斷友誼的發展，也會侵蝕朋友間的相互支持 ・老人的朋友年齡相仿，故隨著年齡增長，朋友紛紛過世，朋友自然就會減少
鄰居	居住的鄰近性	・代收信件 ・代為看守房屋 ・互借用品 ・拜訪聊天 ・情感上的支持 ・遭遇危機時的立即協助	・鄰居若平日不來往，有突發事件或危機難以相互支援 ・鄰居的互惠關係是短暫的，會因搬家而結束

資料來源：呂寶靜（2001：9）。

參、社區照顧關懷據點

　　2005年行政院核定「建立社區照顧關懷據點實施計畫」，希望能以社區鄰里間自助互助的精神，建構一個「好鄰居」式社區老人關懷模式，除了讓老人在社區中自主健康促進、強化社會關係維

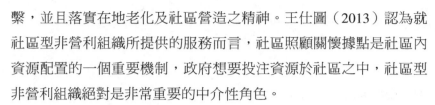

繫，並且落實在地老化及社區營造之精神。王仕圖（2013）認為就社區型非營利組織所提供的服務而言，社區照顧關懷據點是社區內資源配置的一個重要機制，政府想要投注資源於社區之中，社區型非營利組織絕對是非常重要的中介性角色。

社區照顧關懷據點的理念強調社區內公私部門協力，由在地組織、人力、物力資源，提供老人關懷訪視、電話問安諮詢及轉介服務、餐飲服務、辦理健康促進活動等四大項目服務，以延緩長者老化速度，發揮社區互助照顧功能，並建立連續性之照顧體系。此服務的理念起始於對於老人自尊及自主性的重視，也將老人視為具有自我管理及自我決定的個體，而非只是福利服務之接受者。邱泯科、傅秀秀（2014）的研究即發現，老人參與據點活動會考慮的因素，包含個人對於老年形象的思考、老年生活品質的要求，此外，參與據點活動有助於老人進行自我能力評價，及對公共事務的關心。

2014年年底台灣已有1,364個社區照顧關懷據點，由村里辦公室、社區發展協會或非營利組織辦理，政府以項目委託方式，鼓勵各據點發展具社區需求與特色之服務內涵，以餐飲服務為例，早期辦理方式是由志工送餐給獨居老人，近年來，亦有據點轉型以共餐方式辦理「老人食堂」，鼓勵老人走出家門，與社區其他老人共餐，促進其社會關係與人際互動，避免老人成為社區中的孤立者。

肆、社區式日間照顧

日間照顧服務是提供身體功能損傷者之社區型照顧計畫，其目的是可以提供老人有意義的活動，同時，讓照顧者可以有喘息的機會。由於日間照顧屬於支持性與補充性的服務，照顧時間少於二十四小時，因此，較能符合老人在社區機構中受照顧，又能與家人親友保持社會關係的需求。呂寶靜（2012）認為對於家庭照顧者而言，日間照顧方案促使家庭成員得以獲得喘息，甚至是可繼續就

業；就使用者而言，日間照顧可以增進老人社會化與身體功能，增加老人的滿足感，預防或延緩老人入住長照機構。

日間照顧提供的服務可以區分為「社會型日間照顧」與「醫療型日間照顧」，社會型係以社會功能活動，在團體中達到社會技巧與認知訓練為主，如懷舊團體、認知遊戲、手藝方案等；而醫療型則包含社會型功能之外，加入護理復健或醫療專業服務，台灣目前的日間照顧中心的類型，則配合長期照顧十年計畫規劃，以社會及醫療混合型功能居多，基本上提供之服務包含個案照顧管理、生活照顧服務、復健運動及健康促進活動、諮詢服務及家屬服務等。台灣至2012年底已設置90所日間照顧中心（含18所專責失智症日照中心），為了加速設置日間照顧中心、抒緩照顧壓力，2011年起啟動「日間照顧呷百二計畫」，即以2013年年底達成設置120所日照中心為目標。

社區式日間照顧與過去托老所相較，更加重視老人專業照顧與身心健康功能促進，以2014年重新啟用之新北市海山公共托老中心為例，過去由政府主辦之安養堂，委託民間單位辦理轉型為公共托老中心，透過完善而多元的區域設計，兼具環境刺激的功能（活動區域包含日式和風區、歐式現代風格區、懷舊復古區，以及多功能運動區），以不同主題設計作為功能場域劃分，有助於失智老人對於空間認知的辨識。

日間照顧中心在設置上係以政府委託公辦民營方式，針對公共空間、人員比例及服務項目均有明確規範，但就現行日間照顧中心營運現況，各縣市辦理仍遇到諸多挑戰：

1.社區公共空間取得不易，日照中心設置區位影響服務使用意願。由於社區型日間照顧單位係以提供區域內老人照顧服務，公有空間取得上難度較高，致使服務的可近性受到影響，建議各縣市政府可考量因應少子女化之影響，開放部分小學閒置空間轉型為社區型日間照顧中心使用，現階段礙於

新北市板橋區海山公共托老中心

銀髮俱樂部多功能休憩區

健康活動與復健區

日式戶外療癒花園

日式和風休息區

認知活動與音樂輔療區

學校與土地建物分區使用目的並非社會福利事業，未來各縣市政府進行都市計畫整體規劃時，可考量朝向增加公共服務空間為社會服務事業使用，有助於社區照顧工作之拓展。

2. 營運成本高，降低非營利組織接受委託辦理之意願。

3. 專業人員配置與服務人力不足，有關聘任照顧服務人力之規範，日間照顧服務中心聘用照顧服務員擔任照顧者，惟照顧服務員養成訓練以照顧失能老人為主，而日間照顧中心以促進老人社會化之功能與健康促進方案為主體，致使日間照顧中心在安排日常活動方案時，面臨照顧人力無法勝任認知活動設計與規劃，以及老人活動方案不足之困境。

台灣368照顧服務計畫

台灣自2008年啟動長照十年計畫，為了建構社區式照顧資源網絡，自2011年起啟動「日間照顧呷百二計畫」，於2013年年底將達成設置120所日照中心之目標，其具體作法如下：

一、推動368鄉鎮布建多元日照服務

為促進日照服務資源多元可近與均衡發展，普及服務網絡，進行全國社區資源盤點，規劃2016年年底前於368鄉鎮布建日照服務，考量山地離島及偏遠地區等鄉鎮，因民眾生活習慣、社區幅員廣大及照顧需求人數較少且分散等因素，先行因地制宜建置綜合型服務據點，提供日間托老服務，俾以連結與扶植在地資源；其餘全國鄉鎮市區則藉由活化閒置空間、運用護理機構資源及輔導社會福利相關設施轉型設置，達成每一行政區皆設置日照中心之目標。

二、運用在地團體建置綜合型服務據點

針對山地離島及偏遠地區等鄉鎮，以現有社政體系之社區照

顧關懷據點（1,864點）及原民體系之日間關懷站（99點）為服務基礎，擴大服務項目、設計使用者付費機制，並透過專業人員提供社區長者每週五天、每天至少六小時之日間托老服務，進而培養在地日間照顧服務提供單位之能量，銜接發展失能老人社區日間照顧服務。讓失能長輩在白天就近於鄰近社區，得到妥適的照顧服務。

資料來源：衛生福利部網站 http://www.sfaa.gov.tw/SFAA/Pages/ashx/File.ashx?FilePath=~/File/Attach/693/File_3947.doc

伍、其他社區照顧服務輸送

一、輔具購買租借與居家無障礙環境改善

為利於失能者享有尊嚴、安全、獨立自主生活，政府編有預算補助失能老人購買、租借輔具及改善居家無障礙環境等，同時，各縣市政府均有輔具資源中心，提供輔具回收、維修、租借、展示、諮詢等，以提供失能者可近性及便利性之服務。

二、家庭托顧

比起機構式或社區照顧，家庭托顧是另一項社區照顧之選擇，照顧的場所在照顧服務員之住所內，提供失能老人身體照顧、日常生活照顧與安全性照顧服務，及依失能老人之意願與能力協助參與社區活動。此種照顧的好處，是老人能在家庭的環境中接受照顧，但是由於照顧人力僅照顧服務員一人，因此，較難有其他照顧人力的支援，同時，為了確保家庭照顧的品質，對於照顧空間設備、居家衛生及安全、照顧人數上都有嚴格規範。

三、交通服務

交通服務是為了讓老人儘管行動不便,當需要出外就醫、參與活動或旅遊時,可以有便利的交通接送。在長期照顧十年計畫中,規劃補助失能者使用交通接送服務,每人每月四次(來回八趟),每趟最高補助190元,以滿足失能老人就醫與使用長期照顧服務的交通需求,提高各項醫療與服務措施的可近性與運用。

此外,老人交通接送也成為交通運輸產業發展的創新服務領域,以社會企業方式營運,倡導提供失能者無障礙的交通服務,比如部分計程車業者已開始提供身心障礙專用溫馨接送、多扶接送則是國內第一家民營的復康巴士,提供專車接送及旅遊觀光等休閒服務。

第三節 老人居家照顧

傳統家庭對於老人照顧安排,以居家式照顧為主,在老人的居住偏好取向,也是以能在家生活為首要選項,由於對「家」的地方依附(place attachment)情感,在熟悉的地方生活,對於老人情緒穩定與生活壓力因應上較有幫助,蕭文高(2014)針對老人對於居住家中的偏好,分析其原因來自於:熟悉感、對空間的記憶、擁有分配生活的自由、可以有個人的生活空間及社會關係的維繫等,即便是獨居的老人,仍是以居住於家中為主要選擇,因此,老人居家生活與照顧的品質,對於其身心健康狀況影響甚大。

壹、居家式照顧

居家服務是一種支持性及補充性照顧服務工作,可以提供在家照顧者暫時喘息之功能,其服務項目包含如下:

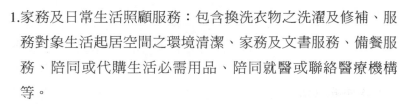

1.家務及日常生活照顧服務：包含換洗衣物之洗濯及修補、服務對象生活起居空間之環境清潔、家務及文書服務、備餐服務、陪同或代購生活必需用品、陪同就醫或聯絡醫療機構等。

2.身體照顧服務：包含協助如廁、沐浴、穿換衣服、口腔清潔、進食、服藥、翻身、拍背、簡易被動式肢體關節活動、上下床、陪同散步、運動、協助使用日常生活輔助器具等。

在長期照顧十年計畫中，居家服務之補助，依老人失能程度，輕度補助二十五小時、中度補助五十小時、重度補助九十小時，受照顧者依照其家庭經濟狀況，給予部分補助。

居家服務對於家庭照顧者而言，提供一個重要的支持性功能，居家照顧工作通常是沒有休息時間，由家人共同分攤照顧責任者，依其親疏以配偶為主要照顧者，其次為兒子及媳婦，即便有照顧分攤，但仍以配偶為主要照顧者；陳正芬與吳淑瓊（2006）研究發現，當家庭照顧者在面對沉重的身體、情緒及時間安排負荷下，對機構式服務的使用意願受到被照顧者的認知功能障礙顯著影響；而當被照顧者的身體功能障礙程度加重時，照顧者會是期待居家式服務的介入。除了居家服務，在支持家庭照顧者方面，部分非營利組織倡議家庭照顧者要關注自身的情緒與壓力，可以運用其他社會福利服務，如短期托顧、在家托顧等方案，減輕照顧工作的負擔。

貳、銀髮健康安居規劃

世界衛生組織（WHO）於2007年提出「全球高齡友善城市指南」（Global Age-friendly Cities: A Guide），其中包含八大面向為基礎：無障礙與安全的公共空間、大眾運輸、住宅、社會參與、敬老與社會融入、工作與志願服務、通訊與資訊、社區及健康服務，作為各城市推動高齡友善城市的參考。其中，住宅面向的評估因子

包含可負擔性、基礎性服務、住宅設計、居家改造、居家維護、在地老化、社區整合、住宅選擇及生活環境等九項。吳可久（2013）認為住宅項目以安全與舒適寧靜為首要，不論是與家人共住或是獨居者，住宅環境設計與生活品質產生直接的影響。此面向包含可負擔性、基本需求服務、設計、裝潢、維生供給系統、服務的可及性、社區與家庭連結、住宅選擇和生活環境等層面。

依應老人的居家生活安全性與便利性，住宅改變是一項重要課題，2009年老人生活狀況調查結果顯示，65歲以上老人居住現況以「三代同堂」為最多，占37.86%（內政部，2009），世代共居的好處是家人間形構照顧支持系統，對於老人而言是較理想的居住型態，但是由於不同世代者對於居住空間需求有異，致使家庭往往忽略生活環境安全對於老人居家之影響，在老年人生活環境中，預防跌倒是世界公共衛生重要議題之一，同時，跌倒是老人事故傷害死亡的主要原因之一，其造成的傷害不但影響長輩身心及社會功能與生活品質，也加重照顧者的負擔。因此預防老人跌倒被列為推動老人自主健康管理的重要項目，為了一個安全的居家環境，確保老人能夠自主生活，降低意外的發生，必須同時兼顧健康、安全及便利行動等議題的空間需求。

筆者針對退休老人家庭生活、互動網絡與希望感模式進行研究，由老人退休生活適應經驗，歸納老人居家空間改善的重點如下：

1. 行動空間改善，以輪椅及助行器可順利移位範圍，避免高低階落差及階梯。
2. 家具及裝潢以方便移動性取代訂製，以利老年行動及照顧空間之需求。
3. 以輔具協助居家安全，家中如有樓梯可加裝升降椅，簡易助行工具可以協助老人在家活動。

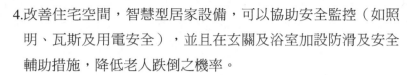

4.改善住宅空間，智慧型居家設備，可以協助安全監控（如照明、瓦斯及用電安全），並且在玄關及浴室加設防滑及安全輔助措施，降低老人跌倒之機率。

5.室內可裝置濕度調節裝置，防止發霉造成身體不適。

老人安居環境除了無障礙環境與安全衛生條件考量之外，已有家具產業開始研發配合輪椅及行動不便者使用之廚具及家具，讓老人可以享有自立生活的尊嚴，也有助於提升老化生活的幸福感。

第四節　結　語

老人社區式及居家式照顧是符合人性需求的照顧方式，台灣的社區照顧，透過社區照顧關懷據點發揮其社區凝聚及互助服務的效應，而在長期照顧十年計畫中，社區式照顧與居家服務，代表國家對於家庭照顧工作進行介入支持的模式，未來在日間照顧中心的設置與營運，仍需要跨單位、公私協力合作，以通盤規劃公有空間投入公益照顧服務的可行性，並且鼓勵開發社會企業型服務模式，讓民間與企業加入老人服務事業之創新與多元發展。

問題與討論

1.何謂社區照顧？社區照顧主要內涵有哪些？

2.你所居住地區有哪些服務老人的社區照顧關懷據點？就你觀察，這些老人喜歡到據點的因素有哪些？假如你是老人，你希望據點能改善哪些服務功能？

3.老人在家接受照顧的意願較高，請從家庭照顧者的觀點，討論照顧者需要的支持服務與照顧協助有哪些。

參考文獻

一、中文部分

內政部（2009）。《98年老人生活狀況調查》。台北：內政部。

王仕圖（2013）。〈非營利組織在社區照顧服務的協調合作：以社區照顧關懷據點為例〉。《台大社會工作學刊》，27，185-228。

吳可久（2013）。〈高齡友善城市空間世界衛生組織指標內容與評估因子分析〉。《健康與建築雜誌》，1(1)，81-87。doi:10.6299/JHA.2013.1.1.A2.81

呂寶靜（2001）。《老人照顧：老人、家庭、正式服務》。台北：五南。

呂寶靜（2012）。《老人福利服務》。台北：五南。

李易駿（2011）。《當代社區工作》（第三版）。台北：雙葉。

邱泯科、傅秀秀（2014）。〈初探高齡者使用社區照顧關懷據點之服務經驗——以台北市關渡關懷據點為例〉。《台灣社區工作與社區研究學刊》，4(1)，1-40。

陳正芬、吳淑瓊（2006）。〈家庭照顧者對長期照護服務使用意願之探討〉。《人口學刊》，32，83-121。

陳燕禎（2009）。《老人服務與社區照顧：多元服務的觀點》。台北：威仕曼。

林萬億（2002）。《當代社會工作：理論與方法》。台北：五南。

黃源協（2000）。《社區照顧：台灣與英國經驗的檢視》。台北：揚智。

衛生福利部（2013）。《102年老人生活狀況調查》。台北：衛生福利部。

蕭文高（2014）。〈居家式服務〉。載於梁亞文、蕭文高、陳聰堅、謝嫣娉、黃雅鈴、劉家勇、陳文意及洪櫻純合著，《老人服務事業概論》，頁112-132。台北：華都。

羅秀華、黃琳惠（2009）。《台北都會的社區關懷據點：社區、宗教與專業力的結合實踐》。台北：松慧。

二、外文部分

McDonald, A. (2010). *Social Work with Older People*. Cambridge, England: Polity Press.

Twelvetrees, A.(2002). *Community Work* (3rd ed.). New York: Palgrave.

Chapter 9

老年健康與長期照護

陳美蘭、洪櫻純

學習重點

1.全人照顧取向長期照顧政策

2.老人健康衰退與照顧

3.長期照顧機構與服務

4.居家照顧服務

5.各類型老人餐飲膳食設計

老人學

　　台灣的老化速度，根據行政院經建會的人口推計的趨勢，從1994年老年人口的7%，於2020年加倍到14%，而在2036年增加為21%（陳晶瑩，2003）。台灣自1994年邁入高齡化社會，高齡者人口數，超過台灣總人口的7%，台灣2010年零歲平均餘命估計為79.24歲，其中男性為76.15歲，女性為82.66歲（內政部，2011）。台灣老年人口將於民國104年後大幅增加，依照內政部的資料顯示，老年人口估計在2030年趕上其他美日國家的人口老化水準。一般而言，我們可以進一步將中老年再分為55～64歲為前老期，65～74歲為初老期，75～84歲為中老期，85～94歲為老老期，而95歲以後為終老期。中年期是指年齡45～65歲，老年期指65歲以上的人生階段，隨著醫療科技的進步及生活水準提升，人口結構已發生變化，平均餘命延長（全人教育百寶箱，2015）。

　　2005年2月15日行政院鑑於健全之社區為台灣社會安定的力量，提出「台灣健康社區六星計畫」。推動全面性的社區改造運動，打造一個安居樂業的「健康社區」。建立自主運作且永續經營之社區營造模式，強調貼近社區居民生活、在地人提供在地服務、創造在地就業機會、促進地方經濟發展。該計畫的理論基礎是「社區主義」，該計畫涉及社會福利與醫療的部分為發展社區照護服務：建立社區照顧關懷據點，使得生活照顧及長期照護服務等工作可以就近社區化。落實社區健康營造：推動健康生活社區化，增進國民運動健身觀念，並激發民眾對健康的關心與認知，自發性參與或結合衛生醫療專業性團體，藉由社區互動方式，共同營造健康社區（林萬億，2012）。

　　本章茲就老人健康和長期照護兩個部分，探討全人照顧取向長期照顧政策、老人健康衰退與照顧、長期照顧機構與服務、居家照顧服務和各類型老人餐飲膳食設計五個健康照護議題。

第一節 全人照顧取向長期照顧政策

任何人都可能會面臨到逐漸老化及自我調適面對老化的挑戰，醫療的介入使得平均壽命延長，導致老年人口增加，長期照護需求量更是大增。醫療科技的進步與發展，所衍生出老人健康管理和長期照護需求的議題，在老年人口數逐年攀升時，產生出健康照護資源不足及老年生活品質低落的問題。台北市在社會福利規劃上，近年來頗有成效，以下就台北市福利政策規劃與執行現況、長期照護創新服務與人才培育發展，來看全人照顧取向長期照顧政策的未來發展與規劃。

壹、台北市福利政策規劃與執行現況

台北市福利政策規劃十分完善，在老人福利政策規劃經濟保障方面，提供老人生活津貼，包括中低收入老人生活津貼、銀髮友善好站、中低收入戶老人特別照顧津貼、低收入戶生活補助、喪葬補助、台北市公益型以房養老實驗方案等（台北市政府社會局，2014）。台北市65歲以上老年人口有慢性病問題的比率高達50～60%，並據以粗估台北市需長期照顧的人口約為3萬人，顯示長期照顧服務有迫切的需求（台北市政府衛生局，2015）。近年來縣市政府的創新福利政策方案，包括提供銀髮友善好站服務內容，社會局亦結合商家及單位提供長者四項服務內容，包括提供休息座椅、提供洗手間、電話協助及福利資訊交流，期許邁向全人照顧取向的長期照顧政策（台北市政府社會局老人福利科，2015）。

為落實老人福利與身心障礙福利並行，兩業務逐漸整合，以期各項長期照顧服務之執行，能夠在人力精簡的情形之下，完成各項福利服務及政策的執行。台北市之長期照顧，其發展包括居家照顧服務業務、日間照顧中心等。民國84年即著手規劃「都會型長期

老人學

照護系統模式」。86年12月由台北市政府衛生局成立台北市長期照護管理示範服務中心，提供各類照顧服務資源轉介與諮詢之單一窗口，輔具器材展示與租借服務，協助需長期照顧民眾獲得妥善、完整之照護服務。97年長照中心於4月7日正式營運，逐步建構衛政及社政服務網絡（**表9-1**）（台北市政府衛生局，2015）。

表9-1　台北市長照中心服務據點

單位名稱	單位地址	聯絡電話	傳真
台北市照護管理中心	10452台北市中山區玉門街1號（AS41、AS42辦公室）	(02)25975202	(02)25970425
西區服務站萬華、中正	10065台北市中正區中華路2段33號A棟5樓（台北市立聯合醫院和平院區）	(02)23753323	(02)23889402
南區服務站松山、大安、文山、南港、內湖、信義	10629台北市大安區仁愛路4段10號5樓（台北市立聯合醫院仁愛院區）	(02)27049114	(02)23258175
北區服務站北投、士林	11252台北市北投區中和街2號3樓（台北市北投觀光醫療暨健康保健中心）	(02)28974796	(02)28974825
中區服務站大同、中山	10314台北市大同區鄭州路145號6樓（台北市立聯合醫院中興院區）	(02)25527945	(02)25527933

資料來源：台北市政府衛生局網站http://subweb.health.gov.tw/longterm_care_web/02/02-3.asp

根據台北市政府社會局（2015）編製的《老人福利手冊》中指出，銀髮族在食、醫、住、行、育樂、經濟、安全各方面，都有相當完善的規劃，針對銀髮族健康維護之服務，提供各項配套措施。在「食的開心」方面，失能老人送餐服務之服務對象設籍且實際居住本市65歲以上低收入戶、中低收入，且經本市長期照顧管理中心評估有失能之長者。服務內容包括補助符合上述資格長者之餐費（低收入戶每餐補助65元，中低收入戶每餐補助60元），減輕長者

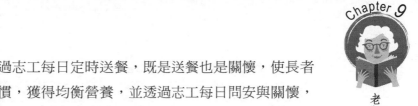

經濟壓力；另透過志工每日定時送餐，既是送餐也是關懷，使長者建立固定用餐習慣，獲得均衡營養，並透過志工每日問安與關懷，落實高齡友善城市文化。在「醫的健康」方面，就十分符合自尊與福祉取向長期照顧政策的目標發展。其中包括居家護理服務、居家復健服務、居家營養、居家醫生、居家藥師、市民醫療補助、老人健保自付額補助、中低收入老人補助裝置假牙及維修、老人健康檢查、臨時看護費用補助、24小時失智症關懷專線、失智症者預防走失手鍊服務。

在「住的快樂」方面來看長期照顧政策之執行，其中包括公費頤養、自費頤養、失能老人入住機構補助、老人公寓（住宅）、低收、中低收入及近貧弱勢老人修繕住屋補助。在「行的便利」方面，包括中度、重度失能長者交通接送服務。服務對象設籍並實際居住本市，依長期照顧管理中心各區服務站照顧管理專員到宅評估為中度、重度失能者（三項以上ADLs失能），包括65歲以上老人、50～64歲之身心障礙者。服務內容包括協助本市中度、重度失能長者，藉由交通接送巴士使用長期照顧各類服務資源，透過車資補助方式，減輕其經濟負擔。

在「育樂的自在」方面要特別提及的是「銀髮貴人薪傳服務」，對象為各區老人服務中心、社會福利機構、老人安養機構、長期照顧機構暨老人公寓（住宅）、社區照顧關懷據點、老人活動據點等。服務內容包括薪傳教學服務、支援慈善公益服務、關懷訪問服務。機構申請銀髮貴人老師，可以提供各項教學，講師多為退休人士，提供自己的專長，到各機構提供教學等服務。例如有些銀髮貴人老師提供機構餐飲教學，雖然大多數住民無法親手操作，但是仍可以品嘗美食，因此餐飲教學是相當受歡迎的課程之一。另外有些老師是音樂彈奏高手，到機構彈奏懷舊老歌，讓住民一起回味舊時光，也是極受歡迎的銀髮貴人課程之一。

在「經濟的保障」方面，中低收入老人特別照顧津貼，服務對

表9-2　台北市老人福利七大完善規劃

規劃	項目	內容
一	食的開心	補助符合資格長者之餐費、透過志工每日定時送餐、使長者建立固定用餐習慣，獲得均衡營養
二	醫的健康	居家護理服務、居家復健服務、居家營養、居家醫生、居家藥師、市民醫療補助、老人健保自付額補助、中低收入老人補助裝置假牙及維修、老人健康檢查、臨時看護費用補助、24小時失智症關懷專線、長者預防走失手鍊服務
三	住的快樂	公費頤養、自費頤養、失能老人入住機構補助、老人公寓（住宅）、低收、中低收入及近貧弱勢老人修繕住屋補助
四	行的便利	中度和重度失能長者交通接送服務、透過車資補助方式，減輕其經濟負擔
五	育樂的自在	銀髮貴人薪傳服務，服務內容包括薪傳教學服務、支援慈善公益服務、關懷訪問服務
六	經濟的保障	中低收入老人特別照顧津貼
七	安全的守護	老人保護網絡通報服務、獨居老人照顧服務、列冊獨居老人緊急救援系統服務、補助失能老人日間照顧費用、補助失能老人家庭托顧費用

象為以下受照顧者，包括領有中低收入老人生活津貼、未接受機構收容安置、居家服務、未僱用看護（傭）、未領有政府提供之日間照顧服務補助、中低收入老人重病住院看護補助及政府提供之其他照顧服務補助、失能程度經社會局指定或委託之評估單位（人員）作日常生活活動功能量表評估為重度以上，且實際由家人照顧、實際居住於戶籍所在地。

在「安全的守護」方面，是長期照顧中不可或缺的一環，其中老人保護網絡通報服務、獨居老人照顧服務、列冊獨居老人緊急救援系統服務、補助失能老人日間照顧費用、補助失能老人家庭托顧費用（表9-2）。

貳、長期照護創新服務與人才培育發展

台灣未來長期照顧發展，若以現今執行的政府補助居家服務案

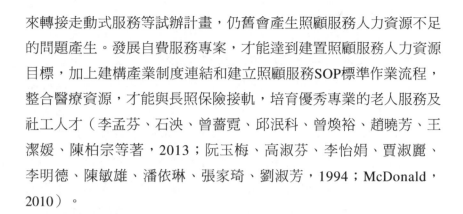
來轉接走動式服務等試辦計畫，仍舊會產生照顧服務人力資源不足的問題產生。發展自費服務專案，才能達到建置照顧服務人力資源目標，加上建構產業制度連結和建立照顧服務SOP標準作業流程，整合醫療資源，才能與長照保險接軌，培育優秀專業的老人服務及社工人才（李孟芬、石泱、曾薔霓、邱泯科、曾煥裕、趙曉芳、王潔媛、陳柏宗等著，2013；阮玉梅、高淑芬、李怡娟、賈淑麗、李明德、陳敏雄、潘依琳、張家琦、劉淑芳，1994；McDonald，2010）。

一、建置照顧服務人力資源方面

在照顧服務人力資源管理上，分成兩大方向，進行人才資源建置模組，其中第一個系統為一般社會人士之就業媒合，第二個系統為大學生投入照顧服務產業之整體人才培育計畫（Kunkel & Wellin, 2006）。

(一)一般社會人士之就業媒合

照顧服務人力短缺，一直以來是台灣長照產業十分困擾的問題，藉由外籍勞工的輸入，解決了人力不足及勞動法規的諸多限制。但是在看似完備的外勞引進制度之下，卻沒有相對增加台籍照顧服務員的就業媒合機會。多年來，時間勞力換取薪資的一個不起眼的行業，漸漸在2004年照顧服務員丙級證照考試開辦後，有了新的歷史定位。然而在十年後的今天，卻沒有在照顧服務產業裡，看到更多一般社會人士之就業媒合契機，也沒有看到照顧服務員，不論台籍或外勞，在服務品質上的再造和職業別上的專業尊重。

有鑑於此，勞委會委託機構以創新走動式服務，結合外勞外展計畫之實施，決定以一比一任用方式，試辦就業媒合計畫，以利外勞外展服務計畫之實施。目標以社區為主，以走動式服務，包括鐘點時薪制之服務和任用，來完成服務及人力之建置。而自費服務案，也是以社區服務為概念，提供一對一客製化居家照顧服務，期

使所提供之服務，更貼近被照顧者的需要和需求。

(二)大學生投入照顧服務產業之整體人才培育計畫

目前台灣全國大專校院共有26間老人照顧相關科系，以專案來設計一套大學生投入照顧服務產業之整體人才培育計畫，必能為長期照顧人力資源建置，照顧服務產業之產學研究合作，代間互動方案的執行與推廣，開展新的趨勢。此整體人才培育計畫將會為老人服務事業管理系或健康照顧社會工作學系等相關科系學生，投入照顧服務產業之人才養成機制。著重大學生投入照顧服務產業前、中、後之規劃及進行歷程中所面對的問題，必能找出對應策略及發展模式（陳美蘭、許詩妤、邱柏諺、游偉嫣、洪櫻純，2014）。

藉由老服系學生四十小時照顧核心訓練，加上暑期實習及輔導就業，創造出產學合作模式，將理論和實務結合，以學術研究為創新發展之根基，必能培育出優秀的相關科系人才。大學生藉由升學考試等方式進入老服、社工等科系，但是在專業技能上，必須和照顧服務技巧相結合，才能在管理督導的職務上做到最好。從學生到成為督導，需經過照顧服務專業技能訓練經由考核及升遷，完成人才養成機制中之培訓課程，使得成為優秀的督導管理者，這些人才培育計畫，都建立在全人健康信念之上。在照顧服務員工作期間的靈性成長，是克服工作障礙的方式之一。照顧者將愛與關懷帶到案主家中，當照顧服務員認同照顧他人是一份有福報的志工工作的同時，自我管理能力及組織認同感都比只有著眼在薪資高低的員工，要更好、更強烈。

二、建構產業制度連結方案

幫助老人活出美好生命的意義，進而提升個人之身心靈健康，以提升老年生活品質及幸福感，是照顧服務產業人才培育和建置的重要課題。長期照顧服務除了要開展符合市場供需面的服務之外，同時亦統合高齡者在地老化所需之食、醫、住、行、育、樂各方面

之需要，開展一套整合性產業連結方案。

三、建立照顧服務SOP標準作業流程

照顧服務SOP標準作業流程，包括行政作業、任用方式、人才養成機制、教育訓練課程、人才招募培育、督導考核機制，建立了一套照顧服務人力資源系統SOP標準作業流程。

對大學生而言，找到未來努力的方向，加上督導的引導，以及機構提供的實習和任用機會，大學生會朝更正向的長期照顧產業邁進，並會鼓勵自己在大學四年生活中，找到成為照顧人員或社工的生涯規劃與發展模式。在投入長期照顧產業前，能夠對產業有所認識，立定目標努力，是人才養成機制中一項重要目標。創新照顧服務人力資源建置整合模組之未來發展趨勢，需要一套整合的模組來達成目標。

我們看到日韓近年來在預防與科技福祉商品研發所投入的心力，可以看出鄰近亞洲國家在面對人口老化日益嚴重所衍生出的問題的同時，在積極的做健康高齡者與亞健康高齡者的預防性整合服務，來取代消極性的擴大機構服務和外籍人力引進，台灣如何在高齡社會中整合資源，創造老人福祉，促進老人健康，引導老人學習，發展適用於本土的長期照護方案，將對降低疾病醫療健保支出，帶給老人優質的老年生活。

第二節　老人健康衰退與照顧

人口老化（population aging）係指65歲以上人口的比例增加等。因應長期照護保險法制規劃檢視「我國長期照顧十年計畫」成效及發展方向，目前台灣地區人口老化程度雖不像其他先進國家嚴重，惟人口老化速率卻較他國快速。據行政院經濟建設委員會於2008年估計，我國65歲以上老年人口占總人口比例由10%增加至

20%（舒蕙菁譯，2013）。

　　國內學者王國明在2014年根據本土國情將成功老化的指標分成九個老，老有所養、老有所為、老有所用、老有所樂、老有所學、老有所顧、老有所護、老有所尊、老有所終（秦秀蘭，2014）。我國長期照顧十年計畫於2009提出「友善關懷老人服務方案」，檢視當前國際發展趨勢，歸納出活躍老化、高齡友善、世代融合是發展積極性老人福利政策之核心理念。其中提到所謂的活躍老化，包含健康促進、社會參與和安全維護面向；其中健康促進為透過多元角度介入，促進人們具備積極、有效的能力以維護及自主管理健康。

　　老人疾病的預防、治療和照顧議題，在即將進入高齡社會的台灣而言十分重要。年老造成的身心變化中，老人從腦部、心臟與體能、皮膚肌肉和骨骼系統、內部器官、聽覺與視力、心理與社交的改變，這些都是正常的老化現象。心理健康可以帶來生理健康，心理健康的人免疫力較強，也活得更長壽。老人健康狀態之評定，常以日常生活活動功能（ADLs）和工具性日常生活活動功能（IADLs），作為指標。經巴氏量表（日常生活活動功能量表，ADLs）評估進食、移位、室內走動、穿衣、洗澡、如廁等六項，達一項以上失能者（呂寶靜，2001）。

壹、從疾病預防提升生理健康照顧管理

　　長青照護課題，是近年來受到政府關注的議題。根據世界衛生組織定義：「國家65歲人口比率超過7%為老人國家」，老年期在皮膚外觀、感官功能、消化系統、呼吸系統、心血管系統、肌肉骨骼系統、泌尿系統及生殖系統等身體系統，都會隨著年齡的增長而逐漸衰退。老年人最常見的慢性疾病，排名依序為高血壓、白內障、骨質疏鬆、高血脂症、心臟病、糖尿病、關節炎、痛風、腎臟病、呼吸道疾病、腦中風、氣喘、肝臟疾病、失智症、精神疾病等。隨

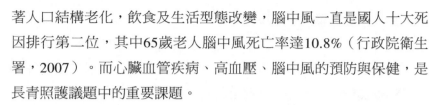

著人口結構老化，飲食及生活型態改變，腦中風一直是國人十大死因排行第二位，其中65歲老人腦中風死亡率達10.8%（行政院衛生署，2007）。而心臟血管疾病、高血壓、腦中風的預防與保健，是長青照護議題中的重要課題。

老人的身體會產生變化的部分，包括、眼睛、耳朵、鼻子、口腔、牙齒、心臟、血管、氣管、肺臟、腸胃道、泌尿道、腎臟、骨骼、肌肉、皮膚、大腦神經。茲就其所產生的疾病或狀況說明如下：

1. 眼睛：包括老花眼、白內障，色彩辨識、對比能力變差。

2. 耳朵：包括耳蝸與聽神經退化，對於高頻的聲音比較難聽清楚。

3. 鼻子：包括嗅覺退化。

4. 口腔：包括味蕾數目、唾液分泌減少，對鹹味變得遲鈍，口味愈吃愈重。

5. 牙齒：包括牙周病，牙齒鬆脫、掉落。

6. 心臟血管：包括高血壓、冠狀動脈硬化、心律不整。

7. 氣管、肺臟：包括呼吸道纖毛減少，清除分泌物能力減退、肺泡逐漸失去彈性，肺活量變差，容易感染肺炎。

8. 腸胃道：包括胃酸分泌減少、腸子蠕動變慢，容易胃食道逆流、消化不良和便祕。

9. 泌尿道、腎臟：包括頻尿、尿失禁、腎功能下降。

10. 骨骼、肌肉：包括骨質疏鬆、腰椎、膝蓋退化、關節炎。

10. 皮膚：包括乾燥、皺紋、白頭髮、掉髮。

11. 大腦神經：包括反應慢、平衡能力下降。

另外，心血管疾病的預防及保健也是極為重要。心臟血管疾病的保健、高血壓的預防及保健、腦中風的治療及預防，要注意生活作息上許多細節，包括不宜吃太飽、寒冬時要注意保暖、不抽菸、注意每日排便且勿用力解便、洗澡水溫度不宜過高、不宜曝曬在烈

日下過久、每天做適當的運動、不做激烈的運動、避免情緒過度激動、避免過度壓力及緊張、不熬夜,除此之外也要控制體重、避免吃太鹹、睡眠需充足。壓力源的管理很重要,身心的壓力往往會導致各種疾病的產生,例如生理上的腸躁症,也是壓力所引起。另外要有效控制其他慢性病避免激烈運動、戒菸、適度減重,定期健康檢查是必要的。

園藝活動可接觸大自然,並享受翻土、種植的樂趣

製作手工藝作品,可提升老人美感

　　近年來失智症照顧一直是老年健康照護熱門話題，失智症最著名的「修女研究」，每年有678人接受智能測驗和訪談，且捐出死後大腦做病理解剖，提供美國明尼蘇達大學流行病學博士斯諾登（David Snowdon）做研究，其研究證實因為小中風、阿茲海默症等疾病，使得大腦神經糾結出現大量的類澱粉斑，若能夠有信仰、愉快的人際互動、多做刺激心智功能的活動，仍可享受愉快的老年。斯諾登研究成果的專書《優雅的老年》（*Aging with Grace*）中提到，動手做和每天三次共修，是免於失智的重要因素。紐約哥倫比亞大學的一項研究發現，閱讀書報是刺激心智的最好活動（張曉卉，2013）。

　　一般人也可以在居家做簡易心智狀態問卷（Short Portable Mental State Questionnaire, SPMSQ）和AD8極早期失智症篩檢量表。AD8極早期失智症篩檢量表一共八題，如**表9-3**所示。

表9-3　AD8極早期失智症篩檢量

編號	問題	是， 有改變	不是， 沒有改變	不知道
1	判斷力上的困難：例如落入圈套或騙局、財務上不好的決定、買了對受禮者不合宜的禮物。			
2	對活動和嗜好的興趣降低。			
3	重複相同的問題、故事和陳述。			
4	在學習如何使用工具、設備、和小器具上有困難。例如：電視、音響、冷氣機、洗衣機、熱水爐（器）、微波爐、遙控器。			
5	忘記正確的月份和年份。			
6	處理複雜的財務上有困難。例如：個人或家庭的收支平衡、所得稅、繳費單。			
7	記住約會的時間有困難。			
8	有持續的思考和記憶方面的問題。			

注：1.計分標準：是＝1分、不是＝0分、不知道＝不計分。

　　2.計分方式：當「是」項≧2項，建議請至神經科或精神科門診就醫。

資料來源：台灣失智症協會網站http://www.tada2002.org.tw/tada_other_
　　online.aspx

貳、從老化認知提升心理健康照顧管理

老化（aging）是我們都會經驗到的漸進過程，而不是只發生在晚年時期。老年（old age）是人類整個生命週期中的一部分（舒蕙菁譯，2013）。大腦老化的過程是非常多元性的，神經細胞減少比例最高的部分，是負責情緒和長期記憶功能的邊緣系統中的海馬迴。高齡者參與新的學習和認知訓練，都可以協助大腦重新建立一個有效的新的認知架構，以維持高水準的認知功能，同時彌補因為大腦結構和網絡系統功能逐漸下降所造成的認知功能不足。高齡者認知專注力的情緒調適能力和訓練，在提升高齡者在面對不同事情時，傾向接納正面情緒，又稱為正向效應。當負面情緒減少時，相對的會改善高齡者的睡眠品質。

歐美、日韓等國，近年來推動腦波振動的活動，來幫助老人達到身心靈安適及自我療癒的成效。其中音樂輔療是可以透過主動式的肢體運動，強化手腳末梢和肌肉的能量，促進體內自然產生更多重要神經傳導物質，達到自我療癒的功能。另外，藉由律動和音

音樂輔療師帶領長輩活動，音樂和律動是二大要素

透過各類樂器的組合搭配，老人音樂團快速成軍

配合簡式樂譜，讓長輩進入音樂世界

樂等輔助療法相關的活動，以簡單的肢體活動，配合音樂或手部振動，來增加體內的多巴胺和血清素等，減少皮質醇，這是近年來振動輔療（vibrational healing theropy）受到大眾喜愛的原因之一（秦秀蘭，2014）。

　　將各類老人教育年齡提早到55歲，甚至到退休準備前期的50

歲，瞭解各種老化和健康照護的相關知識，可以減緩高齡者認知功能的退化。認知功能退化者或失智症患者的特質是訊息處理障礙。運用圖片及人臉等，提供老人學習記憶，讓高齡者也可以有大量記憶的學習。藉由體驗學習，可以把個體的身心靈健康整合，與成人學習連結，幫助高齡者生活充滿生機和意義。透過身歷其境參與其中的感受度，參與者根據觀察和自身經驗，經由神經生理發展與認知訓練，加上自我控制情緒老化的特質，透過社會參與得到的成就感，團體互動中的情緒調適及自我掌控，體驗學習加速了高齡學習者知識及經驗的更新再造。即使是機構或居家中長期臥床及行動不便的身心障礙者，可以藉由社區中體驗活動的參與或照顧服務實務工作者的引導，達到全人整體健康的提升能力。

　　西方與東方的心理學與思想，提到的重點都是「存乎一心」。威漢‧賴克將佛洛依德的研究延伸到生理層面，研究發現心理的阻滯會出現在身體的生理結構中。阿德勒所稱的「克服法則」（law of overcoming），當一個人克服自卑，便可達到適應階層。卡爾‧榮格（Carl Gustav Jung, 1875-1961）是瑞士的一位精神科醫生，強調靈性的連結，他認為每個人的生命都有其意義，心靈是一個人探索宇宙的舞台。另外，完形理論認為一個人是否健全，決定於他的自我支持和自我調節的能力。也就是說一個人越有覺察力，就越能為自己的存在做出明智的決定，找到生命的意義。在中國，孔子重視的是全人發展，老子重視的是侷限意識，而莊子感性重視的是有助於人。孔子的思想含有禮、義、仁三個層面：禮是合乎禮儀、義是正義、仁是慈悲與良善，是與全人類連結。在莊子的哲學裡養生就是經營自己、他人和社會之間的關係，它意味著對心靈的關照，如何在一個「艱困的世界」自由自在的生存之道。儒學是適用於日常生活的哲思，但佛學納入了看不見的靈性世界。一個人如果執迷於外在事物的追逐，心就會開始生病。對生命的奧祕，心存謙卑和敬畏的人，心是敞開的，隨時準備接受信息。根據中國經典的觀

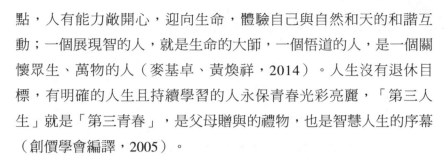

點，人有能力敞開心，迎向生命，體驗自己與自然和天的和諧互動；一個展現智的人，就是生命的大師，一個悟道的人，是一個關懷眾生、萬物的人（麥基卓、黃煥祥，2014）。人生沒有退休目標，有明確的人生且持續學習的人永保青春光彩亮麗，「第三人生」就是「第三青春」，是父母贈與的禮物，也是智慧人生的序幕（創價學會編譯，2005）。

疾病帶來焦慮、無助與脆弱的感受，不適當的處遇與照顧可能會造成生理機能衰退，在照顧情境中，老人最在意的是害怕成為他人的負擔，被照顧者不願意將困擾告訴照顧者，失能的老人克服因疾病帶來的否認、恐懼、憤怒與無助感，學習有關疾病或生理失能的知識，找到克服阻礙的方法，透過自我照顧的學習，用最好的、可能的方法來處理目前的疾病，尋找方法來替代某一特定失落的重要組成。當給予病人機會做些選擇與行使他們日常生活的權利時，無助與無望的感覺可以減到最低。社會工作者可以提供他們意見來改善老人生活品質，藉由自我探索，老人能在處理死亡的期待時，抱著較不畏懼的態度（趙善如、趙仁愛譯，2001）。

健康信念在兒童期及青少年期養成定型，而這些習慣的養成，一旦到了老年就比較不容易改變，世界衛生組織（WHO）1986年在「渥太華憲章」中定義健康促進（health promotion）：「讓人們能夠強化其掌控並增進自身健康的過程。」簡單來說，健康促進就是促使民眾過更健康的生活，並從事有益健康的活動。行為改變的跨理論模式（Transtheoretical Model, TTM），強調行為改變是連續性的過程，多元學習方案中有關健康促進及自我照護的部分，亦引用Prochaska等人在1992年提出的五個階段的螺旋模式，從思考前期、思考期、準備期、行動期到維持期，都希望學員能夠學習內控型的健康控握，並且維持半年以上的時間（周文欽，2006）。

第三節 長期照顧機構與服務

　　長期照顧（long-term care）是一種組合式服務，提供因慢性疾病或身心失能而需要被照顧者，醫療照護等服務。大致上可分為生活保健、居家護理、照顧服務等。長期照顧機構有兩種類型，包括老人長期照顧機構和身心障礙機構。老人健康照護的負擔，對已開發國家的醫療保健支出，占有相當程度的比例。長期照顧機構的型態，分成機構式、社區式和居家式。根據行政院（2013）第一期民國102年至民國105年長期照護服務網計畫來看，長期照護業務自民國102年7月23日已合併由衛生福利部辦理，據行政院經濟建設委員會的民國98年的長期照護保險規劃報告，我國長期照顧十年計畫推行之現況進行檢視及調整，並轉銜為長期照護服務網絡，配合未來「長期照護保險」之開辦，需著手整備各項長期照護服務資源，以建置完備的長期照護服務體系。

　　人口高齡化的趨勢、疾病慢性化致失能率與長照需求的增加，民國93年開始政府將「長期照護管理示範中心」轉型改稱「長期照顧管理中心」，從需求、供給、法制、財務等四面向分三階段發展建置。長期照護服務的提供與使用，現行行政院核定之十年計畫，以增進民眾選擇服務的權利，落實在地老化，主要提供八項含生活照顧及醫事照護的長期照護服務，包括：(1)居家護理；(2)居家及社區復健；(3)喘息服務；(4)照顧服務（居家服務、日間照顧、家庭托顧）；(5)輔具購買／租借及居家無障礙環境改善；(6)老人營養餐飲服務；(7)交通接送；(8)長期照顧機構等。

　　非機構式的照顧，舉凡居家照護、社區服務、非營利事業組織等，也都會以生理、心理及社會三大層面的老化理論為依歸來施行各樣老人福利工作。衛生署國民健康局推動各項老人健康促進計畫，為了營造適合長者安居樂活的「高齡友善城市」，透過八大面向，包括敬老、親老、無礙、暢行、安居、連通、康健、不老，進

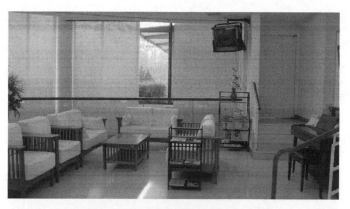

安養中心的大廳提供住民舒適休憩之處

安養中心提供各式學習活動，讓住民享受團體學習的樂趣

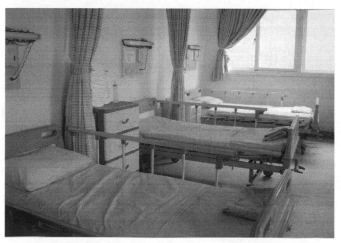

失能及插管長輩可入住護理之家，接受良好的照顧服務

而改善都市的軟硬體，並創造有利於老人活動的條件，減少障礙，增進參與，讓長輩在縣市生活圈中經常能動、容易動、喜歡動，直到老年還是很獨立、活躍、健康的生活（衛生署國民健康局，2012）。

壹、長期照顧機構之分類和服務

一、長期照顧機構之分類

長期照顧機構之分類，分成長照型、身障型、失智型和安養型，依照其照護服務對象再細分成各型態之機構類型，分述如下：

1. 長照型：包括老人福利機構及榮民之家（養護、失智及長期照護床）、一般護理之家。
2. 身障型：包括身心障礙福利機構全日型住宿。
3. 失智型：包括長照型內長照失智專責機構、長照服務機構設置失智專區、老人福利機構失智床、一般護理之家設置失智專區、榮民之家失智床提供之全日型照顧服務。
4. 安養型：包括老人福利機構及榮民之家（安養床）。

二、長期照顧機構之服務類型

長期照護之資源規劃包括照管中心、社區式輔具服務、入住機構式服務、失智入住機構式服務。入住機構式服務，以每大區設置長期照護及身障兩類入住機構，且每大區應設置失智入住機構式專區或專責服務單位。其服務類型說明如下：

(一)入住機構式

1. 長期照護型：係指老人福利機構及榮民之家（養護、失智及長期照護床）、一般護理之家全日型住宿之服務。
2. 身障型：係指身心障礙福利機構全日型住宿之服務。

3.失智型：係指長期照護型內失智專責機構、長期照護服務機構設置失智專區、老人福利機構失智床、一般護理之家設置失智專區、榮民之家失智床提供之全日型照顧服務。

4.安養型：係指老人福利機構及榮民之家（安養床）全日型住宿之服務。因未來安養床可轉型為長期照護床提供長照服務。

(二)社區式

1.長期照護型：係指日間照顧、家庭托顧、機構喘息、餐飲服務／送餐、社區復健及交通接送之服務。

2.身障型：係指日間照顧、餐飲服務、輔具及復康巴士之服務。

3.失智型：係指長照型內長期照護失智症日間照顧及一般護理之家設置失智專區提供之失智症日間照顧服務。

(三)居家式

1.長期照護型：係指居家護理、居家復健、居家喘息及居家服務之服務。

2.身障型：係指居家服務。

有關精神障礙的服務資源，已納入國民心理健康促進計畫第二章落實精神疾病防治與照護服務整體規劃。

長期照顧服務人力資源包括醫事人力、社工人力、照顧服務人力；醫事人力人員類別包括醫師、護理人員、物理治療人員、職能治療人員、營養師、藥師等。社工人力包括長期照護服務提供單位聘任或具合約兼任之社工人員；人員類別包括領有社會工作師專業證書人數及從事社會工作人員之人數。照顧服務人力包括：(1)照顧服務員；(2)居家服務督導員；(3)外籍看護工；(4)教保員；(5)生活服務員。

貳、從走動式服務到小規模多機能社區照護模式的未來 發展方向

目前台灣在居家照顧服務有走動式服務的創新方案,包括維持型照顧服務、健促型照顧服務、生活型照顧服務、協同型照顧服務、無縫型照顧服務和其他服務。維持型照顧服務包括沐浴清潔、排泄協助、個人清潔及盥洗、翻身拍背、協助進食、協助服藥、協助輔具使用及移位、測量血壓、測量血糖、簡易護理。健促型照顧服務包括被動關節活動、簡易活動、平衡訓練活動、認知訓練活動。生活型照顧服務包括膳食協助、代購物品、代辦文書事務、聯繫家務、(環境)協助。協同型照顧服務包括陪同就醫、陪同旅遊、關懷陪伴、接送服務。走動式服務的概念,是在小社區中,以在十五分鐘就可以到達案主家服務,以ABC等套餐式服務,在三千元到一萬五千元之間,以單一案主或多方案主合購的模式,在社區中小規模經營居家照顧服務。優點是可以增加單次多人的居家服務,解決現有照服員人力不足之困難,缺點是服務員在結束每一次的服務之後,走動間的職業災害風險相對增高,台籍和外籍人力管理的複雜度增加。

「小規模多機能事業所」是日本介護保險發展出的社區型照顧模式,提供24小時365日的在宅療養服務,符合在地老化的精神。日本不傾向開放外籍看護工來照顧家中長輩,而是改善居家無障礙環境、研發居家生活輔具、普及充分提供老人日間照顧服務、配搭走動式服務等鐘點重點式居家照顧服務,讓長者可以完成在家終老的夢想。「小規模」就是服務人數少,限定在25人以下,「多機能」就是結合了居家服務、日間照顧與住宿(限五至七床)等多項服務,且由同一群團隊工作人員提供多元服務。小規模多機能事業所大多以「中學學區」為單位設立,雖然日本法規很嚴格,但對小規模多機能的限制卻相對較鬆(日本看護協會,2015;林玉萍,

2015）。日本的訪問看護師，配合居宅療養管理指導原則，評估個案服務需求，提供整合性照顧服務。

社區活動場所等老年學習學院和體育健身活動地點的管理和建設，是成功老化及活躍老化中不可或缺的一部分，挪威及芬蘭等先進歐美國家，投入許多人力及物力，在老人運動休閒產業的開發上，從運動處方籤、運動指導員的建立到老人運動器材及設施的建置，各國都投入相當多的費用於研發屬於老人運動產業上。

第四節　居家照顧服務

台灣自1994年邁入高齡化社會，高齡者人口數超過台灣總人口的7%，台灣2010年零歲平均餘命估計為79.24歲，其中男性為76.15歲，女性為82.66歲（內政部，2011）。老人人口比例逐年增加，需要更多元、全方位的關照。台灣人口老化趨勢快速，以至於長期照護的需求日益增加。長照十年計畫為當今政府部門的施政主軸，期能建構社區化長期照護制度。行政院經濟建設委員會為因應長期照護保險制度，規劃檢視「我國長期照顧十年計畫」成效及發展方向計畫中指出，照顧服務員之需求至少逾五萬人，但照服員流動率高，是其中一項執行困境。因此在居家照顧服務的發展上，如何健全照顧服務員之養成機制，是推展照顧服務人力建置的重要課題。

長期照護服務人力是建置完整長期照護服務輸送體系的關鍵因素，我國於十年計畫中，對於長期照護所需人力，因各縣市資源落差大，民眾選擇僱用費用較低的外籍看護工，造成長期照護服務人力發展與管理產生許多困難點。外籍看護工之管理及在職訓練，變得十分重要，目前在台灣有二十多萬的外籍看護工，其專業技能的培養、心靈層面的照顧、雇傭關係的正向發展，都是值得重視的，在政策規劃中需視為重要的一環。外籍看護工之聘用及管理，仍依就業服務法之規範，有關外籍看護工人力、訓練及督導機制，政府

相關單位已逐步規劃整合且納入長期照護體系規劃中。行政院勞工委員會試辦機構執行走動式服務，統一聘僱外籍看護工，在社區中提供套餐式服務選購，再派本籍或外籍照顧服務員至家庭提供居家服務。

本國照護服務人力發展方面，政府已經增加居家服務提供單位為實習場所，加強訓練課程內容有關居家服務。照顧服務員訓練實施計畫中，照顧服務員的訓練包括核心課程五十小時及實習課程四十小時（含回覆示教十小時、臨床實習三十小時）。課程結束後經考評及格者，即由訓練單位核發結業證明書。機構中之照顧服務員每年應接受至少十六至二十小時在職訓練，訓練內容包括老人福利概述、老人照顧服務相關法令、老人照顧服務工作倫理、老人照顧服務內容及工作方法、其他與老人照顧服務相關課程。

壹、外籍看護工申請及管理

外籍看護工的申請，都需要藉由醫生評估，加上巴氏量表等，才能進一步向外勞仲介公司申請外籍看護工。巴氏量表總分為100分。病症暨失能診斷證明書之照護需求評估中明定之申請者，被看護者年齡未滿80歲有全日照護需要（巴氏量表為30分以下為原則，最高不得超過35分）、被看護者年齡滿80歲以上，有嚴重依賴照護需要（巴氏量表為60分且含60分以下）和經醫療專業診斷巴氏量表為0分且於六個月內病情無法改善。

申請資格包括三等親內有病患須長期照顧者，病患的戶口和申請人免同戶、不須共同居住，須依照勞委會指定格式開立醫生證明。申請之案主有罹患嚴重慢性病或其他重大惡疾者、罹患精神病或中風癱瘓在家調養無法自理者、肢體重殘者與極重度殘障者（須附殘障手冊免醫生證明），若巴氏量表總評分為零分者，可申請兩名外籍看護工，5～30分可申請一名，案主家庭有下列情形之一的

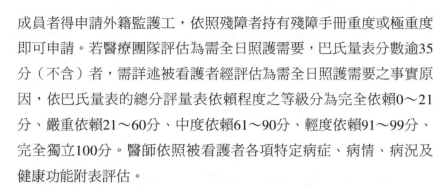

成員者得申請外籍監護工，依照殘障者持有殘障手冊重度或極重度即可申請。若醫療團隊評估為需全日照護需要，巴氏量表分數逾35分（不含）者，需詳述被看護者經評估為需全日照護需要之事實原因，依巴氏量表的總分評量表依賴程度之等級分為完全依賴0～21分、嚴重依賴21～60分、中度依賴61～90分、輕度依賴91～99分、完全獨立100分。醫師依照被看護者各項特定病症、病情、病況及健康功能附表評估。

申請聘僱外國人從事家庭看護工作之專業評估被看護者，需至政府指定之醫療機構辦理入境後體檢通過，始可開始工作。1955外籍勞工24小時諮詢保護專線，加強外勞性侵害案件通報機制及相關單位業務聯繫分工與處理（勞動力發展署，2015）。避免民眾因病症暨失能診斷證明書未載明雇主須於六十日內向本部申請聘僱外籍看護工，衛生福利部配合「雇主申請招募第二類外國人文件效期、申請程序及其他經中央主管機關規定之文件」補充「病症暨失能診斷證明書（雇主申請聘僱家庭外籍看護工用）」內文，自中華民國103年12月5日實施。

為鼓勵從事外勞仲介業務之人力仲介公司提升服務品質，政府自93年度起全面評鑑所有人力仲介公司，並成為經常性業務，96年度將評鑑納入法制化，採「獎優汰劣」措施。評鑑結果係依各人力仲介公司於四項評鑑指標之成績，與該項指標滿分之百分比，並以等級方式（三等級）逐項公布。評鑑等級定義A級為90分（含）以上，B級代表受評機構達到評鑑指標規定之70分（含）以上，但未滿90分，C級代表受評機構未達評鑑指標規定之70分。

貳、居家照顧服務專業技能

台灣在2004年之後，開始開辦照顧服務技術士丙級證照考試之後，統一稱照顧服務員（caregiver），或稱看護工，是一份照顧身

心障礙者日常生活起居飲食的工作,因工作單位、工作屬性,及管轄之地方主管機關的不同,而有照顧服務員、生活照顧服務員、居家照顧服務員、教保員、照服老師等職稱,分別從事不同屬性的工作。從2004年開辦照顧服務技術士丙級證照考試之後,有關照顧服務員的規範及工作內容,開始有了明文規定。

台灣在照顧服務員的人才養成制度,仍以參加九十小時或以上照顧服務員培訓課程,並領有照顧服務員結業證明者,或是持有照顧服務技術士丙級證照者,及老人服務事業管理系等相關科系畢業者,為聘用資格,並且已經在各大專院校,成立老人服務或社工相關科系,以提升照顧服務產業素質努力,惟目前照服從業人員,仍以低學歷或二度就業之婦女,或外籍配偶為主,顯示老人服務事業相關科系的學生,對投入照顧服務產業的意願極低,相對於擔任社工時,就會在督導的職務上,欠缺實務專業技能督導能力,和居服員之間產生溝通不良的問題(洪櫻純、陳美蘭,2014)。

老人照顧工作看似簡單,其實不易,除了以本身的照顧服務專業技能,可以受到案主及家屬的尊重之外,溝通技巧是十分重要的,這也是許多在機構服務多年的照服員一直無法突破的瓶頸。老人照護之基本溝通技巧、會談溝通技巧十分重要,稱呼與自我介紹、開場白、話題包括個人的興趣、健康與養生、學校、職業、家鄉的特色、過去的事蹟、家庭與子女、個人宗教信仰等。另外也要避免政治、省籍等敏感話題。談話的技術包括耐心的傾聽、不要急著回答或給予意見、用同理心站在對方的立場思考、專注的目光、放慢說話的速度。溝通包括語言和非語言兩個部分,聲音語氣需溫和,距離為平視,身體動作要柔和,時間不宜過長,微笑是最好的回應。

照顧服務實務工作,包括整理床鋪、基本生命徵象測量、更換鼻貼、管灌、更換尿布、沖洗下體、穿脫衣服、上下床坐輪椅、約束、擦澡穿衣服、翻身拍背、洗手的步驟、氣墊床的使用、認識照

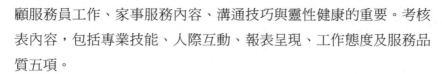

顧服務員工作、家事服務內容、溝通技巧與靈性健康的重要。考核表內容，包括專業技能、人際互動、報表呈現、工作態度及服務品質五項。

身心靈健康全方位照顧服務訓練，是未來照顧服務員訓練的指標。照顧服務訓練，已經從早期的身體照顧，進而轉為專業照顧及健康引導，例如從運動和飲食著手改變體質。近年來隨著養生議題成為熱門話題，以身心靈健康提升為導向的照顧，成為老人服務事業的新興趨勢。身心靈健康提升之照顧服務專業技能，學科方面包括認識照顧服務員工作、家事服務內容溝通技巧，以及靈性健康的重要。這與超越老化、老年尋求生命的意義，有密不可分的關係。而術科方面，有整理床鋪、基本生命徵象測量、更換鼻貼、更換尿布、沖洗、穿脫衣服、上下床坐輪椅、約束、擦洗澡、翻身、拍背等教育訓練。

每一項工作都有其專業技能，都能夠協助照顧服務員得到案主和家屬的信任與尊重。如何在解決問題的過程中處理案主的互動，有五項規範可以依循（張宏哲等譯，1999）。

規範一：問題的陳述要具體。

規範二：焦點放在現在的問題，避免翻舊帳。

規範三：一次只針對一個問題。

規範四：成員在陳述自己的問題時，其他人必須傾聽。

規範五：儘量以正面的態度陳述問題。

有計畫的結案與選擇有時限的處遇方式也很重要。事先就談好處遇的時限，對結案的影響重大，因為一開始就知道何時將結束，實務工作者的角色會因此比較活躍，也比較會集中在當下的任務完成，這樣可以減少案主情感上的依附、減少依賴，以及減少失落感或者對分離的反應。當然這並不表示案主都不會對實務工作者有所依附，也並不表示案主不會感受到失落，因此社會工作者仍然必須針對這些感受謹慎處理。高齡化社會中需要更多年輕及專業的照顧

人才加入，因此照顧服務員之升遷制度設計是否合宜就成為是否留住人才的重要原因之一。

第五節　各類型老人餐飲膳食設計

根據營養學中各種營養素、化學組成、食物來源及對健康的影響，來瞭解老人餐飲膳食設計應注意的要點事項。就脂肪的分類來瞭解如何選擇食用油，單元不飽和脂肪酸包括植物油和橄欖油，多元不飽和脂肪酸包括亞麻子油和芥花油，Omega-3的油對身體有益。不建議食用的是反式脂肪，包括人造奶油、酥油、乳瑪琳、氫化植物油（清香油）。保存油的方法，包括避免光照和低溫保存。

對於老人而言，維持骨骼健康，需要維生素D和鈣、磷、鎂、氟。維生素D與鈣也有密不可分的關係。食物中有D3是脂溶性，由小腸吸收，送到全身組織，人體可以合成D3，產生D3須日曬五至十分鐘。D3經代謝，轉成荷爾蒙（活化），活化的D，叫做「鈣三醇」，維持血鈣恆定。D促進小腸鈣吸收，骨質釋鈣及保留腎臟鈣，是維護骨骼與牙齒正常生長、發育與健康最重要的成分，有足夠的酸性，可增加鈣的吸收，D3可幫助鈣的吸收，補充鈣時，鈣中需添加D3，人體才有辦法吸收。

壹、老人營養餐食設計

成人一天均衡飲食建議量，需從奶類、水果、蔬菜、蛋豆魚肉、五穀根莖、油各類別，以及1分量計算單位，計算出每種類別之建議分量之後，再將1代換量食物所含營養量，蛋白質、脂肪、醣，計算出每人每日在各類別中之建議分量。

老人餐食分成一般飲食、細碎飲食、半流質和奶製品流質。老人餐食設計和製作，比一般普通飲食設計要複雜，原因在老化所伴

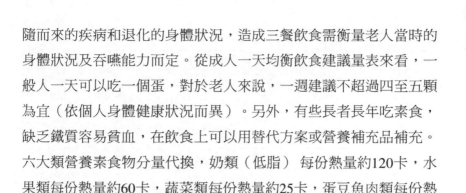

隨而來的疾病和退化的身體狀況，造成三餐飲食需衡量老人當時的身體狀況及吞嚥能力而定。從成人一天均衡飲食建議量表來看，一般人一天可以吃一個蛋，對於老人來說，一週建議不超過四至五顆為宜（依個人身體健康狀況而異）。另外，有些長者長年吃素食，缺乏鐵質容易貧血，在飲食上可以用替代方案或營養補充品補充。六大類營養素食物分量代換，奶類（低脂）每份熱量約120卡，水果類每份熱量約60卡，蔬菜類每份熱量約25卡，蛋豆魚肉類每份熱量約55～75卡，五穀根莖類每份熱量約70卡，油脂類每份熱量約45卡。

對老人而言，計算熱量和飲食設計，是比較複雜的，通常都需要經由專業營養師提供進一步的諮詢，依照個人體質和慢性病，再做正確的調配。在機構，住民的餐食也都會至少每三個月，由專業營養師開立個人化菜單，以及機構每週建議菜單。

貳、飲食設計和理想體重

飲食設計包括計算理想體重、計算需要熱量、分配蛋白質、脂肪、醣類，分配計算六大類食物需要量。計算BMI和理想體重的方法如下：

$$BMI＝體重÷身高^2＝kg÷m^2$$
$$理想體重的計算＝22×（身高m）^2$$

以一位65歲女性為例，其身高157公分，理想體重為54公斤，BMI為22。亦可參考我國成人身高理想體重對照表，如**表9-4**所示。

接下來計算總熱量，工作量分成臥床25、輕度30、中度35、重度40，以一位65歲的女性而言，其工作量為35kcal，乘以理想體重54，則其活動量為1,890kcal。

表9-4　我國成人理想體重

我國成人身高理想體重對照表（cm-kg）					
身高	體重	身高	體重	身高	體重
154	52	164	59	174	67
155	53	165	60	175	67
156	54	166	61	176	68
157	54	167	61	177	69
158	55	168	62	178	70
159	56	169	63	180	71
160	56	170	64	181	72
161	57	171	64	182	73
162	58	172	65	183	74
163	58	173	66	184	74

接著分配蛋白質、脂肪、醣類三類營養素，在一天中所占的比例，蛋白質占14%、脂肪占30%、醣類占56%，分別需除以4、9、4，可以得知蛋白質、脂肪、醣類分別約為67克、43克、267克。計算方式如下：

蛋白質14%　67克（1,890 × 14% ÷ 4）

脂肪　30%　64克（1,890 × 30% ÷ 9）

醣類　56%　267克（1,890 × 56% ÷ 4）

依照上述得知的分配克數，先分配低脂奶、水果、蔬菜的份數，分別為1、2、3份，再依照其蛋白質、脂肪、醣類的1代換量對等營養素含量，計算出其份數所占的營養素含量。蛋豆魚肉基本上為4份，再依照其蛋白質、脂肪、醣類的1代換量對等營養素含量，計算出其份數所占的營養素含量。其餘的分配在五穀根莖和烹調用油中，然後核對總計量是否和前述計算出的蛋白質、脂肪、醣類分別約為67克、43克、267克的數字符合。最後計算分配食物份數，依照每日總份數分配在早餐、午餐、晚餐和晚點。

　　老人可以依照「國民飲食指標」及「每日飲食指南」來作為飲食營養攝取的指標，養成正確的均衡飲食習慣，確保身體健康，遠離疾病之風險。「國民飲食指標」包括十二項原則，除了均衡攝取六大類食物及少油炸、少脂肪、少醃漬、多喝開水外，特別強調應避免含糖飲料及每日最好至少攝取1/3全穀食物。同時也提醒國人來源標示要注意，衛生安全才能吃。新版「每日飲食指南」修正的重點包括：(1)將食物分為全穀根莖類、豆蛋魚肉類、低脂奶類、蔬菜類、水果類、油脂與堅果種子類；(2)修正各大類食物的建議量；(3)提醒堅果種子類的攝取；(4)教導民眾瞭解自己每日活動所需熱量後，換算自己每日適當的六大類食物攝取份數。衛生署也關心素食者之營養狀況，同時也提出「素食飲食指標」。有關營養與健康資料可查詢食品藥物管理署網頁：http://consumer.fda.gov.tw/Pages/List.aspx?nodeID=3。

　　飲食、運動及睡眠，是直接影響生活品質的因素。Deming Cycle中提到的PDCA，即計畫（plan）、實施（do）、核查（check）與處置（action），也可以運用在個人的健康照護計畫中（周文欽，2006）。學習向危害健康的危險因子說不，下定決心戒除，才是老人養生保健的不二法門，老人要活到老又活得健康快樂，才能達到活躍老化的目標。

問題與討論

1.請說明長期照顧服務內容？
2.有哪些是照顧服務實務工作內容？
3.什麼是生活化的靈性健康照顧管理？
4.有哪些狀況是失智症警訊？

參考文獻

一、中文部分

內政部（2011）。〈內政部統計通報100年第二週〉。內政部統計處。

日本看護協會（2015）。〈小規模多機能型居宅介護〉。取自公益社團法人日本看護協會（Japanese Nursing Assoaciation）網站，http://www.nurse.or.jp/home/zaitaku/shokibo/index.html

全人教育百寶箱（2015）。〈老年期定義〉。取自全人教育百寶箱網站，http://hep.ccic.ntnu.edu.tw/

行政院（2013）。〈長期照護服務網計畫（第一期）——102年至105年〉。取自衛生福利部護理及健康照護司，http://www.mohw.gov.tw/cht/DONAHC/DM1_P.aspx?f_list_no=581&fod_list_no=4530&doc_no=42566

行政院衛生署（2007）。〈老人營養餐食〉。取自衛生福利部國民健康署健康九九行動網路平台，http://health99.hpa.gov.tw/educZone/edu_detail.aspx?CatId=21553

呂寶靜（2001）。《老人照顧：老人、家庭、正式服務》。台北：五南。

李孟芬、石泱、曾薔霓、邱泯科、曾煥裕、趙曉芳、王潔媛、陳柏宗等著（2013），邱泯科總校閱。《長期照顧概論》。台北：洪葉文化。

阮玉梅、高淑芬、李怡娟、賈淑麗、李明德、陳敏雄、潘依琳、張家琦、劉淑芳（1994）。《長期照護概論》。台北：華杏。

周文欽（2006）。《健康心理學》。台北：空大。

林玉萍（2015）。〈長輩的溫馨小屋——RAKU小規模多機能事業所〉。《銀髮世紀》，47。

林萬億（2012）。《台灣的社會福利：歷史與制度的分析》。台北：五南。

洪櫻純、陳美蘭（2014）。〈老人服務事業從業人員〉。《老人服務事業概論》，頁337-372。台北：華都文化。

秦秀蘭（2014）。《機構高齡活動設計理論與實務：律動、能量、團體

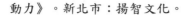

動力》。新北市：揚智文化。

張宏哲等譯（1999）。Dean H. Hepworth, Ronald H. Rooney, Jo Ann Larsen著（1997）。《社會工作直接服務：理論與技巧》。台北：洪葉文化。

張曉卉（2013）。《牽爸媽的手：自在到老的待辦事項》。台北：天下文化。

陳美蘭、許詩好、邱柏諺、游偉嫣、洪櫻純（2014）。《老服系學生投入照顧服務產業之準備》。海報發表於稻江科技暨管理學院老人福祉與社會工作學系、稻江科技暨管理學院營養科學學系、台灣新高齡社區健康發展學會主辦之2014第三屆新高齡健康發展學術研討會。嘉義縣：稻江科技暨管理學院。

陳晶瑩（2003）。〈老年醫學特輯：老年人之長期照護〉。取自台灣老年醫學暨老年醫學會網站，http://www.tagg.org.tw/

麥基卓、黃煥祥（2014）。《存乎一心：東方與西方的心理學與思想》。台北：張老師文化。

創價學會編譯（2005）。池田大作著。《第三青春：高齡化社會的省思》。台北：正音文化。

勞動力發展署（2015）。〈外籍勞工業務及外勞管理〉。取自勞動力發展署跨國勞動力服務網站，http://www.wda.gov.tw/home.jsp?pageno=201310280119&flag=E

舒惠菁譯（2013）。Harry R. Moody著（2010）。《老人學：概念與議題》。台北：華騰文化。

台北市政府社會局（2014）。〈中低收入老人生活津貼〉。取自台北市政府社會局網站，http://www.dosw.taipei.gov.tw/ct.asp?xItem=86878148&ctNode=71219&mp=107001

台北市政府社會局（2015）。《老人福利手冊》。取自台北市政府社會局網站，http://www.dosw.taipei.gov.tw/ct.asp?xItem=91544288&CtNode=75638&mp=107001

台北市政府社會局老人福利科（2015）。〈銀髮友善好站服務內容〉。取自台北市政府社會局網站，http://www.dosw.taipei.gov.tw/ct.asp?xItem=90777038&ctNode=22120&mp=107001

台北市政府衛生局（2015）。〈台北市長期照顧歷史沿革〉。取自台北市政府衛生局長期照顧資訊網，http://subweb.health.gov.tw/

老人學

longterm_care_web/home.asp

趙善如、趙仁愛譯（2001）。E. O. Cox & R. J. Parsons著。《老人社會工作：權能激發取向》。台北：揚智。

衛生署國民健康局（2012）。〈健康老化——高齡友善城市〉。取自 http://www.bhp.doh.gov.tw/BHPnet/Portal/Them.aspx?No=201111030001

二、外文部分

Kunkel, R. S. & Wellin, V. (2006). *Consumer Voice and Choice in Long-Term Care*. New York, NY: Springer.

McDonald, A. (2010). *Social Work with Older People*. Malden, MA: Polity Press.

Chapter 10

全人照顧與輔助療法

陳美蘭、洪櫻純

學習重點

1. 全人照顧服務

2. 輔助療法理念與實務

3. 正念療法

4. 園藝療法

5. 芳香療法

6. 藝術治療

　　全人照顧與輔助療法的發展及演進，一直受到注目與重視，許多的文獻在其特性和概念中穿梭，然而全人照顧與輔助療法結合的論點，打破舊有的思考模式，創造一個新的觀點，將單一概念整合，成為一個有用的工具，用來協助個體瞭解並解決在身心靈健康提升的同時，所面臨到的問題。長期照顧體系中，對老人及身心障礙者，不斷地有全人照顧理念及輔助療法的實務應用，範圍小到從個人居家照顧，範圍大到機構裡團體生活中，輔助療法的最新趨勢是建立一種整合模式，一種特別規劃的模式，在同一理論下的所有療法都包含的完整模式，這樣的全人照顧理論下建構的多元輔助療法，將會成為大受歡迎的新興模式。

　　1980年開始，歐美國家開始注重全人健康的概念，透過正面的身心健康行為，以達到整體的幸福安寧。健康（health）指身心靈整合的全人健康取向，全人健康（wellness）是覺知、自我引導和深入完成全部潛能的過程。全人健康是多面向的，也是整全的生活方式，包括心理和靈性的福祉和環境，正向和堅定的生活品質，個體期待標準的目標，存在與個人生活有關的文化和價值系統的內涵生活中（Payne, L. Ainsworth, B. & Godbey, G., 2010）。全人健康導入的研究及包括醫護、社福及教育領域等的全人照顧實務發展，已經發展到社福體系，而目前在老人機構推動的輔助療法，也都逐漸以全人照顧為目標（何婉喬，2009）。

　　建立於1948年的世界衛生組織（WHO）為了要盡可能完成全人類健康層級（WHO, 1978），已經在Alma-Ata的WHO的會議中，宣言提升全球人類健康。「渥太華憲章」（*Ottawa Charter*）指出，致力於健康促進的努力，是世界衛生組織2000年以前的國際健康目標（WHO, 2004; WHO, 1986）。全人教育和自我管理的支持，採用衍生發展出的創新方法，可以改善大眾健康（WHO, 2005）。為了改善國人健康及生活品質，相信在增加個人組織管理能力及實踐行動來源動力之後，個人就能做到自我健康管理（Bandura, 1994）。

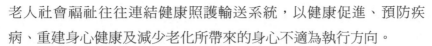

老人社會福祉往往連結健康照護輸送系統，以健康促進、預防疾病、重建身心健康及減少老化所帶來的身心不適為執行方向。

　　全人健康狀態在於內在決定外在，永續不斷地視個體為全體。全人照顧包含全人、全程、全家、全隊的整合照顧，對於健康、亞健康及身心障礙失能者，都要在各項健康促進上，增進其自我效能的增能。行動不便者在健康改變過程理論（Health Change Process Theory, HCPT）中仍可定義改善健康的歷程。依據健康改變過程理論發展出的QE健康量表（The QE Health Scale, QEHS），是三週療癒量表，此量表的健康改變過程理論是以身心靈健康為首的「靈性」為基礎，探索、感受及定義社會心理、自我態度及行為。一個人如果身心靈健康提升，協助自我不斷地改變，就會一直不斷地有全新的自我，相對地，若一個人只重視自己，當其遇到改變及失落時，就會變得很不健康（Faull, K. & Hills, M. D., 2007）。

　　健康信念在兒童期及青少年期養成定型，一旦到了老年就比較不容易改變，健康的心理會持續受到性別、學歷、情緒、壓力、收入、態度、價值、社會、疾病等因素的影響。老人在規劃全人照顧的生活中，需以健康信念模式，引導個人採取健康行為，避免受

運動及大笑保持開朗心情是健康促進的重要保護因子

疾病和負面思考影響。身心壓力會影響老化，為促進個人的身體健康，老人在生理方面應注意營養、運動及採取預防措施、養成良好習慣並防止肥胖，在心理方面保持身心健康、消除壓力產生的沮喪與焦慮等，這些都是有效促進身心健康的不二法門（黃富順，1993）。

由圖10-1得知，個體需要充分教育並整合支持系統，環繞在社會、生理、聰明智慧、靈性、情緒和事業及志業，各項發展需要策

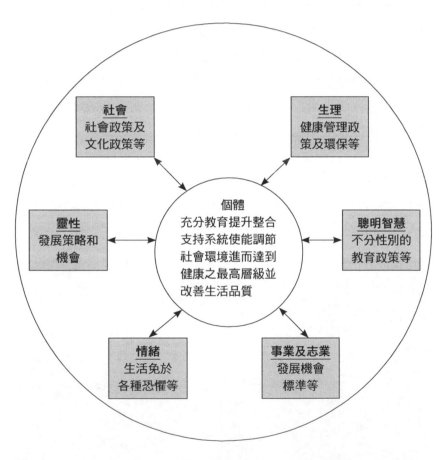

圖10-1　Diagrammatic presentation of holistic self-management education and support

資料來源：Ellis-Sankari, J., M. S. S. W. & L. I. S. W. (2009).

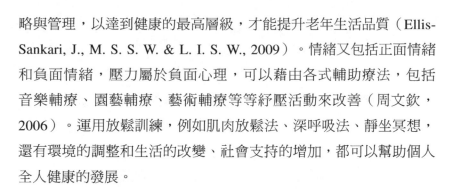

略與管理，以達到健康的最高層級，才能提升老年生活品質（Ellis-Sankari, J., M. S. S. W. & L. I. S. W., 2009）。情緒又包括正面情緒和負面情緒，壓力屬於負面心理，可以藉由各式輔助療法，包括音樂輔療、園藝輔療、藝術輔療等等紓壓活動來改善（周文欽，2006）。運用放鬆訓練，例如肌肉放鬆法、深呼吸法、靜坐冥想，還有環境的調整和生活的改變、社會支持的增加，都可以幫助個人全人健康的發展。

全人照顧及輔助療法可以幫助高齡者達到成功老化。成功老化的定義，是個體能夠規劃生活，並從中獲得滿足。透過潛在的發展，讓自己得到身心靈、社會的滿足感。所以是生存健康和滿意的生活。正向樂觀的老人，在人生中繼續維持創意，參與有趣的活動，延續一個具有生產力的生活。老人比較不容易找到社會支持，因此發展一項正向的人際關係具體行動，例如志工服務中規劃照顧服務人力協助或輔助療法課程，都可以幫助高齡學習者來完成其社會責任的部分，同時可以在互動之中找到社群網路的連結支持，也是提升社會參與滿足感的方法之一。

第一節　全人照顧服務

全人健康（wellness）一詞的產生，受到體育、公共衛生、護理、心理學界的廣泛討論，其範疇已經發展至身體、心理、精神、智力、情緒、社會、環境、職業八個構面組成（林志遠、曾瑞成，2006）。一般人認為健康就是身心靈三方面平衡發展提升以得安適（well-being）才算健康，而靈性健康使人處於一個完整平衡的狀態。我們從整體安適評估量表（General Well-Being Schedule, GWB）的六大面向：(1)健康顧慮；(2)能量水準；(3)生活滿足感；(4)沮喪與振奮；(5)情緒與行為控制；(6)放鬆與焦慮；可以看出安適與健康是不同的，前者大多著重在心理層面的照顧。

　　全人整體健康（holistic health）由生理、心理、社會、情緒、靈性等五個層面所組成。全人（holism）為生理、心理、社會、和靈性間相互整合的關係（洪櫻純，2009）。全人教育學者Miller認為holistic更意涵靈性（spirituality）或是神聖的感覺，藉由知識傳遞交流互動引導學習，漸進覺察轉化觀點，跨越傳統經驗，達到文化覺醒和自我心靈改變，使自我內在核心回歸人性尺度的社群互動（張淑美譯，2009）。個人身心靈的健康與外在社會環境、自然生態習習相關，如何看待老人的健康與安適，結合國外學者對於全人的四個面向切入，包括：(1)生理；(2)心理；(3)社會；(4)靈性（洪櫻純，2009；Newman, 1995; Swinton, 2001）。

　　全人照顧（holistic care）視個案為整體，提供個人全方位的照顧服務，引導者具有統整的專業照顧背景，判斷問題，提出改善方案，執行照顧方案。也因此，全人照顧應將照顧服務做多元整合的思考及服務連結。在社區中照顧服務必須是持續落實人性化、去機構化的、客製化的理念，如此照顧者得以得到最佳的服務，而照顧人力也可得到充分的利用及專業化後的尊重。以被照顧者為主的全人照顧，需要經歷四個階段：(1)建立基本專業知識與工作技能；(2)服務工作連結在生理、心理、社會、靈性四層面的照顧服務；(3)照顧工作的事前溝通規劃與執行；(4)照顧工作執行前、中、後滿意度評估和創新服務規劃；如此才能符合現代老人在照顧服務上之所需，以及照顧工作中專業能力呈現與管理人才之再造。

　　全人整體健康取向之全人照顧服務（holistic health approach holistic care service），擴及到生理、心理、社會、情緒、靈性等五個層面，並向上延伸連結至自我探索、人際關係、自然和諧、正向超越四個靈性成長層級，延展至多元輔助療法之應用，完成以輔助療法達成全人照顧之理念與全人整體健康提升之目標。以下就從休閒和健康福祉整合全人照顧與輔助療法、全人照顧理念介入高齡學習和全人照顧取向輔助療法產業發展趨勢三個部分，來探討以全人

照顧概念與輔助療法之應用。

壹、從休閒和健康福祉整合全人照顧與輔助療法

　　休閒和健康福祉可以幫助自己，真實的對待自己，因為休閒和靈性協同的資源，包括與自然及他人的連結，超越其他，創造生命意義，例如人生目的、轉化及成長。全人照顧中包含了提升自我覺察、自我保健、促使自己成為治療工具的活動。**圖10-2**的自我連結模式中，我們瞭解到一個整全的個體，除了生理、心理和社會這三方面達到最佳目標之外，協同和創新是很重要的一環。個人藉由輔助療法等休閒學習來達到自我管理、壓力抒發，及信仰所賦予個人人生價值的再現的恩典，利用動手做等體驗動作來引導正向思維模式、提升情緒的掌控能力和達到工作成就感。

　　如何將全人照顧理念整合在輔助療法中，是近年來老人健康提升的課題之一。輔助療法廣泛應用於學習和生活中，成為休閒學習中的顯學。在歐美，輔療已經逐漸生活化，並非單一應用在醫療體系中，其已成為休閒的一部分。提升休閒體驗的方法有五種，品嘗休閒（Savoring leisure）、真實休閒（Authentic leisure）、各項休閒的快樂（Leisure gratifications）、專注細心的休閒（Mindful leisure）和品德休閒（Virtuous leisure）（Payne, L. et al, 2010）。由**圖10-3**顯示，休閒和健康福祉模式中，提升休閒體驗的發展來源，有心理元素來源、社會元素來源、心理連結來源、生理來源和環境來源。這五項來源與全人健康元素相似，且都是在以學習和體驗產生影響，產出正向情緒，深入表達個體的完全潛能，以追求福祉為依歸。其中專注細心的休閒與輔助療法的學習，有異曲同工之處。

　　全人健康裡首重靈性健康，靈性是個人對生命最終價值所堅持的信念或信仰，也是個人看待生命的哲學觀或價值觀，是生命價值、實現、成長、圓滿的積極意義（杜明勳，2003）。個體的靈性

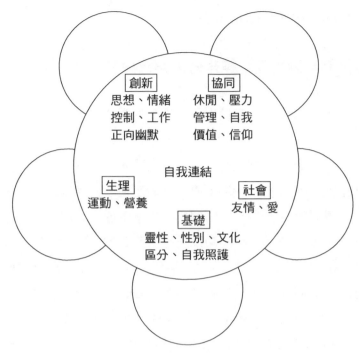

圖10-2 自我連結模式（不可分割的自己）

資料來源：Payne, L. et al., (2010).

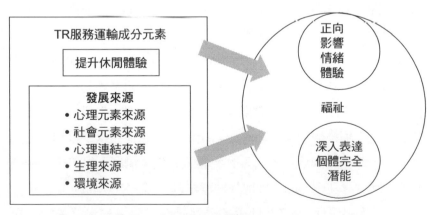

註：TR，Therapeutic Recreation（休閒治療）之簡稱

圖10-3 休閒和健康福祉模式

資料來源：Payne, L. et al., (2010).

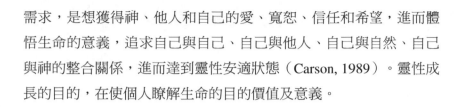

需求，是想獲得神、他人和自己的愛、寬恕、信任和希望，進而體悟生命的意義，追求自己與自己、自己與他人、自己與自然、自己與神的整合關係，進而達到靈性安適狀態（Carson, 1989）。靈性成長的目的，在使個人瞭解生命的目的價值及意義。

貳、全人照顧理念介入高齡學習

「全人」為生理、心理、社會和靈性間相互整合的關係（胡月娟等，2009）。換句話說，全人健康是以人為中心，提升其生理、心理、社會和靈性健康。專業人員用全人健康的概念，提供整體且持續的服務，促進長者健康。專業人員包括教導者、照顧規劃者、照顧服務人員等，協助長者在面對問題時，具備解決與改善問題的能力。全人健康也包括探討人生意義和提升靈性健康。個體自成長階段就不斷地在學習，佛洛伊德說：「精神健康的人，總是努力的工作及愛人，只要能做到這兩件事，其他的事就沒有什麼困難的。」也就是說，全人照顧除了照顧服務之外，還須結合其他真善美的元素，提升老人精神層面的健康。

高齡者偏好休閒類學習內容，包括健康保健、人文藝術、休閒生活、語文及才藝技能。健康保健課程可以提供預防疾病的知識，學習並預防老化所產生的健康問題；才藝課程可以延續高齡者在年輕時代所擁有的才華，可以做代間學習，進而朝自我實現及自我統整的方向邁進。高齡教育屬於自願性的終身教育，休閒類課程有助於提高高齡者的參與度及滿意度，充實並適應退休後的生活，延緩老化現象的發生。高齡者藉由學習可以維持認知功能之發揮，進而安享健康的晚年生活（林麗惠，2010）。而輔助療法中統合高齡休閒學習、高齡體驗學習和高齡全人健康學習，值得護理、長照、照護、社工等科系開辦相關課程，進而達到產官學合一的目的。

參、全人照顧取向輔助療法產業發展趨勢

輔助療法，包括音樂治療、遊戲治療、園藝治療、藝術治療、芳香療法、身心靈調整、食膳治療及動物輔助治療。所謂全人照顧，是以人為中心，提供生理、心理、社會、靈性方面的照顧，對於亞健康及身心障礙的人而言，輔助療法發揮了一定程度的成效。每一個個體都應該有自我覺察身體健康狀況的能力，要成為一個全人健康的人，需要管理能力及自我整合的能力，全方位多面向檢視自身的生理、心理、社會和靈性的健康。輔助療法是藉由各種令人感興趣的活動，在學習中自我探索，追尋更深一層的體悟，達到自我管理的目的，活出超越自我的人生。

全人自我管理教育及支持（holistic self-management education and support）既是健康促進教育模式，也符合世界衛生組織（WHO）的健康目標達成使命。可以增能在個人、家庭及社區中。所有的努力，都是要改善健康及生活品質。在個體的生理、情緒、靈性、社會、環境、專業領域、聰明智慧等面向發展成功模式（Kanchense, J. H. M., 2006）。

全人照顧取向輔助療法產業，其未來發展趨勢，勢必追隨已開發國家之腳步而行。以美國為例，心理諮商師會整合其服務，例如在諮商中，輔以芳香療法或振動按摩輔療（Vibrational Healing Massage Therapy），讓被諮商者在輔導的過程中，紓解壓力以利會談的順利進行，對心理諮商輔導而言，輔助療法是可以一併進行的。又例如在韓國，治療失智症的身心診所，如同補習班一樣，為老人開設音樂輔療、園藝輔療、藝術輔療等課程，幫助預防疾病的發生，或延緩症狀的惡化，藉由動手栽種或音樂敲擊來活化腦部。日本更是結合福祉科技術，開發一系列延緩老化的運動引導員機器人，長者只要跟著機器人的手部動作和方向，就可以輕鬆做到體適能運動。

　　仙台—芬蘭福祉中心的健康再造計畫，是值得借鏡的高齡健康服務人力中心建置的模式，當外籍勞工引進成為一項必須檢討的課題時，不論是老人住宅模式發展成功的日本的銀髮養生村、芬蘭的失智村、韓國的康復中途之家，或是提供照顧服務的模式，例如日本小規模多機能的高齡福祉介護中心、日本—芬蘭的社區型走動式套餐服務，對尚在學習階段的台灣而言，應將有全人照顧概念的多元輔助療法，發展成長期照顧產業中的新興產業，並培育專職專才，以及將輔助療法實務應用，擴及到健康、亞健康及身心障礙失能者的家庭、社區、機構中。

第二節　輔助療法理念與實務

　　中國的「氣」與印度的「生命的能量」（prana）、西方的「生物能量場」（bioenergy field）、人智學的「生命氣體」（etheric body）都是相通的，都意指「生命的能量」形式。加州州立大學導入全人整體健康課程，全人整體健康著重在身心靈的健康和療癒，許多護理學校導入輔助及替代療法（CAM），但並不是很普及（Ellis-Sankari, J., M. S. S. W. & L. I. S. W., 2009）。輔助療法理念是藉由學習及體驗，導入全人健康。以下分別說明就輔助療法的定義、多元輔助療法概論和其他多元輔助療法的實務應用。

壹、輔助療法的定義

　　輔助療法（complementary medicine），又稱為輔療，是指與慣用的西醫一起使用，但不加以取代的輔助治療方式，例如用音樂療法來減輕身體的不適。另類療法（alternative medicine），又稱為替代療法，是完全取代西醫的治療，例如以生機飲食取代治療，兩者合稱為輔助及替代療法（complementary and alternative

medicine, CAM）（胡月娟等，2009）。美國國家輔助／替代療法中心（National Center for Complementary/Alternative Medicine, NCCAM）（2002）將CAM分成五個範疇，說明如下：

1. 替代醫療體系（Alternative Medicine System），例如中醫養生治療。
2. 身心介入措施（Mind-Body Intervention），例如冥想、祈禱、心理諮商、藝術治療、音樂治療、舞蹈治療、寵物治療及園藝治療等。
3. 生物療法（Biologically-Based Therapy），例如使用天然食品及芳香療法等。
4. 操作及身體療法（Manipulative and Body-Based Methods），例如按摩、太極拳等。
5. 能量療法（Energy Therapy），例如氣功等（洪櫻純、陳美蘭，2014；施議強、韓晴芸、曾俊傑、侯承伯，2005；許煌汶，2005；許煌汶，2004；曾月霞、張育萍、謝秀芳、張碧容、陳桂敏、許雅娟、王靜枝、張文芸譯，2004）。

　　輔助療法，在台灣已經引起社會大眾的廣泛興趣，在學習中介入輔助療法，可以規劃為一系列的課程。在國外，輔助療法已經被使用於醫護整合治療中，依照不同的州及地方政府規範執行。通常機構給予的稱呼是「輔療員」。一位稱職的老人「輔療員」除了要對老人身心老化狀態有清楚之認識外，尚須具備助人技巧與實務、老人諮商實務，以及各種表達性藝術治療之訓練、實習與督導。

貳、多元輔助療法概論

　　輔助療法分門別類，但是都是以全人健康及照顧的理念為依歸，並以開發個體潛能、提升心靈成長和內在自我療癒為目標，提

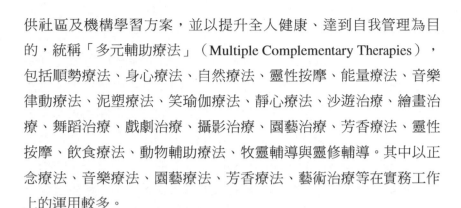

供社區及機構學習方案，並以提升全人健康、達到自我管理為目的，統稱「多元輔助療法」（Multiple Complementary Therapies），包括順勢療法、身心療法、自然療法、靈性按摩、能量療法、音樂律動療法、泥塑療法、笑瑜伽療法、靜心療法、沙遊治療、繪畫治療、舞蹈治療、戲劇治療、攝影治療、園藝治療、芳香療法、靈性按摩、飲食療法、動物輔助療法、牧靈輔導與靈修輔導。其中以正念療法、音樂療法、園藝療法、芳香療法、藝術治療等在實務工作上的運用較多。

美國國家輔助和非正統療法研究中心（National Center for Complementary & Alternative Medicine, http://nccam.nih.gov）設有一個針對癌症非正統或輔助療法的研究所。他們在國際電腦網路上有個網頁，陳列他們所評估的一些非正統和輔助療法（http://www.nlm.nih.gov/nccam/camonpubmed.html）。他們列出一些評估非正統療法的原則，提供給病人或家屬考量（梁翠梅，2009）。

每個個體都是獨一無二的，當個體活出自己生命價值的渴望，卻受到阻礙，就需要藉著學習或治療來找回生命的價值和意義。當投入輔助療法的學習之中，獲益最大的是自己，真正的成長與蛻變是從經驗中體悟而來。在歐美廣為運用的心理諮商過程，透過輔療課程，幫助個體負面思考及情緒的抒發與重整，協助其從生命的困頓之處，發掘內在無限的潛能，讓生命重新再出發。

參、其他多元輔助療法的實務應用

其他多元輔助療法有冥想療法、禱告輔療、懷舊療法、敘事療法、家系圖遊戲治療、沙盤治療，以下就其意義與實務應用做簡單說明。

一、冥想療法

冥想療法（Meditation Therapy）又稱作靜坐冥想，或打坐（Zazen）。冥想練習首重注意力。一開始先做三次深呼吸，將注意力集中在呼吸上。只要注意呼氣、吸氣，做三次後開始冥想（朱衣譯，1999）。在美國靈氣練習（Reiki）、靜坐冥想、自我按摩療癒法（Self-Healing Massage Therapy）等，都是經過科學證明後，將陰、陽、氣等玄虛的理論，解釋後並導入練習之中，產生自我療癒的成效，並結合全人健康，亦可導入心理諮商領域，可見歐美在一般民眾生理、心理健康及情緒調整的各項研究，都不斷研發新的理論與實務經驗結合，產出對人體健康極有益處的新興產業（洪櫻純、陳美蘭，2014）。

二、禱告輔療

禱告也是輔助療法的方式之一，稱為禱告輔療（Prayer Therapy）。祈禱像是一種日常的提醒，讓人知道該如何跟他人說話，如何與他人相處，如何面對每天生活中的困難等，讓個人不斷地注意到慈悲、寬恕的重要（朱衣譯，1999）。《聖經》上說，

老人透過信仰，讓生命更有寄託

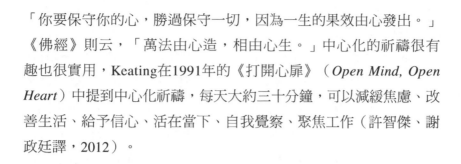

「你要保守你的心，勝過保守一切，因為一生的果效由心發出。」《佛經》則云，「萬法由心造，相由心生。」中心化的祈禱很有趣也很實用，Keating在1991年的《打開心扉》（*Open Mind, Open Heart*）中提到中心化祈禱，每天大約三十分鐘，可以減緩焦慮、改善生活、給予信心、活在當下、自我覺察、聚焦工作（許智傑、謝政廷譯，2012）。

三、懷舊療法

懷舊療法（Reminiscence Therapy）是藉由懷舊與回憶活動設計進行，老人可以藉此達到自我統整，藉由懷舊物回想過去，進而思想對自己未來有意義的事，運用一些食材、香料、盆栽或者社區具有共同記憶的地點，也都可作為懷舊的題材。帶領懷舊活動需掌握參與者特色，事先瞭解社區之特色以及參與者之背景（劉黃麗娟、錢桂玉、劉怡廷、葉國芳、余良玲，2010）。在機構也會特別設置一個懷舊區，擺設一些復古年代的物品，讓老人家在此區域中學習藝術的創作。

老家具、懷舊古玩等布置帶領長輩進入時光隧道

四、敘事療法

家族治療（Family Therapy）中的敘事療法（Narrative Therapy）主要關注在人身上，主要詮釋自己被激發的反應。敘事治療師認為一個厭倦自己生命的人，很難接受自己手會顫抖是因為興奮，往往需要協助他建構一個全新且正面的故事，讓個案對自己有好的感覺，他才有辦法抗拒挫敗感所帶來的負面想法。許多人需要支持性的社群，治療師的影響力會漸漸消退，但是支持他們的新故事會一直讓他們堅持意志。敘事治療師會發現治療的目標不是歷史發生過程，而是故事清楚度，個案敘述故事時會像過濾器一樣，去除與故事不符的經驗或改變事件的原意，個案常在敘述中發現自己能力不足，治療師可以幫助個案回歸問題本身，而非家庭因素，不需要界定正常或異常，不著重在問題的本身，而是協助個案擺脫壓迫，創造積極的生命。治療師可以用「告訴我這個故事」、「你期待發生什麼？」、「你希望完成什麼？」等問題，協助個案探索問題帶給他們的痛苦，讓他們勇敢面對，瞭解那是一個苦難而不是一個病態。用不批判的方式書寫下故事及問題，用預想的方式思考過去、現在和未來，轉換生命歷程到另一個新的領域。家族治療的最新趨勢是建立一種比較彈性的整合模式，如敘事解決療法（The Narrative Solutions Approach）結合MRI模式和敘事技巧的新興模式（劉瓊瑛譯，2011）。

五、家系圖遊戲治療

活化治療關係，當面對不願意討論家庭議題時，可以用家族遊戲家系圖（Family Play Genograms），請個案加入他們想要加入的成員，找一個模型代表那個人，不用對話的方式，而是用分享的方式，進行想像中的對話，我們可以請參與者用一個模型來代表在他們生命中特別有意義的人，再漸漸連結出一個沙盤世界，讓他們分

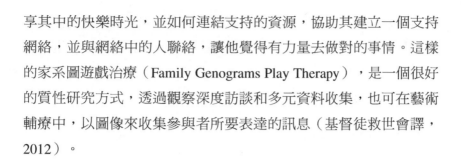

享其中的快樂時光，並如何連結支持的資源，協助其建立一個支持
網絡，並與網絡中的人聯絡，讓他覺得有力量去做對的事情。這樣
的家系圖遊戲治療（Family Genograms Play Therapy），是一個很好
的質性研究方式，透過觀察深度訪談和多元資料收集，也可在藝術
輔療中，以圖像來收集參與者所要表達的訊息（基督徒救世會譯，
2012）。

六、沙盤治療

遊戲治療（Play Therapy）中的沙盤治療（Sandtray Therapy）
與沙遊（Sandplay）不同，它可以表達口語無法說出的情緒，自我
引導的沙盤過程可以讓個案完全做自己，過程中還包括關懷和接受
的關係。這其中包括動覺、感官、觸覺，移動中的小物件讓受傷者
透過沙盤的內容可以導致左右腦整合。將語言放入故事中，這在左
腦進行，將影像和感覺加入右腦中，使連結左腦和右腦的組織胼胝
體（corpus callosum）增強和生長，幫助調整情緒。心理受傷的人
並不會因為技術得到療癒，只有因與人互動或自我探索時，才會經
驗到心靈的療癒（陳信昭等譯，2012），因為一生的果效由心發
出。沙盤治療的研究及實務應用，適合各個年齡層。從一些研究
可以看出躁症患者的沙盤飽滿（fullness），鬱症患者的沙盤空洞
（empty）。沙盤治療的訓練模式可以參考沙盤治療中心網站www.
Sandtraytherapyinstitute.com，這個訓練需要二到三天的學習，每一
個人都要去體驗沙盤治療，從學習中自我瞭解。人本治療師要懂得
照顧自己，否則他們很難對他人付出。自我照顧很容易理解卻很難
實踐。治療師需主動找尋與發現生活中的正向經驗，引發自己的熱
情，找到工作中平靜愉快的滿足感（許智傑、謝政廷譯，2012）。

輔助療法所設計之整體課程規劃，在於培育學習者正向態度。
近年來，許多志工組織開始，從投入服務老人志願服務，到組織管
理高齡志願者的協會組織，讓更多的高齡者投身志願服務的行列，

除了學習到老，也推己及人，讓銀髮生活不孤單，充滿銀髮博愛，讓銀髮人力補足社會服務人力之不足，成為活躍老化的最佳典範（吳老德，2010）。

第三節　正念療法

正念療法（Mindfulness Therapy）是用來提升正念的力量，包含正念減壓療法（Mindfulness Based Stress Reduction, MBSR）與正念認知療法（Mindfulness Based Cognitive Therapy, MBCT）。正念減壓療法（MBSR）是美國卡巴金博士（Jon Kabat-Zinn）結合東方禪修與西方身心醫療理念，於1979年創發的自我療癒方法。正念認知療法（MBCT）則是英國牛津大學威廉斯等三位教授，以認知行為治療（CBT）為基礎，融入MBSR的理念發展而成。正念是自律後的新經驗。練習「自律」所得到的成果，解除了自己陷入日常習性所感受的極度苦惱，讓人放鬆。所以自律還有另外一層意思，就是「做自己的主人」（哲也譯，2013）。

壹、身心療法之靈性引導

身心療法中之靈性引導（spiritual direction），也是自我照顧的一部分。自我觀察的練習是一個靈修體系中系列練習的一部分，一個人如果長期實踐這種誠實、不帶評判的觀察自己的「務實的自我工作」，就可達到「圓滿之路」。養成不斷地重複壞習慣的人會為自己製造麻煩，但一個謹慎而誠懇的練習者，在困難與掙扎中總會找到內在的幫助。自我觀察的四個基本原則是不要評判、不要改變觀察物件、注意身體的感覺並且放鬆身體、無情且誠實的面對自己。一個內在的「提醒」，可以幫助個體集中注意力來放鬆身體，如同當水遇到阻礙，它只是從旁邊、上面或下面流過，它的順勢而

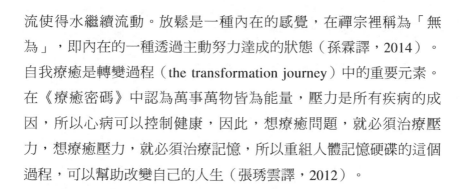

流使得水繼續流動。放鬆是一種內在的感覺，在禪宗裡稱為「無為」，即內在的一種透過主動努力達成的狀態（孫霖譯，2014）。自我療癒是轉變過程（the transformation journey）中的重要元素。在《療癒密碼》中認為萬事萬物皆為能量，壓力是所有疾病的成因，所以心病可以控制健康，因此，想療癒問題，就必須治療壓力，想療癒壓力，就必須治療記憶，所以重組人體記憶硬碟的這個過程，可以幫助改變自己的人生（張琇雲譯，2012）。

貳、正念療法的內涵

歐美各國目前應用正念療法在憂鬱症、焦慮症、癌症、慢性疼痛、酒癮等各種身心疾患的療癒，也推廣到老人照護、安寧療護、教育、監獄、企業與健身訓練中，大量實徵研究已證明此方法具有普遍成效。面對忙碌的現代社會，如何與壓力和挫折情境共處，是每個人的共通課題。透過系統學習身體掃描、探索艱辛禪、探索壓力與焦慮、正念人際關係、慈心禪等方法，可以重新接觸自己智慧與活力的泉源，增長與壓力挫折共處的能力，以培育更具靈性深度的專業助人能力，這是正念療法的內涵。把慈心觀進一步延伸，可以觀想一位難相處的人，把他放在心中，認同他也希望快樂和遠離痛苦。重複以下這幾句話：願他脫離痛苦、願他健康快樂、願他身心輕盈安定。此時停頓、傾聽、注意身體所生起的感覺，看能否探索這些感覺或是評判自己是好或壞。有時會被強烈的感受或念頭拉走，隨時可以回到身體的呼吸上，再次讓自己固定在當下，對自己生起慈悲。最後，把慈愛延伸到所有眾生，這裡的用意是把愛和友情延伸到地球上的所有生命，包括你自己（吳茵茵譯，2012）。

參、正念療法的發展與應用

　　正念療法的入門體驗內容，包括正念療法的發展與應用、探索壓力經驗、身體氣壓計或壓力共鳴圖、身體掃描或專注呼吸、食禪或行禪。葡萄乾禪是一種慢食中體會正念的練習，在五至十分鐘內，拿一粒葡萄乾，花點時間好好觀看葡萄乾，用手指搓一搓葡萄乾，探索它的質地，把葡萄乾放到鼻子下方，看看每一口吸氣時會注意到什麼，再慢慢把葡萄乾放到嘴裡，咬下葡萄乾並感受葡萄乾的質地，注意力要跟隨吞嚥葡萄乾的感覺。最後花點時間寫下你練習時注意到的任何事情。這是在訓練我們用五官感受食物，提升我們對平常忽視的例行活動多一些正向關注（吳茵茵譯，2012）。

　　念力所發揮的蝴蝶效應可以從「我」到「我們」，這個小小的認知就能改變關係。那些正念可以改變交往技巧，讓你跟任何與你全然不合的人建立好關係，平時練習以真心與坦率不隱瞞的態度，來拉近人我之間的關係及強化凝聚力。我們都是發射體，生命的根本衝動是連結意志，敞開心智且全面觀照，古老的內觀法是見到鍵結的一種練習方式，唯有全面觀照才能消弭歧見，看穿自己以及超越人性的差異、國界的限制。在這種深刻分享的過程中，整體的凝聚力自然會建立起互信基礎，並鬆解對堅定立場的執著（王原賢、何秉修譯，2013）。

第四節　園藝療法

　　園藝輔療（Horticultural Therapy, HT），又稱為植物治療，經由接觸植物、庭園的活動，以及接近自然的環境所產生的感覺，得到治療與復癒或促進健康（洪櫻純、陳美蘭，2014）。園藝工作包括播種、萌芽、施肥、灌溉、除草、修剪等一系列的活動，過程中植物需要人持續的關注和照顧，一旦看到開花結果，參與者立刻得

到回饋。減緩原有的焦慮與壓力，增加與他人的互動，而最大的滿足感是得到心靈的寧靜與安穩。顯示植物治療對人的身心靈健康帶來良好的效果。我們的內心像植物，我們要花心思去照顧、澆水、修剪、施肥是必要的。

　　廣義的植物治療還包括景觀治療，藉由景觀所組成的治療性元素，來刺激身體的五種感官，可以達到紓解壓力的目的（何婉喬，2009）。園藝治療是從十七世紀晚期在歐洲西班牙及北蘇格蘭等地開始萌芽，目的是希望運用一些農場上耕種的工作，在各種病患身上以達到復健的效果。1940年，瑞典成立境內首座治療式的花園來從事職能治療活動；1973年，美國也成立園藝治療協會（American Horticultural Therapy Association）；1987年，美國辛西那提阿茲海默症中心也隨之成立治療性花園，現今於英國、加拿大、澳洲、日本等地皆有所屬的園藝治療組織。而台灣目前進行園藝治療相關議題的研究單位包括：文化大學景觀學研究所、台灣大學及中興大學園藝學研究所等（邱馨慧、蔡佳良，2008）。一般而言，園藝治療的主要效益可分為：智識、社交、情感及生理四種效益（陳惠美、黃雅鈴，2005）。

園藝療法可享受大自然及動手做的樂趣

壹、園藝輔療內涵

不論在大小宇宙中間，生生不息的自然界物種，都與人類的生存息息相關。除了藉由動手做園藝種植，認識自己和自然的連結關聯性之外，從體驗活動中瞭解生態系、食物鏈和人類的關係，可以讓人體會到人與自然密不可分的關係。

整合身心靈健康的課程，並導入提升環境素養的體驗教學，讓長者在轉化學習中，感受並瞭解自然與個人的關聯性，以及生態保育對生活環境的重要性，這是園藝輔療內涵。全人已經從早期的個人健康教育到包含文化及社會層面，進而加入自然生態學來提升層級。為了改善健康及生活品質，相信在增加個人組織能力及行動源之後，個人就能管理自己的健康（Bandura, 1994）。

貳、以園藝輔療教學探索自然多元智慧

園藝輔療教學，目前大多應用在病患或身障人士，對於推廣於健康或亞健康人士的教案不多。Howard Gardner在1983年提出多元智慧理論，他認為人有七種智慧；而1995年Howard Gardner又加上第八項智慧，就是自然博物智慧，透過觀察自然，統整溝通連結人與自然的關係。園藝輔療啟動八種自然多元智慧（沈瑞琳，2010），包括：

1.空間智慧：感知環境空間層次。

2.動覺智慧：參與啟動身體覺知。

3.音樂智慧：自然界律動的音譜。

4.語言智慧：團隊合作模式。

5.人際智慧：分工溝通互動。

6.內省智慧：體驗後覺察及省思。

7.數理邏輯智慧：思考植物生命週期及大自然定律。

8.自然博物智慧：統整人與大自然的關係。

　　自然療癒力可以提升免疫力，是可以運用園藝治療來輔助。復原力（resilience）是一種能夠從破壞的生活中接受挑戰恢復的能力（周鉦翔等譯，2012）。現代人壓力過重導致免疫力降低，成為健康的殺手，也因此幫助壓力找出口，才可以幫助自己更健康。園藝不僅意味著照料植物，也是一種經驗的累積過程，到戶外能讓人有重新開始的機會，園藝包括觀察、提問和解答問題，學習互相協助，並可增進自信心、注意力和區分能力（郝冰、王西敏譯，2009）。知識生態影響靈性智慧，將靈性與智慧整合實踐。在長期照護中心等機構中，讓長者有一小塊土地自我管理與栽種，可以讓他們從種植的觀察體驗中得到身心靈的慰藉。

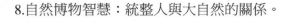

第五節　芳香療法

　　芳香療法（Aromatherapy），又簡稱芳療。是運用各種芳香植物蒸餾萃取出精油，使得身心靈得到療效。但精油對某些人是有限制的，例如高血壓、癲癇、懷孕等會產生負作用。錯誤的運用芳香療法會對身體產生負面的影響。對老年人來說，玫瑰可以改善記憶缺失，薰衣草可以預防阿茲海默症，天竺葵可以改善乾燥的皮膚。美國在2000年成立美國國家整體芳香療法協會（The National Association for Holistic Aromatherapy, NAHA），提供證照考試。

　　芳香療法會結合心靈音樂、精油調息、身體按摩、花茶品嚐等配套實施。

壹、芳香治療的應用

　　芳香治療是以芳療專業知識透過個案的經驗，得以瞭解自己的情緒及不同情緒的身心影響，透過正面的心理力量，以及植物精油

來平衡身心。利用芳療去照護身心靈，除了對芳香療法要有深切的認知外，也必須對植物精油有專業的臨床研究經驗，和豐富的人生歷練，才能夠真正的做到情緒的芳香治療。

選用最合適且有效的基礎油，其特性與用途包括精油的應用是邁向重新覺醒的領域，是新世代美容的趨勢，在疾病防治與健身保養也十分重要，去瞭解這些轉化太陽能為人們可吸收能量的植物，所萃取出充滿生命力能量與內在作用力的油類（源臻芳香照護學院出版團隊，2006）。

芳香療法所使用的芳香精油約有一百多種，每一種芳香精油都有獨特的香味，並且包含至少一百種以上的化學成分，這些成分會交互運作，用以治療我們的身心。每一種精油的特性，以及使用在身體、心理和精神上的反應各不相同。提煉精油植物的產地，因為植物因地理環境、氣候等陽光雨水的不同，也會造就化學成分上的差異，進而影響其治療效果（Melissa Studio, 2002）。

貳、芳香療法的演進

人類在有歷史紀錄之前，就已知道植物具有美容、醫療之功效。透過天然草本植物，進而引導老人對生命議題的重視，瞭解「身」顯於外，「心」顯於行，「靈」顯於內。當草本植物與甦復感官之後，身心因無形的壓力所導致的有形疾病漸逝。芳香療法不僅用在美容保養，更能對我們的身心靈保養有助益。探討精油能量的奧祕、按摩保健step by step、個人身心靈能量配方的調製。使用芳療後心靈又甦醒過來，產生了內在追求生命的意志，對未來充滿樂觀，病人尋求自然療法，包括精油及按摩，使心靈恢復積極、樂觀，進而重新面對人生（卓芷聿，2003）。

芳香療法是一門藝術，也是精確的治療科學，著重對使用者整體性（身心靈）的瞭解，以促成配方的形式及各種相對應的使用

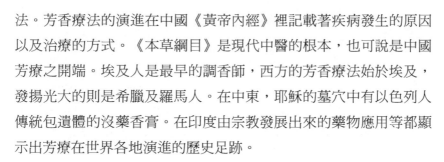

法。芳香療法的演進在中國《黃帝內經》裡記載著疾病發生的原因以及治療的方式。《本草綱目》是現代中醫的根本，也可說是中國芳療之開端。埃及人是最早的調香師，西方的芳香療法始於埃及，發揚光大的則是希臘及羅馬人。在中東，耶穌的墓穴中有以色列人傳統包遺體的沒藥香膏。在印度由宗教發展出來的藥物應用等都顯示出芳療在世界各地演進的歷史足跡。

　　第一次世界大戰受傷的士兵，使精油和醫療有密不可分的關係。蓋特佛塞（René Maurice Gattefossé）發現薰衣草有消炎、殺菌療傷的特性，珍・瓦涅醫師（Jean Valnet）把植物精油用在治療。美容方面則有瑪格麗特・摩利（Marguerite Maury）首次將芳香療法用於美容回春上；後有雪麗・普萊斯（Shirley Price）開辦雪麗普萊斯芳療學院。

參、精油的調製

　　植物精油對人體的益處包括淨化空氣與殺菌、提供細胞營養、平衡身心靈、增強免疫和具有天然的防腐特質。精油存在於植物的各個部位，具備調節溫度、預防疾病、保護植物免受細菌及其他病菌的侵害。其萃取來源包括從植物的葉子、花朵、種子等提煉出具高度芳香性及揮發性的物質。而萃取方式則有水蒸餾法、冷壓榨法、油脂分離法、溶劑萃取法、浸泡法等。

　　精油需要基礎油來稀釋，基礎油取自植物的花朵、堅果或種子的油，以冷壓萃取得來（攝氏六十度以下處理），不會揮發且未經過化學提煉的植物油，例如甜杏仁油、杏桃仁油、酪梨油、荷荷芭油（Jojoba Oil）等，富含維生素D、E與碘、鈣、鎂等，藉其稀釋精油，協助精油迅速被皮膚吸收。大多數都是以荷荷芭油為基礎油，其成分有礦物質、維生素、蛋白質、似膠原蛋白、植物蠟、Mytidyic Acid；特質為呈黃色，萃取自荷荷芭豆，非常滋潤，無任

何味道，油質較輕滑似脂腺分泌的油脂。精油也是良好的護髮油。調配精油的方法是以20ml的基礎油加上十滴精油。以下介紹幾種比較常見的精油，其功能說明如下：

1. 薰衣草（lavender）：具有消炎、殺菌療傷、傷口迅速痊癒的療效。薰衣草的花泡茶飲用，有緩和頭痛和鎮靜神經的作用。
2. 迷迭香（rosemary）：具有治療呼吸道黏膜、驅病毒、治肝病、預防胃潰瘍。
3. 茶樹（tea tree）：具有治療傷口、受感染潰爛的皮膚，增強免疫系統，治療感冒引起的呼吸不順、鼻塞等症狀。
4. 玫瑰（rose）：具有舒緩情緒的功能。
5. 洋甘菊（chamomile）：具有健胃、保肝、促進消化、穩定神經系統。

第六節　藝術治療

藝術輔療（Art Therapy），又稱為藝術心理治療（Art Psychotherapy），為心理治療的形式之一，乃是以表現性藝術，如音樂、舞蹈、戲劇、詩詞和視覺藝術等為媒介來完成心理診斷及治療之科學。藝術治療已不只是自我表現的方式，其創作的成品亦被視為重要的診斷工具之一（陸雅青，1996）。藝術輔療讓人有自由表達自我的機會，有助於情緒的穩定（渡部典子，2013）。藝術治療是一種超越語言的力量，在安寧病房裡，藝術創作為主的輔療。運用藝術的主題、方法、素材，藉由創作的歷程與引導者互動，憑藉著想像力自行治療及重生。應用美術作為心理探索的模式，是藉由各種藝術活動促進心理健康的輔助療法。人生有目標，比較不會憂鬱。創作是互動的，參與者藉由美術，專注於他者，藉由學習累

積思考力，因著經驗累積產生判斷力。美術的各個層面都有其作用，利用圖畫的引導，不但能夠促進內心的活動，也會創出人類的活力。J. P. Miller（張淑美譯，2009）在生命教育領域研究中，也發現藝術能夠讓人有創造性的思考，從中學習解決問題的思考能力。不論在社區或是學校，都非常需要藝術去激勵學生。藝術是一種描繪和探索人類精神的方法，透過藝術創作過程，協助

簡單繪製曼陀羅，享受專注和自我對話的空間

來探尋藝術之治療力的人，獲得生命能量及智慧啟發。

對以藝術輔療做研究的研究者而言，具體藝術治療之心得分享，能提供寶貴的反思與記錄，幫助更多人受益於藝術治療展現的成果。

壹、藝術治療師在健康照護上的潛能

藝術治療是心理治療中所運用的一種工具，然而藝術包含甚廣，繪畫乃是視覺藝術的一項，引導者除了要瞭解繪畫之基本理念之外，還要有賞析的能力。藝術輔療呈現出家庭、個人與繪畫三者之間相互影響之關係，其所呈現的畫中有話，可以解析出內心世界的奧妙（范瓊方，2001；2004）。藝術治療目的在探索自我，是在開發正向的生活態度和學習新解決方法，同時也在學習有創意走出困境的技巧。

藝術治療師具有解答詮釋被治療者的難解之意象的能力。藝

術治療中最具爭議性及最容易引起誤解的議題，在於治療者詮釋藝術的能力以及由藝術延伸出的種種推論和評估。藝術的表達是廣泛的，而藝術治療師希望能瞭解一個人之所以可以很快地、沒有困難的將自己的意念投射到一個又一個的藝術創作上。

藝術治療師可以選擇各式各樣的經常被使用的藝術治療評估工具進行檢驗。以各種不同專業評估工具（tools of the trade）及方式廣泛地評估，針對各項的評估呈現清楚的資訊，每一個測驗工具的分析讓完善的組織性清楚的呈現。具備這些相關的資訊，藝術治療師得以清楚的瞭解，在每個創作的過程中繪畫者所期許的是什麼。一個極具意義的圖像，說明藝術用於藝術治療中的結果，開發藝術治療所使用手法與工具必須到達的可以解析的境界。

藝術治療師，透過對藝術活動的體驗，對生活的方法和態度獲得個人的覺知，引導學習者提升對有關環境、事件或人的態度的掌控和調適的能力，引導個人養成一種內心的情緒調節，以對生活採取理性正面回應，取代過度負面情緒反應過程，使人管理自我身心靈和產生內心正念及反應，把生活的挑戰轉變成人生的功課，並找到解決方法以看見事情全貌的能力，藝術治療師可以說是個人心靈的藝術師（莎朗‧赫斯，2007）。

藝術治療中最具爭議性及最容易引起誤解的議題，在於治療者詮釋藝術的能力以及由藝術延伸出的種種推論和評估。藝術的表達是具吸引力的，藝術的世界廣而深，選擇各樣經常被使用的藝術治療評估工具進行檢驗。以各種不同方式廣泛地評估，針對各項的測驗呈現清楚必要的資訊，藝術治療師得以清楚的瞭解在每個的過程中所期許的是什麼。

藝術治療中所展現的有創意的思考技巧，引導個人釋放內心的恐懼，取得對生活有新的觀點的能力，透過有創意的走出固執己見的窘境，一個極具意義的圖像，說明藝術用於藝術治療中的結果，我們瞭解到在藝術治療的領域，我們進展到什麼程度，以及我

們開發藝術治療使用手法與工具所必須到達的一個境界（范瓊方、Stephanie L.，2002）。

貳、藝術治療在健康照護介入上的潛能

當代藝術治療在健康照護介入上的潛能，是學習如何使用藝術治療來引導自己和其他人以特殊的方式自我成長、覺察及轉化。給予步驟的說明來激發創造力以及解釋藝術作品的結果。這個具鼓勵性和有效的方法，可以幫助你和其他人從痛苦中復原，成為一個完整的人。從過度承受的壓力中找到紓解、從創傷失落中復原、發現自我覺察、體驗個人成長（朱惠瓊譯，2011）。

藝術可以助人平安回家，心理治療是一種「成為」的過程（process of becoming），所以診療師會問案主要成為什麼呢？對一個不知道還有多少日子可活的案主而言，兩個人要達成的目標為何是很重要的。案主必須接受面對生死間的鴻溝，當中有一道彩虹，當跨過了，彩虹就燦爛而消逝，人生苦痛也是如此。對於漸凍人，可以訓練眨一下眼表示「是」，眨兩下表示「不是」，讓案主被肉體禁錮的心靈，以圖片和文字來創作，或給他看風景，最後用文字鍵入，加上主題和說明，完成藝術創作。有些藝術輔療在安寧病房中，啟示病人死後是美麗的新世界，研究發現「愛與美」讓病人活得更有勇氣。無為是助人工作中的最高境界，唯有自我不斷地修練，才有幫助他人的力量，不要去分析或解讀，將神的工作交給神（呂素貞，2005）。

藝術治療這條心靈之路，每個人都能夠親臨，不需任何天賦。影像創作讓人內在深處的恐懼與悲傷傾出，突破自我陰暗面，重新找回生活的平衡點與生命的價值、存在的意義。目的在發現個人的故事或迷思、辨識出個人生命的主題和模式、確認並釋放痛苦的回憶、結合日記和影像創作、練習積極想像的技巧、經由分享個人的

創作而與他人連結（江孟蓉譯，2013）。

參、表達性藝術治療

表達性藝術治療（Expressive Art Therapy）由於其多采多姿（繪畫—沙遊—音樂—舞蹈—戲劇—心理劇—家族排列—曼陀羅）之媒才樣貌，由外表而內在（身體—心理—宣洩—直覺—超驗）的體驗性介入等特質，逐漸取代長久以來用藝術治療含括處理人類情緒及心理困擾之趨勢（何長珠等，2012）。

挑戰傳統藝術治療取向，藝術常是次於心理學的模式，藝術治療提供一個連貫的理論架構，讓表達性藝術治療實務安置藝術創作過程和藝術作品本身於中心位置。藉由再經驗創作（poiesis）的概念，以一個藝術創作新的詮釋和治療的過程為哲學基礎。作者們以強調多模式治療、晶體理論和多樣美學來闡明方法學和實務的理論，而且在獲得實務技巧的教學上給予指導。在統整表達性藝術治療之下，實行表達性和專門化的藝術治療師的工作（許智傑、謝政廷譯，2012）。

改變內在的思考是改變生活的動力，改變是學習的完成式，從不快樂變成快樂就是改變。即使高齡85歲的人也可以享受幫助人及與人互動的快樂（林宏濤譯，2010）。成功老化的定義是使個體能夠規劃生活，並從中獲得滿足。透過潛在的發展，讓自己得到身心靈、社會的滿足感，所以是生存健康和滿意的生活。正向樂觀的老人，在人生中繼續維持創意，參與有趣的活動，延續一個具有復原力的生活。老人比較不容易找到社會支持，因此發展一項正向的人際關係具體行動，例如志工服務來完成社會責任，在互動之中找到社群網路的連結與支持，也是提升社會參與滿足感的方法之一（周鉦翔等譯，2012）。藉由輔助療法，一個讓生命的引擎轉動工具，可以協助高齡者達到全人整體健康的目標。

問題與討論

1.請說明全人健康和輔助療法內容？

2.有哪些是輔助療法？

3.什麼是正念療法？

4.請舉例懷舊療法的實務應用。

參考文獻

一、中文部分

Melissa Studio編著（2002）。《精油全書》。台北：商周。

王原賢、何秉修譯（2013）。Lynne Mctaggart著。《念力的祕密2──發揮念力的蝴蝶效應》。台北：橡實文化。

朱惠瓊譯（2011）。Cathy A. Malchiod著。《藝術治療：自我工作手冊》。台北：心理。

江孟蓉譯（2013）。Pat B. Allen著。《療癒，從創作開始：藝術治療的內在旅程》。台北：張老師文化。

何長珠等（2012）。《表達性藝術治療14講》。台北：五南。

何婉喬（2009）。《全人照顧理論與輔助療法之應用：靈性層面之照顧》。台北：匯華圖書。

吳茵茵譯（2012）。Mark Williams & Danny Penman著。《正念：八週靜心計畫，找回心的喜悅》。台北：天下文化。

呂素貞（2005）。《超越語言的力量：藝術治療在安寧病房的故事》。台北：張老師文化。

杜明勳（2003）。〈談靈性〉。《護理雜誌》，50(1)，81-84。

沈瑞琳（2010）。《綠色療癒力》。台北：麥浩斯。

卓芷聿（2003）。《芳香療法全書》。台北：商周。

周文欽（2006）。《健康心理學》。台北：空大。

周鉦翔等合譯（2012）。Morley D. Glicken著（2009）。《老人心理諮商與輔導》。台北：華騰文化。

林宏濤譯（2010）。Neale Donald Walsch著（2009）。《與改變對話》。台北：商周。

林志遠、曾瑞成（2006）。〈全人健康理念之演進〉。《中華體育季刊》，20(4)，14-19。

林麗惠（2010）。〈為高齡學習規劃新課程〉。《師友月刊》，518，16-19。

邱馨慧、蔡佳良（2008）。〈園藝治療對老年慢性疾病患者的應用方式與成效〉。《中華體育季刊》，22(2)，79-85。

施議強、韓晴芸、曾俊傑、侯承伯（2005）。〈輔助與另類醫療〉。《基層醫學》，20(6)，146-153。

洪櫻純（2009）。《老人靈性健康之開展與模式探詢》。國立台灣師範大學社會教育學系博士論文。

洪櫻純、陳美蘭（2014）。〈新興產業〉。載於《老人服務事業概論》。台北：華都。

胡月娟、黃鈺雯、彭田璋、張美雲、何怡儒、何婉喬、蘇錫全、洪智倫、吳珍梅、林木泉、呂素貞、林英姬、周誠明、鐘淑英、葉明理（2009）。《全人照顧理論與輔助療法之應用》。台北：匯華圖書。

范瓊方（2001/2004）。《藝術治療——家庭動力繪畫概論》。台北：五南。

范瓊方、Stephanie L.（2002）。《治療師之藝術治療評估指引：專業評估工具》。台北：五南。

哲也譯（2013）。竹慶本樂仁波切著。《叛逆的佛陀——回歸真心 莫忘初衷》。台北：天下雜誌。

孫霖譯（2014）。Red Hawk著。《觀察自己：第四道靈性大師葛吉夫入門》。台北：新星球。

郝冰、王西敏譯（2009）。Louv, Richard著。《失去山林的孩子：拯救「大自然缺失症」兒童》。新北市：野人。

基督徒救世會譯（2012）。Monic McGoldrick, Randy Gerson & Sueli Petry著（2008）。《家庭評估與會談技巧》。台北：啟示。

張淑美譯（2009）。Miller, J. P. 著（2001）。《生命教育——全人課程理論與實務》。台北：心理。

張琇雲譯（2012）。A. Loyd and B. Johnson著。《療癒密碼：探萬病之源，見證遍布五大洲的自癒療法》。台北：方智。

梁翠梅（2009）。〈多元輔助療法在老人族群之應用〉。《弘光人文社會學報》，11，85-110。

莎朗‧赫斯（2007）。《藝術的生活態度》。台北：五南。

許智傑、謝政廷譯（2012）。Stephen A. Armstrong著（2012）。《人本取向沙盤治療》。台北：心理。

許煌汶（2004）。〈輔助與另類醫學簡介〉。《安寧療護雜誌》，9(3)，264-275。

老人學

許煌汶（2005）。〈醫療人員對輔助與另類醫學之認知態度〉。《基層醫學》，20(1)，20-24。

陳信昭等合譯（2012）。Linda E. Homeyer, Daniel S. Sweeney著（2011）。《沙盤治療實務手冊》。台北：心理。

陳惠美、黃雅鈴（2005）。〈園藝治療之理論與應用〉。《中國園藝》，51(2)，135-144。

陸雅青（1996）。《藝術治療》。台北：心理。

曾月霞、張育萍、謝秀芳、張碧容、陳桂敏、許雅娟、王靜枝、張文芸譯（2004）。Snyder, M. & Lindquist, R.著（2002）。《醫護之另類療法》。台北：華騰。

渡部典子（2013）。《病由心生，醫病先醫心：醫師來不及告訴你的12個身心自療法》。台北：新自然主義。

黃富順（1993）。〈成功老化的要訣〉。《成人教育》，16，6-11。

源臻芳香照護學院出版團隊（2006）。Len Price, Ian Smith & Shirley Price著。《芳香療法植物油寶典》。台北：世茂出版社。

劉黃麗娟、錢桂玉、劉怡廷、葉國芳、余良玲（2010）。《活躍老化——懷舊與回憶活動帶領手冊》。桃園：社團法人桃園縣教育志工聯盟。

劉瓊瑛譯（2011）。Michael P. Nicholsa著（2010）。《家族治療》。台北：洪葉文化。

魏慶國、王舜睦（2009）。《健康產業管理》。台北：華杏。

二、外文部分

Bandura, A. (1994). Improved quality of health and life. In V. S. Ramachaudran (Ed.), *Encyclopedia of Human Behavior, 4*, 71-81. New York: AcademicPress.

Carson, V. B. (1989). Spirituality and nursing process. In V. B. Carson (Ed). *Spiritual Dimensions of Nursing Practice*, 151-154. Philadephia: Saunders.

Ellis-Sankari, J. (2009). Higher education as an alternative point of access to holistic health. *The Journal of Alternative and Complementary Medicine, 15*(5), 601-607. DOI: 10.1089=acm.2008.0313. New Mexico.

Faull, K. & Hills, M. D. (2007). The QE Health Scale (QEHS): Assessment

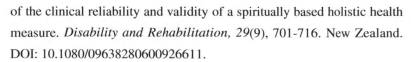

of the clinical reliability and validity of a spiritually based holistic health measure. *Disability and Rehabilitation, 29*(9), 701-716. New Zealand. DOI: 10.1080/09638280600926611.

Kanchense, J. H. M. (2006). Holistic self-management education and support: A proposed public health model for improving women's health in Zimbabwe. *Health Care for Women International, 27,* 627-645. DOI: 10.1080/07399330600803774.

Newman, B. (1995). *The Newman Systems Model* (3rd ed.). New York: Appleton & Lnage.

Payne, L., Ainsworth, B. & Godbey, G. (2010). *Leisure, Health, and Wellness: Making the Connections.* Pennsylvania, PA: Venture Publishing, Inc.

Swinton, J. (2001). *Spirituality and Mental Health Care: Rediscovering a Forgotten' Dimension.* London and Philadelphia: Jessica Kingsley Publishers.

World Health Organization (WHO)(1978). Declaration of Alma-Ata Conference on Primary Health Care, Alma-Ata, USSR, 6-12 September, 1978. Retrieved May 14, 2004, from http://www.who.int/hpr/NPH/docs/declaration almaata.pdf

World Health Organization (WHO)(1986). Ottawa Charter for Health Promotion. Retrieved May 5, 2004, from http://www.who.int/hpr/NPH/docs/ ottawa charter hp.pdf

World Health Organization (WHO)(2004). About WHO. Retrieved June 22, 2004, from http://www.who.int.about/en/

World Health Organization (WHO)(2005). Diabetes. Retrieved November 4, 2005, from http://www.who.int/dietphysicalactivity/publications/facts/diabetes/en/

Chapter 11

生死與臨終關懷

洪櫻純

學習重點

1. 生命無常，如何面對生死

2. 生命有限，進一步思考生命的意義與價值

3. 喪親失落與悲傷的調適

4. 安寧療護與臨終關懷的發展與內涵

老人學

第一節　面對生死

　　人出生時都是哭的，而周圍的人卻笑了；反之，人死亡時可能是笑的，而周圍的人卻是哭了。死亡是人生中十分公平的事，每一個人都會死，只是每個人的壽命長短不一，有人長命百歲，有人夭折甚至胎死腹中。死亡是人生必經的路，然而多數人對於死亡是沒有準備，或是不敢面對的。大津秀一醫師說：「唯有坦然無懼地凝視死亡，你才真正活著。」但西諺云：「死亡如同太陽光強，是不能直視的。」即使人不敢直視死亡，卻無法否認死亡的存在，且一定會發生在每個人身上。因此，「未雨綢繆」，有準備、多瞭解，總比一無所知好（黃瓊仙譯，2012）。

　　生命有多長？蜉蝣成蟲大約活一天、蝴蝶大約活一個月、玉蜀黍可以活一年、行軍蟻大約活三年、鯨大約活四十五年、大象約活六十五年、人類大約活八十五年。對不瞭解生命的意義的人來說，生命只是無意義的累積（涂淑芳譯，1999）。人類的壽命隨科技和醫療的進步不斷延長，若能在活的每一天認真踏實，並且思惟存在的價值，並發揮自我價值，面對死亡，有何恐懼之言。

　　我們無法預知自己會如何死、何時會死，因此只有趁著還在世時，多多思考和規劃，不要留下遺憾或造成自己及家人的困擾。終身志工孫越與妻子在70歲生日那天簽下了「預立選擇安寧緩和醫療意願書」、「預立不施行心肺復甦術意願書」、「預立醫療委任代理人委任書」三份文件，當作自己的生日禮物；並指定女兒做醫療代理人，在萬一自己不能表達意願時，代替自己與醫生討論。「從此自在心安，了無牽掛了」（王梅、李瑟、林芝安、張曉卉，2009）。

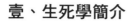

壹、生死學簡介

　　生死學（Life and Death）是一門學問，牽涉到社會學、科學、醫學、法律等層面，企圖從理論或實務層面提供生命或死亡的相關見解。這些見解是與人類的社會文化脈絡形成的知識系統密切相關的，從生死學的視野來看，人類的知識系統可分為三個主要部分：宗教、哲學與科學。宗教解釋人的生前死後，科學研究出生到死亡，哲學則在思想上貫串整個時空，其間的關係正是生死學涵蓋的部分。由於大部分的學科都已經將生命的部分做出相當的研究，因此生死學探討的議題，便有大部分的內容在探討死亡，有時候狹義的說法會將生死學與死亡學（Thanatology）畫上等號。生死學乃是在教導我們去學習有關生命以及死亡的相關知識與智慧，使我們可以更好地去把握到我們自身的生存狀態，建立更加正向的人生觀，並解決所遭遇的生命困境與問題。

　　在歐美主要是以「死亡」作為研究的起點，因此稱之「死亡學」。死亡學興起於二十世紀的七〇年代左右，大致著重在以下幾個議題的探討，例如：(1)死亡的確認標準；(2)死亡前的現象；(3)死亡經驗；(4)死亡尊嚴與價值；(5)自殺與生命價值。第一個有系統地討論此領域者為Feifel（1959）出版之《死亡的意義》（*The Meaning of Death*）一書。我國則是傅偉勳教授（1993）《死亡尊嚴與生命尊嚴——從臨終精神醫學到現代生命學》一書出版後，才掀起對生死學議題的關注。對於想進一步多認識「生死學」的大眾或學生，均可以透過國內外相關的學術團體或實務機構瞭解相關資訊，有些著重醫療實務上的探討，有些重視生死教育、生命教育的推廣，有些推動愛護生命的推廣，有些著重臨終關懷及助念的認識。

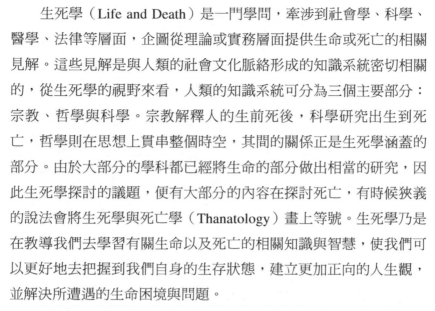

生死與臨終關懷

Chapter 11

貳、死亡定義

　　死亡的定義為：「生命的一切徵兆永久消失」。所謂「醫學死亡」，是指「持續十二小時無自發性的運動，心跳、呼吸機能呈現不可逆轉的停止，及瞳孔擴張、對光無反應」。然而，由於醫學的進步，呼吸機能的退化或停止，可使用人工呼吸器來維持換氣；心跳速率的下降或停止，可倚靠藥物、心律引發器（pacemaker）來維持跳動。究竟一個沒有意識，依賴醫療科技的藥物與儀器維持心肺功能的人，該如何判定為死亡或是存活呢？於是，又有所謂「生物性的死亡」（biological death），即除了心跳、呼吸停止外，再加上腦部的死亡。腦部的死亡即一般所謂的腦死，又稱「腦幹死」（brain stem death）。因此，臨床上對死亡定義為「人的身體系統，如心臟、血管、呼吸系統等停止工作」，綜言之，臨床醫學上定義死亡是指生理機能停止活動。而法律上對死亡的宣告則是依據醫院開立的「死亡證明書」來確立。若從社會學的角度出發，死亡意謂：(1)潛在地個人身分的結束，即自我失去；(2)關係的結束，即與社會中人事物等一切關係的斷絕。綜上所述，死亡可分為以下四大類：

1. 生物學及醫學死亡：包括各種生物性的身體機能、臟器、器官及所有生命系統的永久的、不可逆的停止功能。
2. 心智或社會性死亡：指人類有意義生命的消失、已經沒有思想、沒有感覺之謂。
3. 法律死亡：即根據法律條文所斷定者。
4. 病理死亡及異常死或非病死：前者指因疾病導致生理死者；非病死包括：刀槍傷、爆炸傷、其他外物傷、藥物傷、自裁、車禍等。

　　整體而言，死亡的特徵包括不可逆性、無機能性及普遍性，分

述如下：

1.不可逆性：肉體無法再復活。
2.無機能性：所有界定生命的機能均停止。
3.普遍性：所有生物都會死亡。

參、面對死亡的態度

　　從社會老人學的觀點看死亡議題，認為人們對待死亡的態度和看法，深受社會文化習俗的影響，每個社會均有自己獨特的死亡系統（Corr, 2003；Kastenbaum, 1972）。Corr（2003）指出，死亡系統主要包括五大要素，人、場地、時間、對象及象徵。死亡系統的功能有七大項：(1)給予警示和預測；(2)預防死亡；(3)瀕死的照顧；(4)處置死亡；(5)面對死亡後的社會穩定；(6)協助死亡的覺察；(7)處理社會制裁自殺等事件。

　　人們如何面對自己與他人的死亡，與個性、能力、處理技巧、社會支持有緊密關係。死亡是人生必經之路，但是每個人面對死亡的態度有所差異，有人視死亡為禁忌話題，或對死亡感到恐懼，不知道後世會如何，或根本否定有下一世的存在，有人輕鬆面對，有人更加珍惜現在健康的日子，好好做善事、累積福報。人生無常，人們終究求個好死，能夠善終是最圓滿的結局。

　　老人死亡態度的研究多元，因不同研究可能產生不同的結果。老人對死亡的態度主要有三種：(1)聽天命：死亡是生命過程，是一種自然現象；(2)對死後未知的憧憬：對死後的去處不確定，但仍有盼望；(3)盡力而活（高淑芬等，1997；戴玉慈，1998）。Wong、Reker和Gesser（1994）將死亡態度分為四項：(1)害怕死亡：對死亡過程有負向的想法及情感；(2)趨向導向的死亡態度：將死亡視為通向快樂來生的道路，對生活較樂觀；(3)逃離導向的死亡態度：將死亡視為解脫痛苦的途徑，對生活持較負向的態度或有自殺的傾向；

(4)接受死亡的自然性：視死亡是一種事實，既不歡迎，亦不會感到害怕。

　　住在安養護機構的老人之死亡態度共有四大類型（蔡秋敏、張宏哲，2005）：積極迎接死、害怕死亡、不思考死亡、拒絕思考死亡。住民間之親疏關係影響著其對同儕住民死亡的關切，研究歸納住民對同儕住民之死亡態度呈現出「積極關懷」、「惻隱之心」、「事不關己」等三類型死亡表現。機構的實務工作者需在適合的時機介入死亡教育或悲傷輔導，讓長輩更能面對生死，協助他們順利走完人生的最後一程。

　　雖然，我們對於死亡的態度多為恐懼和未知，但研究發現，隨著年齡的增長，會減低對死亡的恐懼，特別是70～74歲的人，對死亡的恐懼與焦慮最低。老人相對於年輕人較不害怕死亡，可能的解釋有四種：(1)老人較篤信宗教，可從宗教及靈性中找尋安慰，例如佛教中「念死無常」的觀念；(2)老人較能接受自己的生活及所做的選擇，較能以平常心面對死亡；(3)老人對死亡有較多的準備，例如面對身體功能的退化或疾病的問題，會較常想到死亡的情形;(4)已面對過其他各種不同的喪失，如經歷家人及友人的死亡。以下是面對死亡最常見的兩種態度，分述如下：

一、身體是借來的，多活一天就是多賺一天

(一)借來的時間

　　當你認為過了自己預期的壽命（如80歲），就是跟老天「借來的時間」時，活著反而是賺到了。許多年過老老（85歲）的長輩，或許身體還算不錯，可能有慢性病需要服藥，但看過太多生離死別的場面，對於死亡的態度顯得從容自在。他們盡可能的享受健在的時間，也會希望造福下一代，不要對子女造成負擔。

(二)借來的身體

　　老人經歷過親友過世的事件後，面對死亡的態度有所轉變。作

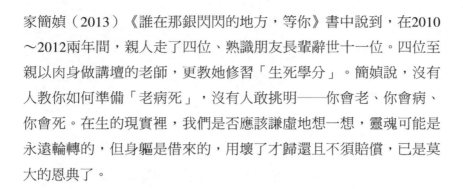

家簡媜（2013）《誰在那銀閃閃的地方，等你》書中說到，在2010～2012兩年間，親人走了四位、熟識朋友長輩辭世十一位。四位至親以肉身做講壇的老師，更教她修習「生死學分」。簡媜說，沒有人教你如何準備「老病死」，沒有人敢挑明——你會老、你會病、你會死。在生的現實裡，我們是否應該謙虛地想一想，靈魂可能是永遠輪轉的，但身軀是借來的，用壞了才歸還且不須賠償，已是莫大的恩典了。

二、是否有來生？如何面對人對死亡的恐懼與不安

(一)未知的恐懼

我們活著，所以不瞭解什麼叫死亡，因為不瞭解、不知道，所以成為未知的恐懼。老人最大的憂慮是來生問題，或沒有下一世。有虔誠宗教信仰的人，相信來生，對於臨終較不感到焦慮。

(二)失落與分離的恐懼

只要想到要跟每天相處的家人分離，那種失落感和分離的焦慮就自然生起。在《爺爺有沒有穿西裝》（張莉莉譯，1999）繪本裡的主人翁布魯諾很喜歡他的爺爺，爺爺告訴他、教會他很多事情，但是現在爺爺去世了，小男孩獨自在爺爺的房裡，想著爺爺，抱著爺爺最心愛的小木船，看著爺爺的照片……，突然間心痛痛的、重重的，突然間瞭解爺爺是真的不在身邊了，但同時他也明白，在天堂的爺爺會像照片上那樣幸福地微笑著。

(三)死亡的形貌與過程的恐懼

老人不一定會害怕面對死亡，但他們擔心痛苦的死亡歷程（如醫療中的折磨）、失去控制及不確定的來生。有經歷過瀕死經驗的人，從鬼門關前走過一回，更加珍惜活著的時間。周大觀文教基金會執行長趙翠慧（2012）曾罹患癌症，於1999年時「死了三小時」，她說：「看著那比太陽還強烈千萬倍的光，聽著美麗的樂

音，身邊飄浮著各種顏色的布料，我起了個念頭：這裡這麼美，我要回來告訴大家。」就是這個念頭，讓趙翠慧從瀕死經驗回到人間，巡迴全球演講至今，只為傳達這個訊息：無需恐懼死亡。經歷瀕死後，趙翠慧覺得自己最大的改變，就是「變得無可救藥地正向，求知慾旺盛」。「不要害怕死亡，它是生命中的一部分；當連死亡都不怕了，活著就會更有力量。」她笑稱自己現在「視死如歸」，「每分每秒都好好做事，每天都活得像最後一天，任何時候走都不遺憾！」（何定照，2007；陳柏年，2009）。

(四)未了心願的遺憾

對人生過程的悔恨，來不及補救之恐懼。在電影《一路玩到掛》中，卡特與艾德華因癌症只剩一年可活，住進同一間病房。他們共同列出一份死前的「願望清單」（The Bucket List）把所有曾經沒做過的願望寫上去，包括高空跳傘、賽車、去埃及目睹金字塔、刺青、環遊世界等等。有些事，現在不做會後悔，如果不做更是遺憾終身。有時，人生就是需要一個期限，使我們產生動力扭轉自己的人生。在《追逐日光：一位跨國企業總裁的最後禮物》（張琇雲譯，2009）書中提到，美國KPMG總裁兼執行長平時十分忙碌，直到發現癌症後，才停下腳步思索該為自己及家人做什麼，並且身體力行開始簡化自己的生活，並一一與親友們進行最後懷舊、感恩、諒解與告別之旅。

(五)來不及說謝謝

人生最大的恐懼，不是害怕面對死亡，而是害怕失去；人生最大的遺憾，不是後悔做錯，而是後悔沒做。世界上最遙遠的距離，不是天涯海角，而是當我們面對面，卻感受不到對方的存在。有些長輩在病榻前仍放心不下家中的小孩，可以多多告訴自己的長輩，他的責任已圓滿，請他不要再牽掛，我們會團結，做好各人本分，我們榮幸做他的子女。四道人生——道謝、道歉、道別、道愛（衛

延伸閱讀：死亡意象

　　你對死亡的印象是害怕？或了無恐懼？或一無所知？透過「生死學」相關課程，引導學生進一步思考死亡對我們生命的啟發。生命的價值和意義並非在於生命的長短，有的人生命很短，像周大觀9歲過世，但大觀透過在病房的畫作和創作，留下他對生命的看法。過世後，成立「周大觀文教基金會」，開設熱愛生命獎及許多生命教育的活動，影響世人甚深。許多人都希望長命百歲，像秦始皇追求長生不死的藥丹，但終究一死。

　　多數的社會大眾對於死亡是無知或恐懼的，因為我們很少有機會深入的討論或面對。葉宗和（2011）曾請大學生畫下對於死亡的創作，多數的大學生對於死亡的圖像創作是較為灰色、恐懼的，使用較多黑色、棕色等色彩，圖案中也顯示他們對於死亡的焦慮。

　　在「生死學」的課程中，可以適時引導學生從文化、社會、

心理、宗教、歷史等角度思考生死的議題，多元的思考，讓我們不再那麼害怕面對死亡。透過引導，我們的學生在進行死亡意象創作時，變得更為正面。

生福利部國民健康署癌症防治組，2010），懂得在死亡前，對家人、朋友、同事或傷害過你的人說聲感謝或道謝，才能放下，並且感恩離開世間。

第二節　生命意義與靈性

壹、生命意義

一、生命意義與生命價值

　　曾有記者問已逝的天主教樞機主教單國璽，「你認為這輩子奉獻最多是在什麼階段？」他不假思索回說，「就是在我得了癌症以後。」「沒有生病之前，不知道何時才是生命的終點，現在終於知道了，基督耶穌給我完整的人生觀，要做就做一個真正犧牲奉獻的神父，才真正達到我修道的最高境界，」他溫和堅定地表示。對他而言，最大的獎賞就是永恆的愛與被愛，這是最幸福的。「癌症是天主給我的恩賜，」單國璽形容，「我就像是要回家，已經走到家門口，應該很高興，因為穿過死亡的隧道之後，就到達柳暗花明，馬上就會見到天主，進入無限永恆的大愛，再也沒有痛苦。」（王梅、李瑟、林芝安、張曉卉，2009）。單國璽在85歲時被診斷得了肺腺癌，預知自己時日無多因此寫好遺囑，交代若干身後事，並且決定發揮自己最後的「剩餘價值」，馬不停蹄穿梭在全省各地的監獄、學校、機關進行「生命告別演講」，他於2012年辭世，享壽90

歲。

生命意義是指個人之生存的意義，奧國維也納精神科大師弗蘭克醫師（Frankl）認為人的生命可分為身、心、靈三個面向，重視以意義探索生命的價值，也就是人類獨有的意義意志（will to meaning），不斷地向自己的生命內在探尋生存的意義和價值（游恆山譯，1991）。Frankl進一步闡述，生命意義可分為主觀和客觀的解釋，就客觀而言，他肯定每個人都有發現意義的能力。而從主觀性來看，生命的意義必須從個人生命中某一些既定情境下的獨特意義去理解，每個人的生命都是獨一無二的（黃宗仁譯，1996）。

生命意義會因人、因時而異，具有主觀性、獨特性與經驗性。因為生命意義隨著人生階段而有不同的概念發展，所以具有脈絡感與發展性，生命意義常隨著個體的生活階段與生活經驗而有所改變，所以應該將意義視為有發展性的（鄭書芳，1998）。

O'Connor（2002）指出，意義的構成要素有認知、動機及情感。在認知方面，個體可以解釋其生活經驗及發展出瞭解及信仰。在動機方面，包括有價值及目標，價值觀引導個體去選擇追求目標。在情感上，從目標的達成及經驗中感覺滿意及滿足。生命意義可以從與他人的關係、愛、服務、健康、工作、宗教信仰等獲得。

Frankl因早年曾在集中營中，對於生命意義的體認比一般人更為深刻，他主張個體可以從三個面向實現生命的意義，包括：(1)創造性價值；(2)經驗性價值；(3)態度性價值（**圖11-1**），分述如下：

1. 透過完成有建設性的工作來賦予生活意義，實現所謂的「創造性價值」。

2. 可從經驗世界上所有的真、善、美，而賦予生活意義，實現所謂的「經驗性價值」。

3. 個體經由面對命運與正視其痛苦的方式，仍使生活顯出意義，承擔不容逃避的受苦，實現「態度性價值」。

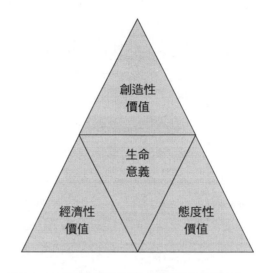

圖11-1　個體實現生命意義的三個面向

　　Frankl對於三種生命價值的描述較偏向於哲學性的思考，並提供後進研究者良好的基礎。Frankl曾說：「人生如此豐富且充滿意義，是不帶條件的」、「越是處於苦難當中或面臨死亡，越是能領悟人生的意義」、「死亡，無所不在」。人生有限，我們的時間受到限制，可能性受到制約。因為這樣的事實，我們才會想賦予生命價值，善用天生具備的可能性，來實現夢想，成就事業，善用時間讓日子過得充實。而死亡，就是讓我們萌生上述的想法，並努力實現的最大原動力。

二、老年生命意義的來源

　　Reker和Wong於1988年在對老年人生活意義的研究中表示，生活意義是一個多向度的概念，至少包括以下三種意涵：(1)以實際經驗為根據的概念，主要在於個人如何詮釋自己的生活；(2)以動機為主的概念，主要是指個體視為引導自己生活的價值；(3)以情感為主的概念，主要是指老年人覺得充實與滿意的感覺（Moore, 1994）。Klaas（1996）的研究結果顯示，有十一個老年受訪者認為有意義

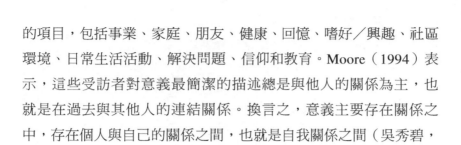

的項目，包括事業、家庭、朋友、健康、回憶、嗜好／興趣、社區環境、日常生活活動、解決問題、信仰和教育。Moore（1994）表示，這些受訪者對意義最簡潔的描述總是與他人的關係為主，也就是在過去與其他人的連結關係。換言之，意義主要存在關係之中，存在個人與自己的關係之間，也就是自我關係之間（吳秀碧，2006）。

蔡坤良（2004）將生命意義感量表分為「自我評價」、「自我統整」、「自我實現」。自我評價係指個人評價，包含來受苦、沒有意義的人生體驗所形成生命意義；自我統整係指接納過去與現在生活，包含自我肯定、生活、家庭及子孫成就的滿意所形成的生命意義；自我實現係指自我期望與實踐，包括清楚的人生目標及行有餘力助人所形成的生命意義。國內在老人生命意義的實證研究上指出（趙安娜，2002；林珠茹，2002；林柳吟，2002），人際關係與自我概念，以及經濟、健康、社會支持良好，宗教信仰虔誠的，具有較正向的生命意義感，生命意義感比較高的，在整體生活上也會過得比較好。生命意義感所受影響非單一因素，而是個人成長之整體生活環境。

 ## 延伸閱讀：您願意進入快樂箱嗎？

人生的意義，乃是透過「生存、生命、生活」這三個面向所共同形塑出來的（**圖11-2**），單只有著眼於人的生存面向或者現實人生的層面，並不能使我們的人生美滿。只有同時理解到自身的生命意義以及生活價值，才有可能讓自己的人生完整。失去人生觀的指引，生活便如同失去舵的船，找不到正確的行進方向。

現代人常常只著眼於人生的生存面向，只追求物質生活的滿足，如此雖然可以帶來短暫的快樂，但長久以往，仍會在心靈層

老人學

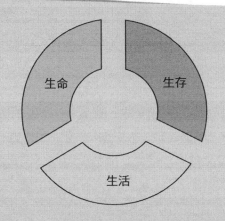

圖11-2　形塑人生的意義的三個面向

面產生空虛的感覺，無法把握到自己的生命意義，因此，我們不應只是單純地追求讓自己「活著」，更重要的是去思考如何讓自己能夠「活得好，活得有意義」。

Q1：您願意進入快樂箱嗎？

快樂箱是一種機器，它有著若干電極和一個生命維持器，只要你進入這個箱子，你就可以體驗到一種特別快樂的感覺，而且這個感覺將一直持續下去，並且它會產生足夠的變化，讓你能夠不失去新鮮感。但一旦你跨進這個快樂箱，生命維持器便會開始運作，你將永遠不能出來，在裡頭過完一生，你其他的什麼事情都不必做，而你的身體也將會因為缺乏鍛鍊而變得臃腫不堪，但這似乎無所謂，換做是你，你願意跨進快樂箱嗎？

多數的學生在思考過後都回答，他們不願意進入快樂箱，雖然看似快樂，但是什麼事都不能做，也不能思考，人生變得沒有鬥志和生命的意義。快樂的人生，確實是我們所嚮往的一種人生，但是，如果我們的人生只剩下快樂的感受，這樣的人生又真的那樣地值得我們嚮往嗎？快樂之所以那樣地吸引人，正是因為我們經歷過痛苦的感受，所以更加可以體會到快樂的滋味。若我

們沒有痛苦作為對比，那快樂的強度也會跟著降低。人生正是因為有苦有樂，才能夠更加地多采多姿。

Q2：如果你只有幾分鐘可以活，那麼你將怎樣利用這段時間？如果還能活幾天？或二十年？你又會如何安排？

每個人都無法確實地知道自己生命的長度，但許多人卻常常以為自己的生命乃是「無限供應」，因此常做出浪費生命的行為。事實上，我們每個人的生命都是「限量供應」的，它的終點也可能隨時來臨，因此，我們應該努力將生命的每一天都當作有限的時間，去充實它並且過對自己有意義的人生。

貳、靈性對生死的影響

死亡或臨終並非全然的恐怖，「死亡是一個有著深刻靈性意涵的時刻」。Kathleen Singh在佛羅里達安寧病房工作六年當中，她深深撼動於：「生命走到盡頭之際，人終究能朝向靈性發展而去。」（彭榮邦、廖婉如譯，2010）。她觀察到死亡絕對是「更高的能量透滲生命」的特別時刻。換言之，臨終者是大步邁入靈性向度的朝聖者。談到「臨終經驗」時，她指出了徵示臨終者正步入心靈轉化的最後階段的一系列生命品質，這些品質包括全然放鬆、全然退出、由內向外發散光芒、內在性（轉向內在）、靜默、神聖、超越、知悟、強度和體驗完善。「死亡很安全，你很安全，你所愛的人也很安全」，死亡揭開了意識的各個層面、存有的各個層面、靈性的各個層面，這些層面都超越了我們向來看成是自我的意識。它揭開了臨終是一段自然開悟的歷程，一段最終會回歸真我的返家之旅。

當我們了悟某些事情很可能不是自己想的那樣時，才有可能長

出靈性。余德慧說，身體破裂了，靈魂才會湧現出來。也就是說，靈性本來就存在，卻往往在忙碌的一生之中，被自己忽略了（余德慧，2003、2006、2010、2013）。成大護理系趙可式博士認為，人走到盡頭，更希望尋找此生的意義，這是靈性上的需求，能與「天人物我」重新連結，也就是跟自己、跟他人和好，跟自然環境以及更大的存在（天、神）相連，獲得內心平靜、平安，就是最佳的靈性照顧。

　　Helminiak（1996）指出，靈性並非是指宗教或信仰，不全然跟宗教有直接的關係。但對有信仰的教徒而言，他們的靈性代表宗教及神。靈性的表現可以透過宗教的信仰、虔誠的實踐。假若一個人擁有宗教信仰，並且如理如法的在生活中實踐與反思，想必能夠增加生命的厚度，遵守其宗教規範，更容易提升靈性的成長。對宗教有希求的人通常會說：我覺察到我的生命有靈性的價值、分辨並跟隨上帝、將我的生命和信仰合而為一、跟他人分享我的信仰。靈性的追尋就是追求神聖的世界，也就是希望過得更神聖、有價值，並且有所貢獻。宗教和靈性目標和其他目標一樣是欲望的反映（Emmons, 1999）。

第三節　喪親失落與悲傷

壹、死亡的失落

　　死亡是人生中重大的失落（loss），特別是與我們有特殊親密關係的人失去時，失落的症狀和悲傷反應尤為明顯。失落的形式多元，有些可以預期，例如久病過世，有些無法預料，例如天災、意外造成的死亡。失落的過程從震驚、不相信的態度，轉變為產生極大的失落感，進而進入恢復與重建（何婉喬，2011）。

　　喪慟（bereavement）是陷入失落時的一種狀態，是指被剝奪、

奪去和喪失之意。是人類生命中無法避免的事件，且當喪親的狀況發生時，個人的行動、價值觀、生活次序等都會受到影響（黃鳳英，1995；Rosenblatt, 1988）。面對親人過世的失落事件，比起其他情境或狀態的失落都要來得強烈與撼動。若是遇到白髮人送黑髮人時，喪親之痛更為劇烈（洪櫻純，2012a、2012b）。除了影響身心及生活適應，甚至可能導致家庭危機（Parkes, 1996; Parkes, Laungani & Young, 1997）。

喪偶之後，健康情形會減退，死亡率與自殺率增加，但只是短暫時間，長期下來，對身心健康沒有太大影響。有些研究認為，寡婦或鰥夫對於應付悲傷的能力與韌性是被低估的。喪偶早期會出現沮喪、焦慮、失去胃口、情緒變化、睡眠中斷、過度思念亡者與失去判斷力，喪偶前六個月的壓力最大。

貳、悲傷與調適

悲傷過程（grief process）是喪失至親好友後的複雜情感反應，其表達方式受文化影響深遠。悲傷的中期會有一些理想化的現象出現，例如企圖尋找亡者的存在、回顧死亡的意義等。悲傷者若能積極找出自己與悲哀共處的最佳方式，就能順利適應。悲傷的歷程是每位悲傷者必須經歷的過程，在經歷了重大失落事件之後，情緒反應是十分複雜的，悲傷攸關個人心目中的世界模式，會以殊異方式回應所面對的失落（許鶴齡，2010；張靜玉等譯，2004）。

悲傷的歷程及反應差異大，一般而言可分為階段論、任務論與雙重歷程模式（何婉喬，2011）。最著名的階段論為生死學大師Kübler-Ross（1969）的死亡五階段論：否認、憤怒、討價還價、沮喪、接納。這五個階段不是不變的或普遍一致性，有個體差異性，並非每個人都會經歷這五個階段。臨終過程與個人的人格與人生觀、特殊的疾病、社會環境等有關。任務論以Worden（1982,

1991）提出悲傷任務有以下四項：

1. 接受失落的事實：承認逝者不會回來的事實。
2. 經驗悲傷的痛苦：傷心或痛苦都是正常的情緒發洩，否則就容易用逃避痛苦的方式面對失落。
3. 重新適應逝者不存在的環境：適應實際的環境空間以及生命的意義感。面對失落的生活變遷，並從中尋求意義。
4. 將情緒的活力投注到其他關係中：能重新定位與逝者的關係，並以新的方式與逝者連結，才能投入到其他的關係中，並逐步完成悲傷的復原。

雙重歷程模式（dual process model）是Stroebe和Schut（1999）提出，又稱為雙軌擺盪模式。悲傷歷程中有兩個向度的任務，一是失落取向任務，一是恢復取向任務，兩個取向來回交替，猶如鐘擺一般，個人慢慢會形成新的日常生活經驗，並找到生活的新規則及新角色。換言之，此論點強調悲傷者有兩股力量相互拉扯，人有復原的潛力，需要自己及他人的陪伴，走出傷痛。

 第四節　安寧療護與臨終關懷

壹、安寧療護緣起與發展

「緩和照顧」（palliative care）的定義為：「當疾病無法治癒時，對病患作主動積極的整體性照顧（active total care），包括疼痛與其他症狀的控制，以及對心理、社會和靈性問題的處理。」安寧緩和療護的主要目標是盡可能提升病患及家屬的生活品質（陳玉婷、陳施妮、陳瑞貞、楊翠雲、賴才雅譯，2002；楊克平，2001；楊婉萍、賴維淑、趙可式，2008）。緩和照顧涵蓋醫學、緩和護理及末期病患與其家屬的照護，範圍很廣，而安寧療護（hospice）一詞著重於疾病

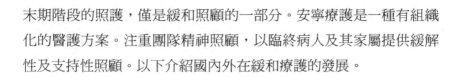

末期階段的照護，僅是緩和照顧的一部分。安寧療護是一種有組織化的醫護方案。注重團隊精神照顧，以臨終病人及其家屬提供緩解性及支持性照顧。以下介紹國內外在緩和療護的發展。

一、國外安寧療護的起源

Hospice在羅馬時代是照顧旅客及病人臨終時巡禮者的地方。在中古世紀歐洲修道院用以接待長途朝聖者的「休息站」、「中途站」或「驛站」。直到1967年英國倫敦的西西里・桑德思女士（Cicely Saunders）創辦聖克里斯多福安寧療護醫院（St. Christopher's Hospice），才正式將此名稱引用於現代的醫療機構，作為照顧癌症臨終病人設施的稱呼。此種人性化的醫療機構設施，已在英、美、加、澳、挪威、瑞士、荷蘭、日本、以色列、南非、新加坡、香港及中國等地逐漸普及（林瓊玲，1996）。

西西里・桑德思女士在1950年代時是聖約瑟安寧療護醫院的護士，她看到一位年輕的癌症病人「大衛」（David Tasma）疼痛至死無法緩解，心中刻骨銘心，大衛去世前留給她五百英鎊當作基金，勸她將來設立一座更人性化的安寧療護醫院，能減除病人的身體痛苦，也給予心理及靈性的照顧。

1967年，世界第一座現代化兼具醫療科技及愛心照顧的「聖克里斯多福安寧療護醫院」正式於倫敦郊區建立。桑德思醫師親自帶領醫療團隊著手進行一連串的癌症疼痛及症狀控制的研究；很快地，住在桑德思醫師主辦的安寧療護醫院的病人，可以將所有的痛苦減至最低，而病人們平安尊嚴地死亡，也成為能實現的目標。

二、國內安寧療護的發展

有鑑於國內癌症人數的上升，以及末期病患及其家屬必須忍受身心煎熬，卻無法獲得妥善的照顧，台北基督教馬偕紀念醫院於1987年在腫瘤科成立了安寧照顧籌劃小組，規劃安寧病房之各項設

施，並於1990年設立台灣第一個安寧病房，同年年底成立「財團法人中華民國（台灣）安寧照顧基金會」，致力於安寧照顧的宣導教育及醫療補助等工作（邱麗芬、羅素如，2011）。至2011年止，與安寧照顧基金會簽訂合約的醫院共有68家，共同為推動安寧療護及提供安寧服務而努力（黃俊雄，2011）。健保局2010年的統計指出，台灣有8,797人接受住院安寧療護，安寧居家療護服務了4,476人，然而還有13萬人有安寧照護的需求。醫院除了提供「住院療護」外，亦配合原有的「共同照護」與「居家療護」，構成完整的緩和醫療網，提供全人、全隊、全程、全家、全社區的「五全照顧」。

為尊重末期病人之醫療意願及保障其權益，我國於2000年5月23日立法院三讀通過「安寧緩和條例」，並於6月7日公布正式實施。指為減輕或免除末期病人之痛苦，施予緩解性、支持性之安寧醫療照護，或不施行心肺復甦術。2011年修正公布第1、6之1、7及13條條文，依照法律規定，只要是年滿20歲、具有行為能力的成年人，即使目前身體健康無恙，都可以預立醫囑，簽署「預立安寧緩和醫療暨維生醫療抉擇意願書」。已插管的末期病人意識不清時，可由最近親屬提出終止施行心肺復甦術；此外，健保IC卡中的安寧緩和醫療意願註記，可視為正本。現行條例規定，病患在進行插管治療前，家屬可決定做或不做；但是一旦插管後，除非家屬能提出證據，證明病患在意識不清之前曾表達不接受插管等心肺復甦術，否則醫師不能終止或撤除心肺復甦術。經過修正後，增列末期病人無法表達意願時，得經醫療委任代理人，或病人的配偶、成人子女、孫子女、父母等最近親屬共同簽署終止或撤除同意書，並經該醫院的醫學倫理委員會審查通過，就能終止或撤除心肺復甦術。修正條文明定，不實施心肺復甦術者，必須由2名相關專科醫師確認為末期病人；醫療機構的醫學倫理委員會，應由醫學、倫理、法律專家及社會人士組成，其中倫理、法律專家及社會人士的比例，不

得少於三分之一。

　　將已填妥之「預立安寧緩和醫療暨維生醫療抉擇意願書」正本，註明願意加註於健保IC卡上，寄至「台灣安寧照顧協會」（http://www.tho.org.tw/xms/），電話02-28081585。台灣安寧照顧協會由專人彙整資料後，送至行政院衛生福利部轉中央健保署完成加註事宜。

貳、安寧療護的理念

　　安寧／緩和照顧的理念：

1.肯定生命的價值，而且將死亡視為一個自然的過程。
2.不刻意加速、也不延緩死亡的到來。
3.有效控制疼痛以及身體上的其他症狀。
4.對病患的心理及靈性層面亦提供整體的照顧。
5.提供來自周遭的支持系統，支持病患積極地活著直到辭世（as active as possible）。
6.這個支持系統也協助家屬度過在親人患病以及喪親之後的期間，能有所調適。

　　「安寧」不是「等死」或「安樂死」，而是盡一切努力讓病人順著疾病的發展，不帶痛苦地自然死亡。安寧照護是由一組跨學科的專業醫療團隊，包括醫師、護理人員、社工師、藥師、心理師、物理治療師、職能治療師、營養師、宗教師、牧靈人員、志工等組成，以緩和醫療的理念，緩解末期病患各種不適症狀，譬如疼痛、喘、噁心、嘔吐等，幫助病人有尊嚴地走完人生最後一程。

　　安寧療護強調全隊、全人、全家、全程、全社區的「五全照顧」，不只是照顧病人，也關照家屬，達到生死兩安。專業人員團隊必須在尊重病患的自主權，所有的檢查、治療及決定，都應該對

病患作詳細的說明,並徵得病患的同意。在臨終照顧與安寧療護中,關懷的是「生命的內涵」,不只是使用醫療幫助人們生命的延長,更重要的是能在家人的陪伴下有尊嚴的迎接死亡(江蘭貞,2003)。

參、臨終關懷

生命的品質包含死亡的品質,在各種的文獻及研究中提到善終的名詞有「適當的死亡」、「好死」、「安寧尊嚴地死亡」、「健康的臨終」、「馴服的死亡」等。臨終關懷(caring on dying)的目的為使病患能舒適坦然的「善終」,在生命結束的剎那間了無遺憾及牽掛,平靜安詳地走完人生道路。其相近的名詞多元,例如「適當的死亡」(appropriate death)意指病患沒有痛苦,於臨終前協助其達成心願,並解決過去人際間的衝突,以及滿足身、心、靈、社會等各層面的需求(Weisman, 1972)。依中國民俗較常使用「善終」(good death)(趙可式,1996),其意涵如下:

1.身體平安:身體的痛苦減至最低、臨終過程不要太長、身體完整、整齊、清潔與具有活動能力。
2.心理平安:接受與認命,放得下、不孤獨、心願已了無牽掛。
3.思想平安:包括一天過一天而不去想太多事物,亦即活在當下,認為自己的一生是有意義的,或認為人生苦海即將上岸等抱持著正面的思想。

根據多年在安寧病房服務的宗教師宗惇法師(2010)的觀察,臨終者的希望有以下六項:

1.生命的尊嚴:被尊重為一個人,而不是一個病體、一塊易碎的玻璃。能得到適切的協助,需要時,也找得到協助的資

源。

2.知道未來即將發生的事，且找到因應的方向、方式。

3.愛與被愛：感覺到愛與被愛、不拖累家人，也能對家人的未來生活安心。

4.寬恕與被寬恕：關係修復、和解與寬恕，完成道歉、道謝、道別與放下。

5.生命意義的肯定與心願完成：有機會探索生命真相，體驗生命的喜悅，肯定今生的意義，完成這一生的使命。

6.對未來的信願行：有來生期待，熟悉依持的法門，提升內在力量。

　　從佛教的觀點看死亡，畏死的恐懼源於強烈的「我」觀，也就是執著於有限的自我，以及死亡可能使「我」銷毀無存。佛教認為生死代表的是自然萬象循環相續。佛教主張，有情萬物之生死，莫不只是累世因果長河中可見的一端，實則因果相續無盡，雖然在地表的兩點上或顯或沒，但不可見的地下水卻在不同的時空，以不同的型態出現。如何死，跟個人的個性和價值觀有關，但最主要的還是信仰和精神自覺的程度，而後者又可經由修行來提升品質。要死得妙，就是無念（什麼都不想）、無欲（什麼都不要）、無知（什麼都不必瞭解）、無著（什麼都不執著），就像浮雲掠空一樣飄然而去。這是死亡的極致，是大成就，先決條件是要有相當的精神修為（杜默譯，1998）。

　　綜上所述，在安寧療護及臨終關懷上強調整體性的照顧，包括生理、心理、社會、靈性全方位的照顧。安寧療護強調全隊、全人、全家、全程的「四全照顧」，不只是照顧病人，也關照家屬。在照顧上，較容易忽略靈性的面向，需要更多心靈的滋養以及深度的陪伴（Corless & Nicholas, 1993; Saunders, 1986; Wald, 1986）。協助病患及家屬完成四道人生——道謝、道歉、道別、道愛，走過「愛與被愛」的歷程，才能帶著感恩離開人間。

延伸閱讀：佛教宗教師

　　「臨床佛教宗教師」是指：經過培訓，在安寧緩和醫療團隊中從事第一線工作，參與病人身心社會靈性照顧的臨床法師，是安寧緩和醫療團隊的核心成員之一。截至2015年，台灣受訓認證的宗教師超過30位。其主要任務是在安寧病房執行「靈性照顧」的工作。特別是針對末期病人在面對死亡的過程中，由專業的照顧者協助提升正念，學習超越生死的態度，緩解身心痛苦及死亡恐懼，進而達到善終。

資料來源：蓮花基金會，http://www.lotus.org.tw/3_care_2_1.asp

問題與討論

1.請舉例親友死亡或動物死亡的案例，並說明自己對於死亡的感受？如何從無知、恐懼中認識死亡的內涵？
2.您認為什麼才是善終？如何完成「四道人生」？
3.說明國內外安寧療護的起源與發展，以及台灣目前推動的情況。

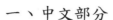

參考文獻

一、中文部分

王梅、李瑟、林芝安、張曉卉（2009）。《跟親愛的說再見：一生一定要會寫的企劃案——預立醫囑》。台北：天下雜誌。

白裕承譯（1998）。《最後14堂星期二的課》。台北：大塊文化。

江蘭貞（2003）。〈從醫療結構看現代臨終關懷〉。《安寧療護雜誌》，8(4)，410-421。

何定照（2007）。〈死了3小時：趙翠慧分享瀕死經驗〉。2013年7月13日取自http://blog.nownews.com/article.php?bid=2443&tid=67165#ixzz2YuVneOBl

何婉喬（2011）。〈安寧緩和療護〉。載於林綺雲主編（2011），《實用生死學》。台中：華格納。

余德慧（2003）。《生死學十四講》。台北：心靈工坊。

余德慧（2006）。《臨終心理與陪伴》。台北：心靈工坊。

余德慧（2010）。《觀山觀雲觀生死》。台北：張老師。

余德慧（2013）。《生死詩情》。台北：心靈工坊。

杜默譯（1998）。Philip Kapleau著。《生命的智慧》。台北：雙月書屋。

宗惇法師（2010）。〈在安寧療護看見生命的希望〉。《生命雙月刊》，101，8-10。

林柳吟（2002）。《社區老人生命意義、死亡態度與生活品質之相關性探討》。長庚大學護理學研究所碩士論文。

林珠茹（2002）。《老人社區參與和生命意義相關之探討》。國立台北護理學院護理研究所碩士論文。

林瓊玲（1996）。〈何謂安寧療護？〉，取自http://www.tccf.org.tw/old/magazine/vol9/vol9_16.htm

邱麗芬、羅素如（2011）。〈安寧緩和療護〉。載於林綺雲主編，《實用生死學》。台中：華格納。

洪櫻純（2012a）。〈靈性對老人超越病痛限制之生命轉化：全人整體健康觀點〉。2012生命教育學術研討會論文。

洪櫻純（2012b）。〈老人靈性健康的阻力與助力分析：成功老化觀點〉。《生命教育研究》，4(1)，83-108。

涂淑芳譯（1999）。David Rice著。《生命有多長》。台北：遠流。

高淑芬、酒小蕙、趙明玲、洪麗玲、李惠蘭（1997）。〈老人死亡態度之先驅性研究〉。《長庚護理》，8(3)，43-51。

張琇雲譯（2009）。《追逐日光：一位跨國企業總裁的最後禮物》。台北：商周。

張莉莉譯（1999）。Amelie Fried著。《爺爺有沒有穿西裝》。台北：格林文化。

張靜玉、顏素卿、徐有進、徐彬、黃慧玲、章薇卿、徐慧娟譯（2004）。Charles A. Corr等著。《死亡教育與輔導》。台北：洪葉。

許鶴齡（2010）。〈論禮儀師之助人角色與服務倫理〉。《新世紀宗教研究》，8(3)，95-124。

陳玉婷、陳施妮、陳瑞貞、楊翠雲、賴才雅譯（2002）。Jean, L. & Margaret, K.著（1999）。《安寧照顧：護理角色》。台北：五南。

陳柏年（2009）。〈傳遞新的宇宙智慧：趙翠慧瀕死體驗〉。《新紀元》，第124期，2013年7月13日，取自http://www.epochweekly.com/b5/126/6459.htm

傅偉勳（1993）。《死亡尊嚴與生命尊嚴──從臨終精神醫學到現代生命學》。台北：正中。

彭榮邦、廖婉如譯（2010）。Kathleen Dowling Singh著。《好走：臨終時刻的心靈轉化》。台北：心靈工坊。

游恆山譯（1991）。Viktor E. Frankl著。《生存的理由：與心靈對話的意義治療學》。台北：遠流。

黃宗仁譯（1996）。《從存在主義到精神分析》。台北：杏文醫學文庫。

黃俊雄（2011）。「末期病人的引航者：安寧照顧的介紹」（ppt）。

黃鳳英（1995）。〈喪親者之悲傷與哀悼歷程〉。《安寧照顧會訊》，18，29-31。

黃瓊仙譯（2012）。大津秀一原著。《人生必修的10堂生死課》。台北：采實。

楊克平（2001）。《安寧與緩和療護學：概念與實務》。台北：偉華。

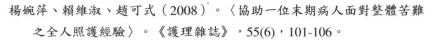

楊婉萍、賴維淑、趙可式（2008）。〈協助一位末期病人面對整體苦難之全人照護經驗〉。《護理雜誌》，55(6)，101-106。

葉宗和（2011）。〈大學生對死後世界之圖像表現研究〉。《美學與視覺藝術學刊》，3，1-21。

趙可式（1996）。〈臨終病人的病情告知〉。《安寧療護》，1，20-24。

趙安娜（2002）。《鄉村社區老年人生命意義、健康狀況與生活品質及其相關因素之探討》。國立台北護理學院護理研究所碩士論文。

趙翠慧（2012）。《周轉愛的人：兩次瀕死帶給我的生命領悟》。台北：圓神。

蔡坤良（2004）。《小琉球漁村老人生命意義感、死亡態度與幸福感之研究》。南華大學生死學系研究所碩士論文。

蔡秋敏、張宏哲（2005）。〈老人安養護機構住民死亡態度之研究〉。《台大社會工作學刊》，10，170-220。

衛生福利部國民健康署癌症防治組（2010）。《如何說再見：四道人生》。2013年7月30日取自http://health99.hpa.gov.tw/EducZone/edu_detail.aspx?CatId=50482

鄭書芳（1998）。《傅朗克意義治療法在老人生活意義教育上的探討》。國立中正大學成人及繼續教育研究所碩士論文。

戴玉慈（1998）。《老人護理學》。台北：空大。

簡媜（2013）。《誰在那銀閃閃的地方，等你》。台北：印刻文學。

二、外文部分

Corless, I. B. & Nicholas, P. K. (2003). Hospice and palliative care: A legacy in the making. In Corless, I., Germino, B. B. & Pittman, A. M. (2003). *Dying, Death, and Bereavement: A Challenge for Living* (2nd ed.). New York: Springer.

Corr, C. A. (2003). Death education for adults. In Corless, I., Germino, B. B. & Pittman, A. M. (2003). *Dying, Death, and Bereavement: A Challenge for Living* (2nd ed.). New York: Springer.

Emmons, R. A. (1999). *The Psychology of Ultimate Concerns: Motivation and Spirituality in Personality*. New York: The Guilford Press.

Feifel, H. (1959). *The Meaning of Death*. New York: McGraw-Hill.

Frankl, V. E. (1984). *Man's Search for Meaning* (3rd ed.). New York: Simon and Schuster.

Helminiak, D. A. (1996). *The Human Core of Spirituality*. USA: State University of New York Press.

Kastenbaum, R. (1972). On the future of death: Some images and options. *Omega, 3*, 306-318.

Kübler-Ross, E. (1969). *On Death and Dying*. New York: Macmillan.

O'Connor, M. F. (2002). Making meaning of life events: Theory, evidence, and research directions for an alternative model. *OMEGA, 46*(1), 51-57.

Parkes, C. M. (1996). *Bereavement: Studies of Grief in Adult Life* (3rd ed.). London: Tavistock Publications.

Parkes, C. M., Laungani, P. & Young, B. (1997). *Introduction Death and Bereavement Across Cultures*. London: Routedge.

Rosenblatt, P. C. (1988). Grief: The social context of private feeling. *Journal of Social Issues, 44*(3), 67-78.

Saunders, C. M. (1986). Modern hospice. In F. Wald (Ed.), *In Quest of the Spiritual Component of Care for the Terminally Ill* (pp. 41-48). New Haven: Yale University.

Stroebe, M. & Schut, H. (1999). The dual process model of coping with bereavement rationale and description. *Death Studies, 23*, 197-224.

Wald, F. (1986). In search of the spiritual component of hospice care. In F. Wald (Ed.), *In Quest of the Spiritual Component of Hospice of Care for the Terminally Ill* (pp. 25-33). New Haven: Yale University.

Weisman, A. D. (1972). *On Dying and Denying: A Psychiatric Study of Terminality*. New York: Behavioral Publications.

Wong, P. T. P., Reker, G. T. & Gesser, G., (1994). Death attitude profile-revised: A multidimensional measure of attitudes toward death., pp. 121-148 in book, Neimeyer, R. A. (Ed.) (1994). *Death Anxiety Handbook: Research, Instrumentation, and Application*. IH: Taylor & Francis.

Worden, J. W. (1982). *Griefing Counseling and Grief Therapy*. New York: Springer.

Worden, J. W. (1991). *Griefing Counseling and Grief Therapy: A Handbook for the Mental Health Practitioner* (2nd ed.). New York: Springer.

Chapter 12

高齡社會的挑戰與未來

洪櫻純、陳美蘭

學習重點

1. 老人服務事業的發展，瞭解銀髮產業商機及大專老人系所概況
2. 高齡者退休準備、人力運用及志願服務
3. 老人服務事業人才養成及證照取得

老人學

第一節　老人服務事業的發展

　　高齡化、少子化是21世紀全球性的社會現象，依據聯合國報告（United Nations, 2001）全球老年人口至2050年將增至20億，約達總人口數之21%。行政院經濟建設委員會（2010）推估台灣地區人口老化速度，至2026年65歲以上長者將占總人口20.6%，意即每五人中即有一人；65歲以上高齡人口數量增加幅度將愈來愈大，占總人口比率將由2010年10.7%，增加至2060年為41.6%。高齡人口中，80歲以上高高齡人口將由2010年60.6萬人，增加至2060年為344.9萬人，占高齡人口比率亦由24.4%增加為44.0%。其中80歲以上老老人增加的速度更快，與日本併居全球之冠，老人健康照顧等問題成為最重要的社會議題（**圖12-1**）。

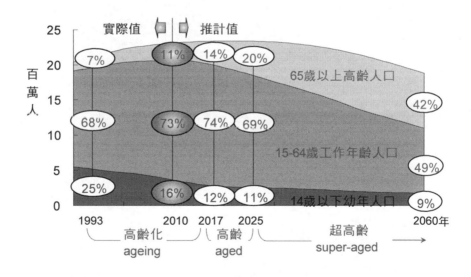

圖12-1　高齡化社會

資料來源：經建會（2010）。

壹、銀髮產業的廣大商機

　　台灣高齡人口於1993年超過7%，邁入「高齡化」社會，2011年已超過10%，老人總人口逾280萬人，預估到2025年，老人人口將達490萬人左右，占總人口數的20.69%，未來每五人中將有一位老人。在老人族群中，於1946～1965年出生的戰後嬰兒潮（47～66歲）是台灣社會的「新興老人」，他們外表比實際年輕許多，又擁有自主消費的能力，不但勇於追求新鮮時尚、注重健康與外表，也願意掏錢消費，是亟待開發的消費市場。新高齡者的十大特徵，包括重自我、富勤奮、程度高、消費強、人數多、不服從、壽命長、性樂觀、講理想、經濟佳等（朱芬郁，2012）。「新興老人」擁有更多的優勢和社會影響力，普遍而言，他們的教育程度高、經濟能力高、終身學習動機強，是新一代的新興高齡者。現有的市場和產品，不一定能滿足他們的需求，他們比一般消費大眾更渴望引領趨勢的企業，為他們打造美好的下半生。企業不但產品服務要創新，經營業態也要澈底創新，可能是滿足其需求的要素。

　　銀髮產業在美國叫做Senior Industry，顧名思義就是高齡者有關的事業。老人市場商機潛力無限，經建會統計，2001年銀髮產業市場約有246億美元，推估2025年將可達1,089億美元（廖德琦，2004）。1946～1965年之間出生的二次戰後嬰兒潮，目前正是台灣社會的中堅菁英分子，也是所得收入最高的年齡層，根據推算在台灣社會福利與退休金制度日趨完備，以及提早退休的風氣之下，在未來的五至十年當中，這群所得最高的嬰兒潮世代，將漸漸離開原有的工作，以過去工作所奠定的雄厚經濟能力，開始投入老年人的消費市場，包括健康養生、休閒旅遊、高齡學習、理財投資、老人住宅與安養等，為市場帶來另一波新的商機。根據估計，以台灣目前有250萬的高齡人口計算，高齡者的市場將達到每年3,000億新台幣！而且市場規模將隨著人口老化及社會福利制度的完善漸

漸擴大,高齡者將成為未來台灣消費的主力族群之一(李文龍,2003)。

綜上所述,高齡者人口增加,他們的生活需求及消費能力高,相關領域包含老人生活所需的食、衣、住、行、育、樂等各種項目。銀髮產業包含有關提供老人生活中醫療健康、投資理財、養生保健、美容抗老化、老人住宅、心理諮商、教育學習、休閒運動、長期照顧、老人輔具、網路科技、後事規劃、禮儀服務等需求、商品與服務。老人消費族群分布多元,從健康、亞健康、失能、失智、臥床及臨終的老人均涵蓋其中。

一、老人健康照護產業

隨著老人人口增加,罹患慢性病及癌症的比例上升。高齡者對於健康保健及醫療的需求增加,依據2012年「台灣地區老人狀況調查」報告顯示,「醫療保健」是50歲以上國民最需要的福利措施,是高齡者最為關注的議題。健康照護產業可分為預防保健、醫療服務、長期照護及另類療法四大區塊,針對不同健康屬性的老人給予適當的服務。老人健康照護相關機構為醫院、安養中心、養護中心、護理之家、長期照護中心、日間照顧中心、老人服務中心、社區照顧關懷據點等。

長期照護乃是指在一段長時間內,針對身心功能障礙或身心健康功能限制而須依賴他人以維持生活者提供幫助。長期照護的時間界定至少為三個月以上,隨著老人功能障礙程度的不同,所需的照顧時間和服務內容不一。其目的為使個案能改善或維持身心功能,增進自我照顧及獨立自主的生活能力,減少依賴程度,減輕他人或社會之負擔,並增進其尊嚴(李佳儒,2008;陳晶瑩,2003)。從長期照護的分類可區分為三大類:第一大類為機構式照護;第二類為社區式照護;第三類為居家式照護(圖12-2)。

台灣地區隨著人口的日趨高齡化、疾病的慢性化、家庭的小

機構式照護
- 護理之家
- 長期照顧機構及養護機構
- 安養機構
- 榮民之家

社區式照護
- 日間照顧
- 社區照顧關懷據點
- 家庭托顧服務
- 喘息服務
- 餐飲及交通接送

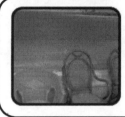

居家式照護
- 居家服務（身體照顧及家事服務）
- 居家護理
- 居家復健
- 輔具服務

圖12-2　長期照顧三段式照顧

型化與雙薪化等變遷，長期照護日益成為社會的重要議題，現階段台灣地區長期照護服務體系整合「衛生」與「社會」福利體系，主管機關為衛生福利部；相關主要法規有醫療法、護理人員法、老人福利法、身心障礙者權益保障法及全民健康保險；提供服務的主要類型有「居家式」、「社區式」及「機構式」照護，提供一套多層級、多元化、連續性的照護體系及服務方案；政府相關單位均將長期照護列為措施重點，但因係進入高齡化社會初期，尚缺乏整合的、明確的以「使用者」立場考量符合公平與正義、可用性、可近性及效率性之長期照護政策與體系之架構。

延伸閱讀：托老、托幼緊鄰　長輩與孫子同樂

以台灣的現況發展，多數的老人及家屬仍希望「在地老化」，因此未來社區式照顧及居家式照顧的需求大，特別是居家服務、居家護理及家庭托老的服務亟待發展。部分托兒所正積極轉型為托老所，專辦老先生、老太太的托老所，是未來趨勢之一。在日本動畫電影《崖上的波妞》中幼兒園緊鄰安養護機構，老人和小孩可以相互陪伴與關懷。台北市南港老人服務中心暨日間照顧中心採用此模式經營辦理，與幼兒園僅有一門之隔，隨時可以安排老人與小孩共同的活動，讓老人家感染小朋友天真活潑的氣氛。伊甸社會福利基金會推出「家庭托顧」的服務，一個家庭最多可以照顧社區中的4位長輩，白天提供營養膳食、健康促進活動等，讓家屬白天放心上班，晚上再接長輩回家。

資料來源：伊甸社會福利基金會，http://www.eden.org.tw/serivce. php?level2_id=35&level3_id=142

二、老人休閒教育產業

老人透過學習，也可以提升自我價值，從學習中獲得肯定、得到滿足，也能影響面對生活時的態度取向較為正面。高齡者的學習動機主要在於認知興趣與社交關係。如此一來，學習不僅僅提供了心理層面的滿足，在面對社會時也有足夠的適應能力，有良好的適應能力對於活躍老年也能有較好的安排。

老人教育機構分為四大類，包括：

1. 社政部門所辦理的長青學苑、社區照顧關懷據點、老人文康中心等。

2. 教育部門所辦理的高齡學習資源中心、社區老人學習中心、樂齡大學、社區樂齡班、家庭教育中心、社教館等。

3.民間組織所辦理的老人社會大學、敬老大學、南陽義學等。

4.宗教團體所辦理的松年大學、松鶴學苑、長青班等。

以上的老人教育機構專門為高齡者開辦相關課程，提供多元而豐富的學習環境。

隨著國人經濟、教育、健康水平的大幅提升，戰後嬰兒潮新一代的老人其生活型態及學習需求均與上一代的高齡者有所差異（洪櫻純，2010），新一代的老人因身體健康、教育程度高和經濟有保障，因此熱衷學習活動及志工參與，退休之後持續追求新知並且開發潛能，希望透過學習及志願服務，讓自己發光、發亮，對社會有所貢獻（黃富順，2008）。除了參與機構取向的學習課程外，新一代的老人較有能力進行自我導向學習，例如安排每週的戶外參訪活動，利用圖書館、博物館、美術館、社教館等場所學習，或利用廣播、電視及網路找尋適合的節目或頻道自學，生活安排十分充實，完全沒有老之將至的空虛感。

然而，對照新一代的老人，有些老人的經濟條件、教育程度和健康狀況就不甚理想。許多高齡者礙於體力或交通之故，喜歡在家

全台逾100所樂齡大學，讓老人快樂學習，忘記年齡

旅遊學習讓長輩在旅行中增長見聞

學習。因此,除了實體的學習環境外,亦可多開發多媒體、網路、廣播等遠距學習內容,利用「在宅學習」及「多媒體網路學習」模式,讓高齡者可以不用出門就知天下事。教育部亦可參考居家照顧、獨居老人送餐等做法,讓不能或不願走出家庭的老人,得以透過在宅服務學習的方式,接觸到更多社會新知。除了開發各級學校、社區、社教館所、圖書館等據點成為老人學習資源中心外,亦可多利用台灣廟宇、醫院、診所、藥局等老人經常接觸的組織,架設「行動圖書館」或「行動老人學習列車」,把學習資源傳送到偏遠地區及原住民部落。

高齡教育機構目前所開設課程偏重健康保健、休閒運動、語文資訊、人文藝術等實用性課程為主(林麗惠,2007;劉佩雲,2010),可再增加教育性、益智性、知識性及心靈成長的課程(黃富順,2007)。課程規劃宜更全面、多元、動態與創新。對較高程度教育者,其自我導向學習性高,他們渴望吸收更多國際新知、社會時事、人文關懷及自我生命成長的課程,除了保健休閒課程外,亦可增加生命體驗及意義統整課程,達到Erikson所指的晚年統整圓滿境界。

三、老人住宅產業

台灣過去的居住型態是三代同堂，而現今的家庭大多以小家庭為主，因此老人與子女同住的比例下降，選擇夫妻同住、與子女毗鄰而居或至安養機構或老人住宅度過晚年生活的比例逐年上升。台灣老人與伴侶同住或自己獨居的比例將逐年增加，預計在目前房地產市場一片不景氣當中，老人的個人、雙人套房、老人社區、住宅可能是未來市場的明日之星。

內政部2004年推出「促進民間參與老人住宅建設推動方案」，鼓勵民間興建老人住宅。房地產業者看到老人住宅的商機，紛紛投入相關的開發案。以北部為例，在淡江大學旁的「潤福生活新象館」（潤福銀髮專用住宅）為第一座五星級老人住宅，採用租屋的型態收費，入住前需繳交保證金，依照房間的坪數收費，最低650萬元起。此外，每月生活費包括管理費、伙食費、公共水電費，每人每月收費約2萬元。入住老人住宅需繳交一筆保證金，每月亦負擔租金及生活費，較吸引經濟能力高的退休族入住。

台塑集團結合集團資源在桃園林口興建長庚養生文化村，吸引許多退休族入住，入住率至少七成以上。有興趣的高齡者可透過試住體驗，評估自己入住的適應狀況。養生村提供良好的生活機能、安全的居住軟硬體設備，如三餐供應、洗衣、醫療、教育課程、各類社團、運動設施、佛堂、禮拜室、卡拉OK室、桌球室等。專業化的管理和五星級飯店管家服務，如叫車、洗衣、影印、傳真、照片沖洗、醫院看診等服務均可透由櫃檯人員服務。在社區中可以跟年齡相仿的老人一起居住，大家的興趣和話題較為接近，成為高齡者退休之後居住的新選擇。

獨居老人的居住問題可分為三部分處理：第一為自有住宅，多數長輩若行動自如大都選擇居住在自己的老家；第二，若無住宅需租屋者，台北市政府推出「友善房東」專案，委託房仲公司及非營

老人住宅讓退休長輩或獨居老人入住，提供良好生活機能

利組織，提供租屋平台媒合；第三，進駐老人公寓，例如台北市陽明老人公寓、台北市朱崙老人公寓、中山老人住宅暨服務中心、大龍老人住宅。

　　衛福部針對獨居老人推出「以房養老」專案，也就是「逆向抵押貸款」（reverse mortgage），是老年人生前把房子抵押給銀行，然後每個月可以拿到一筆固定的金額，直到死亡。逆向抵押有兩個

老人住宅的餐廳亦可結合開放式卡拉OK，讓長輩自由歡唱

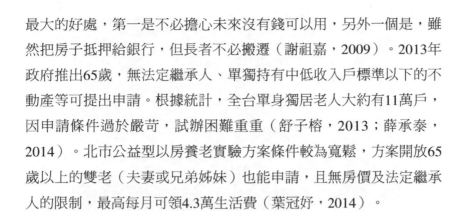

最大的好處，第一是不必擔心未來沒有錢可以用，另外一個是，雖然把房子抵押給銀行，但長者不必搬遷（謝祖嘉，2009）。2013年政府推出65歲，無法定繼承人、單獨持有中低收入戶標準以下的不動產等可提出申請。根據統計，全台單身獨居老人大約有11萬戶，因申請條件過於嚴苛，試辦困難重重（舒子榕，2013；薛承泰，2014）。北市公益型以房養老實驗方案條件較為寬鬆，方案開放65歲以上的雙老（夫妻或兄弟姊妹）也能申請，且無房價及法定繼承人的限制，最高每月可領4.3萬生活費（葉冠妤，2014）。

四、老人休閒旅遊產業

高齡者離開職場後，擁有更多的時間可以進行休閒旅遊活動。良好的休閒活動，對老人具有遊戲、娛樂、創造性、社交性等功能。透過休閒活動的安排可以促進身心健康及生活品質之提升。休閒大致可分為動態和靜態活動，動態活動為登山、運動、旅行、逛博物館、唱卡拉OK、種植花草或種菜等。靜態活動為看電視、閱讀、聽音樂、寫書法等。許多台灣老人喜歡參與廟會活動，如參加法會、進香拜拜，這些活動除了是精神寄託，也可以增加老人的人際互動及社會參與。

休閒必須是在正式、例行的工作之餘，在自由情況下進行。休閒不僅涵蓋外在活動分類，亦可指涉其心靈狀態，良好的休閒活動可以培養個人興趣，並具有適度的難度和挑戰，協助高齡者進入心流（flow）狀況。例如從事游泳、跑步或登山，可透過目標設定，並且集中精神練習，高齡者可以進入渾然忘我的愉悅境界。

在較為先進的國家，如美國、加拿大、紐、澳、日本等國家，許多老人除了退休金外亦有個人年金或保險，因經濟能力高，可從事較高消費的休閒活動，例如參加高爾夫球俱樂部、健身房等。他們也喜歡環遊世界，從事郵輪之旅、美食之旅或世界遺產之旅。根據李承宇（2013）報導指出，銀髮族的旅遊主因是寂寞，想藉由旅

透過旅行或爬山，擴大老人之交友圈

遊交朋友。有位阿嬤因親人都在國外，平常沒有講話的對象，一年跟團13次，有閒有錢是他們的特色。在台灣，許多老人喜歡到公園、社區運動中心及活動中心運動，例如打太極、香功、元極舞、有氧舞蹈、瑜伽、打槌球等，或至觀光風景區旅行或爬山。

五、保健食品與抗老化產業

中國人十分重視養生保健，除了保養身體外，也希望透由食療和保健食品提升自己的免疫力。各大藥妝店、藥局或超商均可買到各式各樣的保健食品，特別是維他命、保肝食品、護眼食品、藍綠藻、鈣片及維骨力等一向是老年人的最愛，近年來因老人痴呆症盛行，相關保健食品如銀杏也大為流行。許多老人除了慢性病的治療和服藥外，也會添加養生食品來增強抵抗力。除了保健食品外，有機的產品和保健食品也是近年趨勢，越來越多的民眾願意花較高的經費購買有機蔬菜、水果或保健食品，甚至還提供宅配服務，讓消費者不用出門也可以吃出健康。

老人市場中還有一個更龐大的商機，那就是抗衰老市場，據估

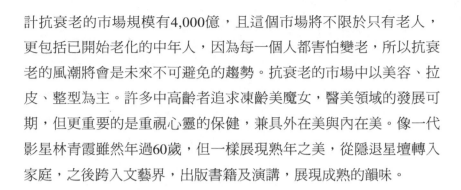
計抗衰老的市場規模有4,000億，且這個市場將不限於只有老人，更包括已開始老化的中年人，因為每一個人都害怕變老，所以抗衰老的風潮將會是未來不可避免的趨勢。抗衰老的市場中以美容、拉皮、整型為主。許多中高齡者追求凍齡美魔女，醫美領域的發展可期，但更重要的是重視心靈的保健，兼具外在美與內在美。像一代影星林青霞雖然年過60歲，但一樣展現熟年之美，從隱退星壇轉入家庭，之後跨入文藝界，出版書籍及演講，展現成熟的韻味。

六、生命禮儀產業

死亡是人生中最公平的一件事，不管是有錢或沒錢、年輕或年老都會走向生命的最後一站「死亡」。根據資料統計，台灣一年有13萬人需要殯葬服務，平均一次喪葬花費為38萬，其中土葬約50萬、火葬約20萬，台灣的殯葬市場估計約有500億元的規模。這個數字可以證明台灣人面對死亡時消費能力是相當高的，由於土地愈來愈少，政府開始重視濫葬的問題，以美國、日本的殯葬產業來看，靈骨塔、網上靈骨塔，還有生前契約將是未來殯葬業重要的趨勢，且目前殯葬改革呼聲甚高，制式化、簡潔隆重的喪禮也將成為潮流，殯葬產業不再是忌諱不可碰觸的。

具規模的殯葬禮儀公司提供全套式服務，滿足現代人的需求

殯葬產業又稱為生命禮儀產業，殯葬分屬二塊不同業務，中大型公司大多能提供全方位的服務。一般而言，「殯」包括助念、告別式、淨身化妝等，而「葬」包括土葬、靈骨塔、撿骨等。龍巖人本與大漢建設公司合作，於2010年正式上市，是台灣第一家陰宅業上市上櫃的公司。為提升殯葬產業的專業形象及從業人員素質，行政院勞工委員會於2006年8月1日召開新職類技能檢定開發審查會議，同意開辦「喪禮服務」職類技能檢定，並辦理後續相關作業，已於2008年11月開辦「喪禮服務」丙級證照考試，全面提升殯葬產業人員專業服務。爾後於2013年開辦「喪禮服務」乙級證照考試，依「殯葬管理條例」，2015年7月起，國內具一定規模的殯葬業者都需設有專任禮儀師。綜上所述，殯葬業是一良心事業，需要24小時待命，依家屬需求完成人生最後一程，因此對於禮儀服務及禮儀師的要求日益增加。

綠色葬禮是以最合乎自然、保護環境的方式回歸大地，不用任何化學防腐劑或消毒水，只用冷藏和乾冰方式保存，讓大體下葬之後，可以自然方式和速度分解。台灣的「環保葬」包括植葬、樹葬、花葬、海葬等方式，國人的接受度日益增加。

以上簡單說明了高齡化社會所衍生的銀髮產業，包括老人健康照護產業、老人休閒教育產業、老人住宅產業、老人休閒旅遊產業、保健食品與抗老化產業及生命禮儀產業。其他如老人理財規劃、老人科技、老人輔具等亦是新興產業，亟待更多人投入。

貳、大專校院老人相關系所發展

高齡產業的發展及潛力無窮，因應老人相關服務事業蓬勃發展，為培養相關人才，許多大專院校紛紛設立老人服務事業管理相關學系、學程及研究所。老人服務事業管理系的課程主軸以三大面向為主，包括老人社會工作、老人事業管理、老人護理與照顧（洪

櫻純、陳美蘭，2014）。

　　老人相關科系的名稱多元，包括：老人服務事業管理系、老人福利與事業系、老人照顧系、健康照顧社會工作系、長期照顧系、健康產業管理系、福祉科技與服務管理系等。其課程主軸大致以五大面向為主，包括老人社會工作、老人事業管理、老人健康照顧、老人健康促進、老人科技福祉。

　　根據102學年度統計，長期照顧相關科系現況，全台共有29所大專校院、35個相關科系、5個研究所，學生人數達5,432人。和96學年度的1,621人相比，現在是六年前學生數的3.35倍。依照教育部統計，101學年度有1,262名長照科系畢業生，但只有38.2%從事長照相關工作，61.8%轉進入其他領域。分析原因，職場條件不佳、社會觀感和來自家人壓力，都是阻礙（林珮萱，2014）。

　　開設的學校從北至南包括：經國管理暨健康學院老人服務事業管理系、台北醫學大學高齡健康管理系、大同技術學院福祉科技與服務管理系、亞東技術學院老人照顧系（二技）、台北海洋技術學院健康照顧社會工作學系、長庚科技大學老人照顧管理系、開南大學銀髮健康促進學系、明新科技大學老人服務事業管理系、台中科技大學老人服務事業管理系、弘光科技大學老人福利與事業系、亞洲大學健康產業管理學系（長期照護組）、育達商業科技大學健康照顧社會工作學系、朝陽科技大學老人服務事業管理系、嘉南藥理大學老人服務事業管理系、稻江科技暨管理學院老人福祉與社會工作學系、美和科技大學老人服務事業管理系、輔英科技大學老人長期照顧學位學程、台中護專老人服務事業管理科、馬偕醫護管理專科學校老人照顧科（二專）、輔仁大學老人學學程、長照學程、中華醫事科技大學長期照顧學位學程。

　　相關研究所包括：國立台北護理學院長期照護研究所、實踐大學高齡家庭服務事業碩士在職專班、長庚大學的護理研究所老人社區護理學組、亞洲大學健康產業管理學系、南開科技大學福祉科技

與服務管理研究所、中正大學高齡者教育研究所、成功大學老年學研究所。

　　為訓練因人口老化所產生之各項服務、產業所需之人才，老人服務事業管理系的課程教學多與實務界密切配合，推動產學合作，並積極鼓勵學生結合專業證照，提升就業能力，例如照顧服務員、社會工作師、喪禮服務人員丙級證照、健康促進管理師、園藝治療師等。在專業課程規劃面，主要包括：老人照顧、健康照顧、心理照顧、政策發展、產業管理、服務管理、老人教育、老人休閒、就業退休、住宅等多面向課程。

第二節　高齡者退休規劃及人力運用

　　老年是持續進行的生命歷程，到65歲並無法中止的過去、現在與未來的延續性。如果能謹慎的規劃老年生活，減低對老化的恐懼感，對中產階級來說，等到年老的時候，即使不能過豪華的生活，至少也有個舒適愉快的老年。人要過什麼生活要看自己的目標是什麼及實踐目標的動機有多強，退休前的生活模式也會影響退休後的生活。年輕時最好有下列幾個方面的準備：健康、財務、興趣與嗜好、自我認同、面對未來的人生觀、因應能力（張英陣、彭淑華、鄭麗珍譯，1998）。

壹、退休規劃進行曲

一、退休及生涯規劃

　　面對退休議題，多數的中高齡者並沒有充分的準備。退休前，為了工作或家庭而忙碌，多數上班族希望退休後能夠享受自由自在、沒有拘束的晚年生活。每個人對於退休的規劃不同，有人想要環遊世界、有人要吃遍美食、有人的願望是多和家人相處、有人想

回歸田園生活到鄉下種田、有人希望學習樂器或畫畫、有人想要自我挑戰做以前不敢做的事，例如高空彈跳。五花八門的退休夢想，若沒有認真踏實的規劃，可能事與願違或虛耗日子，甚至身體拉警報，退休的美夢不一定能夠實現。退休的心理衝擊包括：失去認同感、失去社會地位、失去人生目標、失去生活結構、失去社交網絡、收入減少對於心理的衝擊（葉怡寧、林克能、邱照華、李嘉馨、黃婉茹，2012）。

謝芬蘭老師是前建國中學輔導老師，也是知名歌手蘇有朋在建中的老師。謝老師1954年出生，在台北市建國中學服務十六年、50歲服務年滿二十五年決定退休。她說面對退休，過程中有迷惘，有喜悅，有盼望，有失落，退休是需要準備與規劃的（謝芬蘭2006）。她說，教職的最後一年，需要極大的心理調適，因此歷經失眠、減肥、無角色之徬徨。退休之後，以為會過著十分悠閒、愜意的生活，但想到比退休前更忙碌混亂。因為放不下工作又閒不下來，亂答應同事代課、演講等，過著兼職而混亂的生活。後來，因為學生蘇有朋之邀而參訪大陸獨自旅行，才開始悠遊自在、到處趴趴走。

退休不是人生趨於結束，而是另一階段的開始。退休代表個人生命歷程中一個重要的地位推移（status passage），如同結婚、畢業、工作或失業一般。任何一次的地位推移，意味著個人將開啟某一地位。現代社會中的個人其工作為自我認同重要來源，一旦從工作職場退休，其可能因不再活躍於組織中、影響力與權威大為降低，進而衝擊個人自尊與認同感。因此，如何面對此人生重大的地位推移，實為個人生命發展歷程的重要課題（朱芬郁，2012；林東龍、余嬪、陳武宗，2010）。

根據林東龍、余嬪、陳武宗（2010）的研究指出，退休規劃可分為「且戰且走型」、「空想型」以及「全面預備型」三種類型（圖12-3）。其中的「且戰且走型」與「空想型」的退休者，其

圖12-3　退休三大類型

較「全面預備型」容易產生「時間多，不知如何運用」、「家庭成員互動」、「社會關係維繫與互動」、「二度就業障礙」等問題，退休者會在遭遇問題後重新調整自己的退休生活方式。退休調適包括「找尋日常活動重心」、「維持健康生活形態」、「經濟生活規劃」、「社會活動參與社會關係維繫」、「家庭關係的適應」以及「生命意義探索與靈性追尋」。

　　一般而言，退休生活主要特點有三：休閒的時間增多、經濟收入減少，以及社會關係的改變。退休規劃並非一次到位，面臨退休的大眾可參加台北市政府委託台北市社區暨志願服務推廣中心辦理「屆齡退休研習營」。營隊召募學員資格為50歲以上已退休一年或即將退休之民眾，課程主要規劃包括：(1)生理層面：養生之道、身心保健；(2)心理層面：認識退休生活、心理調適與老年適應、自我瞭解與自我肯定；(3)社會層面：理財規劃、志願服務經驗分享。營隊招收三十至四十位屆退長者，透過專題演講和體驗等方式，讓參與者深入探討退休的準備，以及未來投入社會志願服務之可能性。

　　儘管許多人不懂得如何善用退休時間，退休生活依然充滿了各式各樣的機會，退休族也可以接觸形形色色的人、地、事、物，從中得到無窮的快樂與滿足。無論已經退休或即將退休，為了享受退休生活，都應該立刻為自己製作一份生活脈絡網，用簡單實用又有創意的方法，刺激你想出五花八門的退休活動選項。以下幾種方法也可為老人建立生活秩序和規律，幫助老人適應退休生活，讓晚年過得更好：到住家附近的大學修課；每天花三、四個鐘頭參與藝

延伸閱讀：60歲的啟程：一個女人初老生活的起點

60歲老了嗎？還是另一個人生的開始？60歲稱為「還曆之年」，意思是天干地支一甲子六十年的循環又回到了新的開始，也是第三個成人之禮。樂珊瑚（2010）在《60，啟程：一個女人初老生活的起點》一書中記錄自己如何豐富晚年生活，她彈鋼琴、旅行以及到偏遠鄉村部落志願服務。她說，在旅行中，學會面對自己，也更認識內在的自己。旅行不是年輕人的權利，一點一點步入老年時，希望可以接受到更多的精神與靈性生活，創造出更有價值的生命。

術活動；每天清晨或傍晚散步一小時；加入定期集會的慈善團體；參加你能定期從事的團體運動；創辦一份兼職事業或擔任義工（譚家瑜譯，2005）。退休後可以藉由貢獻自己的專長，服務社會，回饋人群，從事志工，是一種退而不休的好方法（林仁和、龍紀萱，2012）。

老人退休後所面臨的壓力，可以用退休前的計畫，來補其不足。退休後的生活安排十分重要，可以分為準備階段、蜜月階段、覺醒階段、再定向階段、穩定階段、結束階段。退休後最怕寂寞，寂寞會讓老人產生憂慮，助人服務工作者，在遇到老人問題時，是否應納入宗教或靈性議題，專業訓練加入宗教及靈性訓練是否有必要，以美國的三分之一社工師在處理問題時，都會涉及宗教或靈性議題來看，宗教或靈性議題納入選修課程中有其必要性（周鉦翔等合譯，2012）。

二、銀髮就業人力再造

80%嬰兒潮世代的人表示，退休時希望能繼續從事打工（朱芬

郁，2012）。多數想繼續全職工作或兼職打工的中高齡者，一方面希望能維持經濟收入，以免存款不夠影響生活品質；二方面是考量身心負荷下，透過工作維持勞動能力，且不想與社會脫節。

高齡者人力資源發展及建置，是銀髮人力及人才轉銜的機制。銀髮族退休後都多半會有一個空窗期，老人往往會因為嚮往安逸的退休生活而減少與外面互動的機會。銀髮就業人力再造是社會的福音，銀髮是榮耀與智慧的象徵，是經驗與智慧傳承的長者，是終身學習的最佳典範。

退而不休，讓銀髮族也可以擁有同儕間的互動。從前的老人缺乏再培訓的機會，以致於多數退休人力投入事業第二春，其風險較高也較不穩定。現在的老人有許多再培訓的機會，工作機會也增加，勞動就業歧視減少對銀髮族而言是利多因素。英國的漸進式退休是鼓勵即將退休或有計畫性準備退休者，鼓勵其在工作期間，在外參加擁有第二專長的教育訓練，在建置銀髮人力的部分，發揮了一定的功效。也因此，重視退休後的老年生活，推動漸進式退休來建置銀髮人力是有其必要性的。

日韓兩國的銀髮人力運用，也是值得借鏡的，日本多年來僱用銀髮人力投入青年人較不願意投入的工作，例如國道收費站，就是僱用銀髮人力，一方面節省人事成本開支，一方面促進銀髮族就業媒合。另外在韓國，近年來也大力在銀髮人力建置的部分投入相當多的心力。高齡社會中退休後職涯轉銜服務，勞動部在新北市永和區設置「銀髮人才就業資源中心」（http://www.wda.gov.tw/home.jsp?pageno=201111160008&acttype=view&dataserno=201410010002），讓願意投入社會工作的銀髮族，能夠老有所用。

銀髮人才就業資源中心提供中高齡就業等服務

貳、社會參與及志願服務

一、活躍老化與社會參與

　　活躍老化除了平均餘命的延長，身體的健康與生活品質的提高亦同等重要。澳洲國立生產的老化研究中心（National Seniors Productive Ageing Center, NSPAC），從消費者、政策制訂者、研究者等角度來討論有生產力的老年。NSPAC對於有生產力的老年的概念定義為「提倡與組織一種有助於年長者積極參與經濟與社會的生活方式，讓這些年長者成為貢獻者而非依賴者，並同時促進健康及個人福祉」（周玟琪，2011）。

　　在日本長野縣有一個稱為Pin Pin Korari村（PPK村），所追求的生命價值是健康又有活力的老年生活，PPK指的是平時保持健康安穩，離開的時候很快地倒下去（http://ppkmura.wed.fc2.com/files/ppk/f_ppk.htm）。此所追求的境界，與芬蘭的老人「臨終前兩週才

躺在床上」，有殊途同歸的結果，《商業周刊》記者透過訪談芬蘭學者指出，芬蘭政府制訂2012年以前逾九成75歲以上長者能在家中獨立生活；只有5～6%需住進養老機構；3%仰賴長期照顧。芬蘭善用資源，透過以下幾個方式，降低整體社會的支出並同時讓老人活得快樂與健康，包括：(1)鼓勵老人繼續工作，彈性延長退休年齡為68歲，保障基本所得安全；(2)設置老人大學，活化老人的腦力；(3)與大學合作，設置老人運動俱樂部；(4)提供生活津貼，照顧老人生活；(5)提供健康服務，讓老人獨立自主（周玟琪，2011）。

二、志願服務

林東龍、余嬪、陳武宗（2010）針對退休規劃的問題指出，多數的退休政策大多強調經濟層面規劃、輕社會心理層面型協助的退休制度，特別是退休之後無社會角色及心理的失落較少探討，因此當個人原有生產的身分或頭銜消失時，很多人對於退休採取過度負面的看法，否定自我價值。如此一來，將伴隨著社會關係的退化，害怕被家庭與社會冷落。

貢獻一己之心力，完成畢生之志業，是許多高齡長者65歲退休後的規劃，然而付諸行動卻不容易。志願服務是無償的工作，面對被服務者前，仍需接受一連串的教育訓練，才能夠漸漸勝任銀髮志工的工作。老人從被動的接受服務，轉而學習助人，在服務中學習，在學習中瞭解付出就是收穫的道理，在許多的活躍老化理論中，社會參與是十分重要的一部分。以撤退理論來看老人退居自我設限舒適圈後所產生的影響，多為負面的，老人若能藉由參與各項銀髮志工服務組織，與其他人互動成長，對長者來說，是具有正面的影響。台灣即將面對高齡社會來臨，人口結構的老化是邁向高齡社會的一種挑戰，促進成功老化，增進社會參與，建立一友善高齡社會，建構世代和樂共處的和樂社會。

法國道德家朱貝爾（Joubert）說：「一個有用的生命進入黃昏

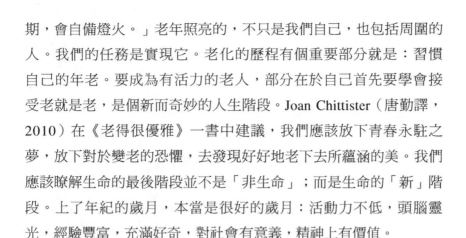

期，會自備燈火。」老年照亮的，不只是我們自己，也包括周圍的人。我們的任務是實現它。老化的歷程有個重要部分就是：習慣自己的年老。要成為有活力的老人，部分在於自己首先要學會接受老就是老，是個新而奇妙的人生階段。Joan Chittister（唐勤譯，2010）在《老得很優雅》一書中建議，我們應該放下青春永駐之夢，放下對於變老的恐懼，去發現好好地老下去所蘊涵的美。我們應該瞭解生命的最後階段並不是「非生命」；而是生命的「新」階段。上了年紀的歲月，本當是很好的歲月：活動力不低，頭腦靈光，經驗豐富，充滿好奇，對社會有意義，精神上有價值。

　　台灣的健康水準日益提高，老人充滿了能力活力與興趣。從事志工活動讓他們覺得自己仍然被需要。志工通常以心情來工作。人歸屬於某團體的原因，人有需求加入團體後滿足了歸屬感，被需要的感覺，與他人共事的機會，自我付出的機會，運用技能才幹的機會。在美國13歲以上的公民有52%參與志工活動。志工團體在社會中有其不容忽視的力量。志工對社會的使命感，是提升社會品質的潛能。這是一種心靈收入，你可以為自己評分，好的助理員會緩和氣氛，協助場面順利進行。志工團隊領導人的主要功能為表達感激，志工領導技巧（Leadership Skills）指與志工共事的領導技巧。一個志願服務組織成功的特質是有宗旨感、協力合作、關切表現與成長、創造積極樂觀的環境、有效的組織架構、清楚的權限劃分、具說服力觀察敏銳的領導人、理智的溝通方式和維持良好的工作關係。目前台灣已經有許多志願服務團體，有環保、醫護、捷運交通、圖書館等各方面的志工隊的成立。在志工服務方面，又可分為付出型、學習型、交友型和交換型四種。善用志工方面，志工一向是社會工作者在協助案主強化其環境資源的一大助力。其實社工專業的建立乃有賴於早期的志願服務。美國志願服務的擴大是起源於1980年代，政府大幅刪減社會福利預算的時候，其中一個例子便是增加志工於協助案主建立社會支持系統（張宏哲等譯，1999）。老

年是人生新的旅程，破除老年迷思，重用老人生命之泉，是新世紀的老人運動，老年發展潛力，就可以擁有美好的銀髮歲月。

第三節　老人服務事業人才養成

老人服務事業是含括老人健康、照顧服務、福祉科技、長照產業、老人福利、生化科技、餐飲服務、家事服務、交通服務、休閒旅遊、醫療設備、居住安全、老人教育等多元產業鏈的結合，產業周邊所衍生出的商品及服務，更是銀髮產業消費市場的研發方向。老人服務事業人才的養成，在進入高齡社會的同時，將掀起一陣銀色商機。當台灣人口老化正處於進行式的同時，新世代老人不但想要活得老且活得好，當全球在迎接老世代的同時，老人服務事業所需人才也勢必將帶給老人更優質的老年生活。

壹、老人服務事業所需人才

老人服務事業含括食、醫、住、行、育、樂，依照老人服務事業多元產業連結來看，包括餐飲服務業、家事服務、老人健康管理業、照顧服務業、福祉科技業、長照產業、老人福利之非營利組織、生化科技業、醫療設備業、交通服務業、休閒旅遊業、居住安全相關事業、老人教育事業等（**圖12-4**）。而老人服務事業所需人才，可以從老人新興產業中所歸納的銀髮消費族群，包括健康高齡消費者、亞健康高齡消費者和身心障礙高齡消費者三大類，再依照銀髮消費需求，細分成以下各方面的老人服務事業所需人才。

一、食的方面老人服務事業所需人才

- 保健營養食品直銷零售員
- 有機食品商店銷售員

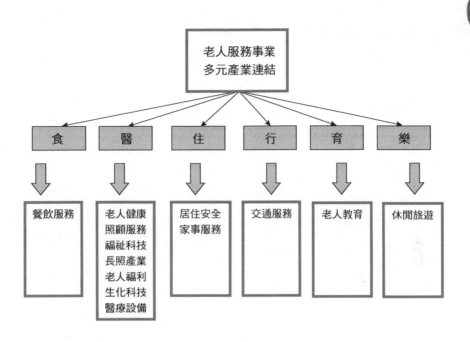

圖12-4　老人服務事業多元產業連結

- 養生飲食專賣餐廳廚師
- 老人餐食送餐員

二、醫的方面老人服務事業所需人才

(一)長照產業方面

- 醫師
- 護理師
- 營養師
- 職能治療師
- 物理治療師
- 照顧服務員
- 健檢人員

(二)老人健康管理業
- 心理諮商師
- 居家護理師

(三)照顧服務業
- 居家服務員
- 個案管理師
- 居服督導
- 居服組長
- 教保老師
- 照服老師
- 社工員
- 社工師

(四)福祉科技業
- 輔具銷售員
- 福祉科技商品研發員

(五)生化科技業
- 生化科技研發人員
- 生化技術員

(六)醫療設備業
- 醫療器材業務員
- 醫美服務員

三、住的方面老人服務事業所需人才

(一)居住安全
- 物業中心租屋業務員
- 社會住宅承辦業務員

- 無障礙空間規劃員

(二)家事服務

- 家事服務員

四、行的方面老人服務事業所需人才

- 無障礙計程車司機
- 復康巴士司機
- 救護車司機員

五、育的方面老人服務事業所需人才

(一)老人教育

- 課程規劃師
- 輔助療法講師
- 樂齡大學、松年大學講師

(二)經濟安全

- 理財規劃專員

六、樂的方面老人服務事業所需人才

(一)娛樂方面

- 聯誼會服務員
- 活動帶領員

(二)運動方面

- 運動處方引導員
- 運動中心指導員
- 運動器材銷售業務員
- 瑜伽老師、太極拳老師、氣功老師

(三)生活休閒方面

- 芳療美容師
- 按摩師
- 美甲師
- 美髮師、床上洗頭美髮師

(四)旅遊方面

- 導遊
- 領隊
- 旅遊業務員
- 生態導覽員

七、其他方面老人服務事業所需人才

- 長期看護保險員
- 銀髮就業服務員
- 禮儀師
- 銀髮商品行銷專員
- 老人專案管理師
- 活動企劃專員
- 募款活動專案人員
- 非營利事業組織公關人員
- 銀髮產業APP開發程式設計

貳、老人服務事業相關證照

　　根據老人服務事業多元產業連結鏈，所需之老人服務事業所需人才，可以歸納出從事老人服務事業所需之相關證照。食的方面老人服務事業之相關證照，包括乙、丙中西餐廚師執照，烘焙證照等。醫的方面老人服務事業所需之相關證照，長照產業方面包括醫

師、護理師、營養師、職能治療師、物理治療師等專業執業證書，照顧服務員需具備至少90小時照顧服務員培訓後之證書，並可至各地參加單一級照顧服務員證照即測即評考試。老人健康管理業包括心理諮商師和居家護理師專業執照。照顧服務業包括居家服務員，居服員、照服老師、組長亦需取得照顧服務員培訓後之證書。另外個案管理師、督導、社工師等需具備專業證照。教保老師需參加教保員培訓通過獲得結業證書始得任用為教保員。社工員於民國105年後需具備45學分修業證明和400小時社工實習時數，始得成為社工員，社工員都具備報考社工師的資格，但考試項目因社工相關工作之工作年資，得減少考試項目，可參考考選部相關公告之網站資訊。住的方面老人服務事業所需之相關證照，較無特別要求，無障礙空間規劃員通常具備室內設計相關證照，物業中心租屋業務員則需具備房屋仲介相關之營業員證書。行的方面老人服務事業所需之相關證照包括無障礙計程車司機和復康巴士司機，都需具備專業駕駛執照。育的方面老人服務事業所需之相關證照，講師因為來自各行各業，故有其相關行業之證書。樂的方面老人服務事業所需之相關證照，例如運動之瑜伽老師就需具備通過瑜伽老師訓練考試證書。生活休閒方面，芳療師、按摩師、美甲師、美容師、美髮師，都需具備專業相關證照。旅遊方面有導遊、領隊、生態導覽員，都需經過培訓及考試通過獲得證書。其他方面老人服務事業所需之相關證照，長期看護保險員、銀髮就業服務員、禮儀師等，都需經過考試通過取得證照始得開始就業。

　　迎接高齡社會的來臨，是充滿挑戰的，11億的老人將在新世紀改寫全球經濟，改變老人生活型態，建立老人新形象。面對老年生活，除了要思考預先儲備老年幸福，將健康擺在第一位，將財富做適當的規劃，為二十年後的自己預備老友，才能擁有樂活的第三青春。當老不再只是一個刻板名詞，而是活躍老化的動詞時，銀髮族就會越活越健康，在地老化將不再是研究課題，而是高齡化時代長

者的新宣言。不老議題、抗老商品和老人福利，都將是新世代的銀髮族熱門話題。當日本成功的發展長照產業及福祉科技商品來取代外籍看護工的同時，台灣除了可以借鏡日本的成功模式之外，更可以在地經驗及在地產業，作為利基點，發展富有在地文化特色的服務模式。當逆轉夕陽人生為精彩人生時，老年生活是智慧的生活，面對老年生活，你準備好了嗎？

問題與討論

1. 老人服務事業相關科系在台灣蓬勃發展，您對於哪些領域最有興趣？為什麼？未來若要投入相關產業，需要具備哪些能力？
2. 老人服務事業含括哪些多元產業鏈的結合？老人服務事業相關的證照有哪些？
3. 中高齡者如何進行退休規劃？如何加強退休人力再運用？

高齡社會的挑戰與未來

參考文獻

朱芬郁（2012）。《退休生涯經營：概念、規劃與養生》。台北：揚智文化。

行政院經濟建設委員會（2010）。2010年至2060年台灣人口推計。http://iknow.stpi.narl.org.tw/Post/Files/policy/2012/policy_12_017_1.pdf

李文龍（2003）。《抓住300億老人商機》。台北：知本家文化事業有限公司。

李佳儒（2008）。〈老人健康照護服務〉。《老人服務事業概論》。台北：威仕曼文化。

李承宇（2013）。〈寂寞觀光興起，阿嬤跟團旅遊一年13趟〉。取自聯合新聞網。

周玫琪（2011）。《創造性勞動與身心靈健康：台南西港銀髮人才中心社區行動方案效果之初探》。國科會高齡社會研究北區成果發表會。取自http://tag.org.tw/member_product.php?type=3

周鉦翔等合譯（2012）。Morley D. Glicken著（2009）。《老人心理諮商與輔導》。台北：華騰文化。

林仁和、龍紀萱（2012）。《老人心理學：老年生活實踐與管理》。台北：心理。

林東龍、余嬪、陳武宗（2010）。〈退休規劃與生活適應之間──退休人員之退休生活經驗初探〉。《社區發展季刊》，132，278-293。

林珮萱（2014）。〈老人照護變熱門科系，6年學生激增3倍〉。《遠見》，第338期。http://www.gvm.com.tw/Boardcontent_25902.html

林麗惠（2007）。〈從高齡教育機構開設的課程類別評析高齡學習內容之發展趨勢〉。《課程與教學季刊》，10(1)，83-96。

洪櫻純（2010）。〈國立台灣師範大學樂齡學堂之設計理念與特色〉。《台北市終身學習網通訊季刊》，48，14-19。

洪櫻純、陳美蘭（2014）。〈老人服務事業從事人員〉。載於梁亞文等著，《老人服務事業概論》。台北：華都。

唐勤譯（2010）。Joan Chittister著。《老得好優雅》。台北：天下文化。

張宏哲等譯（1999）。Dean H. Hepworth, Ronald H. Rooney, Jo Ann

Larsen著（1997）。《社會工作直接服務：理論與技巧》。台北：洪葉文化。。

張英陣、彭淑華、鄭麗珍譯（1998）。Charles Zastrow著。《社會福利與社會工作》。台北：洪葉文化。

陳晶瑩（2003）。〈老年醫學特輯：老年人之長期照護〉。取自台灣老年醫學暨老年醫學會網站，http://www.tagg.org.tw/

舒子榕（2013）。〈以房養老條件嚴苛，若結婚契約將中止〉。《聯合報》，http://key88.net/article35806.html

黃富順（2007）。〈台灣地區的高齡教育〉。載於黃富順主編，《各國高齡教育》，頁24-52。台北：五南。

黃富順（2008）。《高齡學習》。台北：五南。

楊玉婷、劉翠玲（2012）。〈因應人口結構變遷之科技發展規劃會議報導〉。《全球社經發展與科技前瞻趨勢》，35(3)，41-45。

葉怡寧、林克能、邱照華、李嘉馨、黃婉茹（2012）。《老人心理學》。台北：華都文化。

葉冠妤（2014）。〈「以房養老」條件放寬　不限單身無子女〉。《自由時報》，http://s8088.com/forum.php?mod=viewthread&tid=724774

廖德琦（2004）。〈老人潮登台　銀髮產業喜上眉梢〉。《新台灣新聞週刊》，455。取材自http://www.newtaiwan.com.tw/bulletinview.jsp?bulletinid=20653

劉佩雲（2010）。〈樂齡學習資源中心的設置、運作與未來發展〉。《成人及終身教育》，27，29-40。

薛承泰（2014）。〈社會觀察：以房養老的窘境〉。取自財團法人國家政策研究基金會國政論壇，http://npf.org.tw/post/1/13163

謝明明（2011）。〈搶得老人商機，利己利他〉。取材自http://www.cnfi.org.tw/kmportal/front/bin/ptdetail.phtml?Part=magazine10012-501-14

謝芬蘭（2006）。《我的退休進行式》。台北：心靈工坊。

謝祖嘉（2009）。〈以房養老，台灣行不行〉。取自財團法人國家政策研究基金會國政論壇，http://www.npf.org.tw/post/1/6538

譚家瑜譯（2005）。Ernie J. Zelinski著（2004）。《幸福退休新年代：理財顧問不會告訴你的退休智慧》。台北：遠流。

樂珊瑚（2010）。《60，啟程：一個女人初老生活的起點》。台北：開啟。

老人學

作　　　者／洪櫻純、秦秀蘭、梁慧雯、陳美蘭

出　版　者／揚智文化事業股份有限公司

發　行　人／葉忠賢

總　編　輯／閻富萍

特約執編／鄭美珠

地　　　址／新北市深坑區北深路三段 260 號 8 樓

電　　　話／(02)8662-6826

傳　　　真／(02)2664-7633

網　　　址／http://www.ycrc.com.tw

　E-mail ／ service@ycrc.com.tw

印　　　刷／鼎易印刷事業股份有限公司

　I S B N ／ 978-986-298-197-9

初版一刷／2015 年 9 月

定　　　價／新台幣 450 元

國家圖書館出版品預行編目（CIP）資料

老人學 / 洪櫻純等著. -- 初版. -- 新北市 : 揚
智文化, 2015.09
面; 公分

ISBN 978-986-298-197-9(平裝)

1.老人學

544.8   104017539